第四版

國際禮儀
實務 Etiquette

徐筑琴◎編著

四版序

　　社會環境的變遷，人們的思想觀念也在不斷的改變，教科書從純文字的敘述，到加入插畫、圖片，從黑白到彩色繽紛，不僅內容要充實，也要編排活潑生動，版面美觀引人入勝。本書亦從善如流，每張圖片皆配合內容加入彩色相片及圖示，同時文字亦做小部分修訂，希望能為讀者帶來更好的視覺效果。書中部分圖片是旅行中拍攝，效果也許不是很好，尚請見諒。

徐筑琴　謹識

i

初版序

社會的進步，經濟的繁榮，人們生活富裕滿足，隨著全球化、國際化的腳步，不論工作或是生活中，在國際或是公共場合，來自四面八方不同國家、不同種族、信仰不同宗教、生活習慣各異的各式人等，如何和諧相處，彼此尊重，依照共同的禮節、儀式和規範行事，大家的權利、義務、地位平等，才是一個真正平和的社會。

筆者從事大專教學及行政工作多年，分別擔任的工作有「秘書」、「公共關係」、「國際事務」等業務，每一項工作幾乎都需要禮儀的配合。所任教的科目「國際禮儀」、「秘書實務」、「國際會議經營管理」、「公共關係」課程，也與禮儀有密切的關聯，為求充實教學內容，提升工作技巧，除了累積自身的工作經驗外，也積極收集國內外有關「禮儀」的圖書資料，俾做參考。雖然坊間有關禮儀的書籍不少，但是將有關禮儀事項做一整體規劃，適合教學及參考的書籍相對而言十分稀少，為期拋磚引玉，乃將教學講義及收集的資料加以整理，並揉合個人實際工作經驗，撰成《國際禮儀實務》一書，藉供研讀此門課程及有關工作者之參考。

所謂國際禮儀，不外乎有關工作和生活中之食、衣、住、行、育、樂的範圍，此外本書尚加入「介紹」、「說話」、「國際禮儀」、「國際貴賓接待」等章節，最後的三章有關辦公室禮儀「電話禮儀」、「訪客接待」、「求職面談禮儀」，大部分摘錄自本人另冊《秘書助理實務》一書，使需要參考者更為方便。

付梓在即，遺漏謬誤在所難免，尚祈先進專家不吝指教。

徐筑琴　謹識

真理大學觀光事業學系

目　錄

 第七章　育的禮儀　149

 第八章　樂的禮儀　173

國際禮儀實務

禮儀的意義及重要性

1

- 禮儀的意義
- 禮儀的重要
- 國際禮儀
- 禮儀的構成
- 禮儀的定義

 # 第一節　禮儀的意義

　　人與人的相處，社會的和諧，倫理道德的規範，都是要按「禮」的制度來約束行動。中國自古就是講求禮儀的國家，對於禮儀的各項規定，古籍中都有許多記載。西方國家對於禮儀也有不少繁文縟節要遵守，但是不論東方或西方，不同國家、民族、宗教等，都會制定一套禮儀標準，讓社會人民遵行。雖然隨著時代的變遷，許多的禮制不斷改變或修正以適合民情，但是其基本的精神和原則還是保留著的。中外對禮儀的解釋有許多種，僅列數項提供參考。

一、中國對禮儀的解釋

(一)禮的解釋

　　中國古代「禮」是敬神的意思，《辭源》中對「禮」的解釋有：

1.祭神以致福。
2.規定社會行為的法則、規範、儀式的總稱。如《論語》〈為政〉中提到「道之以德，齊之以禮」，《荀子》中提到「先王惡其亂也，故制禮義以分之」，都是以制度品節來強調禮的重要。
3.禮是「以禮相待，對人表示敬意」，如「聘名士禮賢者」。

　　禮包括禮節、禮貌、禮儀。禮節指行禮的分寸等級、禮儀的節度。禮貌指對人恭敬、有禮、和順。禮儀指行禮之儀式。《後漢書》中有〈禮儀志〉。唐宋時任命大臣掌理國之大禮，稱為「禮儀使」。

(二)儀的解釋

　　《辭源》對「儀」之解釋為「容止儀表」、「法度、標準」，包括儀式、儀表、儀態、儀典及儀序。儀式指典禮之秩序、形式、禮節規範；儀表指容貌、姿態。古代設「禮部」官署，掌禮樂、祭祀、封建、宴樂及學校貢舉的政令，並有

《儀禮》、《儀禮圖》、《儀禮集釋》等書籍。

二、外國對禮儀的解釋

　　西文有關禮儀的名詞有五個：etiquette、courtesy、formality、politeness、manner。其中etiquette是禮貌行為的正式規範，指一般的禮節及社交應酬的方式；courtesy是指一般的禮貌及客氣禮讓的行為；formality是指儀式，即各種儀式規範；politeness是指有禮的舉止及語言；manner是指社交行為的禮貌、風俗習慣。Webster's辭典、Collins Cobuild字典等對禮儀解釋如下：

1. Etiquette
   - The formal rules of proper behavior.
   - The forms, manners, ceremonies established by convention as acceptable or required in social relations.
   - The rules for such forms, manners, ceremonies.
   - Etiquette is a set of customs and rules for polite behavior especially among a particular class of people or in a particular profession.
2. Courtesy
   - Polite behavior, good manners, a polite or kind action or expression.
   - Courteous behavior, gracious politeness.
   - Courtesy is politeness, respect and consideration for others.
3. Formality
   - Strict adherence to established rules, customs, procedure.
   - A ceremony.
   - A formal act.
4. Politeness
   - Having or showing good manners.
   - Consideration for others and / or correct social behavior.
   - Having or showing culture or good taste.
   - Someone who is polite has good manners and behaves in a way that is socially correct and not rude to other people.

5.Manner

· A way or method in which something is done or happens.

· A person way of acting or behaving towards other people.

· Ways of social life prevailing social conditions or customs.

· Ways of social behavior.

· Polite ways of social behavior.

· The manner in which you do something is the way that you do it.

 第二節　禮儀的重要

　　生活每天在變，但是一些必然的事情是永遠不會改變的，就像是我們在地球上每天呼吸的空氣一般自然。禮貌就是其中之一項。我們生活在地球上，就不能對周遭一切視而不見，我們有該盡的社會責任，不能低估禮節的價值，西方人常說，「好的禮貌可以撫平粗糙的邊緣，預防摩擦，可以結交新朋友，懷念老朋友」（They smooth the rough edge, prevent friction make new friends and endure old ones）。好的禮節使我們的日常生活充滿了美麗、莊重、舒適，避免和別人發生精神上或實質上的衝突。好的禮節不僅影響他人，也使自己生活快樂和恬靜。

　　禮儀首重倫理，父子、夫妻、兄弟、朋友、長官、部屬之間都要有倫理的觀念，表面的禮貌絕非真正的禮儀，真正的「禮」應該是有「誠」有「敬」，所謂「誠於中，形於外」，否則比無禮更讓人反感。

　　實踐禮儀要始終如一、表裡一致，不論平日生活或是工作職場都能自然而然發自內心地去實踐，不可放肆，要有節制，不僅留給他人良好的印象，更可表現個人及公司的形象，使相處的人受到適當的尊重，感到舒適、自在，自己也展現了良好的氣質和風度。

 第三節　國際禮儀

　　國際的來往已有很長久的歷史，隨著工商業的發展，交通運輸進步，資訊互通的方便，人際交往日趨頻繁，然而因各地文化、宗教、禮俗的不同，產生了生活

習慣上的差異，為了避免國際往來因為禮儀習俗的不同產生尷尬的場面，國際間根據西方國家的傳統禮俗、習慣與社會經驗，逐漸融合，形成了一些為大家所認同的約定，而這些禮節就成了彼此之間關係和諧的規範。不僅國與國之間，就是一般民眾多少也都會涉及到外國事物，諸如外交關係，參加國際會議、國際性活動，以至於國際貿易或是文化、藝術、體育、旅遊等活動，幾乎國際間之來往已成為現代人生活的一部分，因此也不能不重視及遵守國際禮儀的規範。

國際間各國往來所通用的禮節，國和國之間外交往來稱為外交禮儀，民間人民及團體往來稱為國際禮儀。一般國民出國旅行或代表公司機構出國洽談公務，或是接待來訪外國賓客，都應該要瞭解國際通用的禮儀，避免引起無謂的誤會與招致意外的困擾，才不致貽笑大方，影響國際聲譽，乃至於個人尊嚴也受到傷害。此外由於各國習俗、文化、宗教、生活習慣的不同，出訪他國時，各國的禮儀規範應該受到適當的尊重，所謂「入境問俗」就是這個意思。

國際禮儀要以和諧、文雅、共同可依循的原則來往，在國際場合以共同彼此認同的方式表現出來，並能對各國不同的禮節予以瞭解、接受及尊重，才算是一個現代的國際人。

實例研討 1-1 「經濟三級跳 禮儀真見笑」「有錢了也要迎頭學文明」

《時代周刊》文章描述中國大陸目前最熱門的課程為「西方禮儀」，教導學生排隊的正確方式、不可在街上吐痰、吃西餐的方法。禮儀老師們認為「中國人富得太快了，來不及學會理應跟著財富而來的禮儀」，又說「如果要成為地球村的一份子，就必須改正這些壞習慣」。（2005年12月17日《中國時報》）

中國由於主辦2008年奧運、2010年世界博覽會，中國官方開始覺得有必要提升民眾的文明水準，官員期望在奧運及世界級的活動時，這些禮儀規範可以成為中國大陸人民的生活習慣。

上海市政府並教導市民在公車上讓座給老弱婦孺、小便時要確實對準便池、不要從公園偷取盆栽等禮儀規範。禮儀補習班也應運而生，為企業經營者帶來不少

商機。

　　禮儀的修養，是要靠平時養成良好習慣，每一個地區或國家在發展經濟時，常常忽略了人文素質的提升，因而經濟起飛、生活改善，生活的素質卻未見同等進步。由於經濟的改善，人民有機會享受更好的生活，也有機會出國觀光，甚至與外國人公務或私人交往，因而在禮儀上產生了相當的衝突，所以一個富而好禮的社會，絕不是少數在高位上的人有禮的表現就是一個有禮的社會，而是要靠全體國民整體的表現，一起努力達成的。

　　要成為一個世界的大國，國民的禮儀水準也要一起提升，才能獲得國際的尊敬。

　　2005年中國出國人數達三千一百萬人次，到2020年，中國將成為世界第一旅遊目的地，也將成為旅遊第四大客源輸出國。而歐美各國對於中國旅客許多沒有水準的行為深感不悅，因此在觀光景點出現「不准吐痰」、「不准蹲下」等中文標示。難怪中國政府要用強制的方式改善人民的生活習慣，加強禮儀的教育。

手勢的意思

　　《讀者文摘》1997年6月曾有一篇文章提到，不同的手勢在各國就有不同的意思，如翹起大拇指應是代表「最好」的意思，而在孟加拉卻是一種侮辱。「OK」幾乎是許多國家通用「沒問題」的手勢，可是在一些拉丁國家也是一種侮辱，法國人也認為這手勢是「不值分文」。勝利的「V」，如果手掌向內，在英國就認為是表示侮辱。同樣的，歐洲人比「二」的手勢，掌心要向外，否則就有比「中指」之意思。用食指輕敲前額，在美國表示「聰明」，荷蘭及中國人會認為「發神經」。美國人說人家「發神經」是用食指在耳旁畫圈圈，可是阿根廷人會以為是「有人打電話給你」。伸出一隻手，手掌面向前方，很多地方表示「停」的意思，可是在西非是比豎起中指更有侮辱的意思。

兩手插褲袋講話表示瀟灑，可是在
東方國家認為這是沒有禮貌的。

實例研討 1-3 出境旅遊 重禮講衛生 排隊勿喧譁

中國中央文明辦公室和國家旅遊局為提高民眾文明素質，塑造公民良好國際形象，聯合公布了「中國公民出境旅遊文明行為指南」及「中國公民國內旅遊文明行為公約」。

「指南」內容：注意禮儀，保持尊嚴；講究衛生，愛護環境；衣著得體，請勿喧譁；尊老愛幼，助人為樂；女士優先，禮貌謙讓；出行辦事，遵守時間；排隊有序，不越黃線；文明住宿，不損用品；安靜用餐，請勿浪費；健康娛樂，有益身心；賭博色情，堅決拒絕；參觀遊覽，遵守規定；習俗禁忌，切勿冒犯。

「公約」內容：

＊維護環境衛生，不隨地吐痰和口香糖，不亂扔廢棄物，不在禁菸場所吸菸。

＊遵守公共秩序，不喧譁吵鬧，排隊遵守秩序，不並行擋道，不在公眾場所高聲交談。

＊保護生態環境，不踩踏綠地，不摘折花木和果實，不追捉、投打、亂餵動物。

＊保護文物古蹟。

＊愛惜公共設施。

＊尊重別人權利，不強行和外賓合影，不對著別人打噴嚏，不長期占用公共設施。

＊講究以禮待人，不講粗話。

＊提倡健康娛樂，拒絕黃、賭、毒。

（2006年10月4日《聯合報》）

　　看了以上「指南」和「公約」內容，感覺與過去台灣中小學的公民與道德課程頗為相似，只是中國因為改革開放以後，民眾與外界的接觸機會漸多，甚至有了出國旅遊的機會，可是由於長期與外界的隔閡，使得一般民眾無法瞭解國際通用的禮儀，在經濟起飛、人民富裕的條件下，國家形象並未相對地提升，因此使得政府積極介入宣導，期望塑造中國良好形象。

 ## 第四節　禮儀的構成

　　禮儀的構成有許多因素，每個國家不同地區、不同民族、不同宗教信仰，甚至氣候、生存環境，都會影響禮儀的構成。以下僅就較為重要的禮儀構成因素分述如下：

一、風俗習慣

　　在原始社會中，人們常會用某些象徵性的動作來表示他們的意向，宣洩他們的感情，久而久之就變成了當地的風俗習慣。這些風俗習慣是主要影響禮儀的因素，也常常是維護社會秩序、約束人們不逾越的重要根據。

　　不過風俗習慣也會因為民族地區或是隨著時間環境而有所改變。例如中國人習慣過農曆新年穿紅色新衣服，除舊布新表示喜氣，家中放橘子的盆景或橘子水果，因橘子與「吉」同音，取其「大吉大利」之意，又喜歡放菊花，也是取菊與「吉」，花與「發」同音，吉利發財的意思。

　　年菜要有雞表示「吉」，魚代表「年年有餘」，十樣菜又稱和氣菜，是將十種蔬菜切絲共炒，表示「一團和氣」，年糕表示「步步高升」，凡此種種都是中國人過年的風俗習慣。外國人當然也有他們不同的過節習俗，美國人在感恩節吃火雞，聖誕節全家團聚慶祝。回教信徒齋戒月後拜訪親友恭賀祝福，也是一種風俗習慣的表現。

(一)美國的感恩節

11月的第四個星期四是美國的感恩節（Thanksgiving）， 感恩節的由來要一直追溯到1620年，著名的「五月花號」船滿載不堪忍受英國國內宗教迫害的清教徒一百零二人到達美洲。1620年和1621年之交的冬天，他們遇到了難以想像的困難，處在飢寒交迫之中，冬天過後，活下來的移民只剩下五十來人。基於「來者是客」的信念與習俗，印第安人給這些移民送來了生活必需品，並且教導他們狩獵、捕魚和種植玉米、南瓜等等生存方法。在印第安人的幫助下，來自歐陸的新移民逐漸習慣了在當地的生存方式。在歡慶豐收的日子，歐陸新移民邀請印第安人一同感謝上天的賜予。

初時感恩節沒有固定日期，由各州臨時決定，直到美國獨立後，感恩節才成爲全國性的節日。

每逢感恩節這一天，美國舉國上下熱鬧非常，基督徒按照習俗前往教堂做感恩祈禱，城鄉市鎮到處都有化妝遊行、戲劇表演或體育比賽等。分別了一年的親人們也會從海北天南歸來，一家人團圓，品嚐以火雞、南瓜餅爲主的感恩節美食。

美國當地最著名的慶典則是從1924年開始的梅西百貨感恩節遊行（Macy's Thanksgiving Day Parade）。

美國總統每年感恩節前夕，都會在白宮依杜魯門總統時代之傳統，特赦一隻火雞，免於被人們吃掉的命運。

一家人團圓，品嚐以火雞、南瓜餅爲主的感恩節美食

(二)萬聖節

萬聖節（Halloween）在每年的10月31日，是西方世界的傳統節日，主要流行於北美、不列顛群島、澳大利亞和紐西蘭。當晚小孩會穿上化妝服，戴上面具，挨家挨戶收集糖果。

萬聖夜的主要活動是「不給糖就搗蛋」（Trick or Treat）。小孩裝扮成各種恐怖樣子，逐門逐戶按響鄰居的門鈴，大叫：Trick or Treat!（意即不請客就搗亂），主人家（可能同樣穿著恐怖服裝）便會拿出一些糖果、巧克力或是小禮物。部分家庭甚至使用聲音特效和製煙機器營造恐怖氣氛。小孩則將一晚取得的糖果搬回家。

萬聖夜通常與靈異的事物聯繫起來。歐洲傳統上認為萬聖夜是鬼怪世界最接近人間的時間，這傳說與東亞的中元節與盂蘭節以及日本的百鬼夜行類似。美國明尼蘇達州的阿諾卡（Anoka）號稱是「世界萬聖夜之都」，每年都舉行大型的巡遊慶祝。

萬聖夜的主要活動是「不給糖就搗蛋」（Trick or Treat）

中國年俗──春聯

貼春聯是中國農曆年民間重要的習俗，用象徵吉祥喜氣的紅紙寫上對聯，過年時貼在門框兩邊，祈求來年福氣降臨的心願。除了門上的春聯之外，也在窗櫺、米缸、家畜之雞舍牛欄等處，貼上「春」、「福」、「滿」等紅紙或窗花，甚至將字倒著貼，表示「春到」、「福到」的意思。

春聯

民間最常見的春聯如：「天增歲月人增壽」（右聯、上聯）、「春滿乾坤福滿門」（左聯、下聯），做生意的則貼「生意興隆通四海」、「財源茂盛達三江」。

至於春聯的由來，相傳在中國古代惡鬼擾民，「神荼」、「鬱壘」兩兄弟用桃木棒為地方民眾驅除惡鬼，延續下來，民眾將兩人偶像描繪或雕刻在桃木板上，掛在門之兩旁以保平安，成為我國最早的門神。後來簡化只用紅紙畫一桃子形狀，寫上「神荼」、「鬱壘」字樣貼在門兩旁，稱為「桃符」。隨著時代的變遷，人們更將早期的「桃符」加上招財、納福、平安等字句，如「招財進寶」、「春」、「福」等吉祥字句，形成後來的「春帖」。

五代後蜀國孟昶將單調的「桃符」改成「新年納餘慶」、「佳節號長春」的對子，貼在門上，成為中國第一幅「春聯」。而「春聯」也開始取代了「桃符」。春聯的語句不僅代表吉祥祈福，而且也表現寫「春聯」之文學功力。過年時，大街小巷各家貼上各式各樣應景的春聯，過年沿街欣賞「春聯」，也成為文人雅士的樂趣了。

實例研討 1-5　台灣婚禮習俗

★訂婚的程序

・祭祖：男方出發往女方家之前，先上香祭告列祖列宗。

・納采：車隊到女方家燃放鞭炮，將聘禮交於女方父兄，男方納采人進入女方家中。

・受聘：女方福壽雙全長輩，在祖先及神祇前點燭燃香，進行獻餅、獻禮儀式。

・奉甜茶：新娘在媒人陪同下，奉甜茶請男方前來納聘的親友。

・壓茶甌：甜茶飲畢，新娘捧出茶盤收杯子，男方來客應將紅包與茶杯同置於茶盤上。

・戴戒指：新娘坐在高腳椅上，腳踩小圓凳，新郎取出繫有紅絲線金戒、銅戒套在新娘右手中指上，新娘通常將中指屈起（以免以後被男方吃定），女方再替男方戴戒子。

・燃炮：儀式完成，女方燃炮。

・訂婚宴：女方設宴款待男方來客及媒人，並將喜餅分送親友。

・回禮：女方回贈男方禮品，男方盡速離去，雙方不說再見。

・告祖禮：男方回家後行告祖禮，將女方回敬之喜餅分享親友。

★結婚習俗

娶媳婦前一天要親自送紅龜粿到親朋好友家報喜，送紅龜粿表示雙雙對對、萬年富貴之意。至親要送四個紅龜粿加兩個粽子，朋友則只送兩個紅龜粿。

・祭祖：男方出門迎娶新娘之前要先祭拜祖先。

・出發迎娶：看好時辰出發迎娶，迎娶車隊雙數為宜，大戶人家講究排場，車隊長，車輛華麗。

・燃炮：迎親禮車途中一路燃放鞭炮以示慶賀，現在都市不便燃放鞭炮，車隊都在快到女方家中時再燃放鞭炮。

· 姊妹桌：有些地方習俗，新娘出發前要與家人吃飯告別。有些則簡化吃一點甜食表示吉祥。

· 迎接新郎：本省習俗禮車抵達女家，會有一男童持茶盤等候新郎，新郎下車應給男童紅包答禮，再進女方家門。

台灣婚禮的習俗

· 討喜：新郎持捧花給房中新娘，但遭新娘閨中密友攔住出題刁難，通過後方得進入。

· 拜別：新人上香祭祖，新娘拜別父母，並由父親蓋上頭紗離去。台灣的習俗新娘應由女性長輩持竹篩或黑雨傘遮住新娘上禮車，意謂新娘結婚日雖地位最大，但是還是不應與天爭大。

· 上禮車：新人上車開動後，女方家長將一碗清水、白米灑在車後，意味著嫁出去的女兒潑出去的水，不再過問，也祝女兒有吃有穿事事有成，現在好像很少如此做法了。

· 擲扇：禮車啟動，新娘將手中禮扇丟到車窗外，意謂不將壞性子帶到婆家，扇子由新娘兄弟拾回，並在禮車後蓋竹篩。

· 燃炮：由女方到男方家途中，亦一路燃鞭炮。

· 摸橘子：禮車到男方家時，一位拿著橘子或蘋果小孩來迎接新娘，新娘要摸一下橘子，並贈紅包答禮，兩個橘子要放到晚上，新娘親自剝皮，意謂招來「長壽」。

· 牽新娘：新娘走出禮車，由一位男方有福氣的長輩持竹篩頂在新娘頭上，扶新娘入大廳，新人進門不可踩門檻。

· 祭祖：新人祭祖後入洞房。

· 洞房：床上放竹篩，桌上放銅鏡壓驚，求日後生男。吃黑棗、花生、桂圓、蓮子甜湯，象徵「早生貴子」。新床不能讓人坐，新娘也忌諱躺在床上，否則新娘可能長年病倒在床。

- 喜宴：現在中西合併的婚禮，宴客除了有正式的婚禮儀式賓客觀禮之外，新娘也會在宴客時換上多套晚禮服，並與雙方家長一同向各桌賓客敬酒致謝。新式婚宴會設計許多活動及節目增加歡樂氣氛。
- 送客：喜宴完畢，新人立於門口，新娘手上端著盛有喜糖之茶盤送客。
- 鬧洞房：新人之友人會在洞房戲弄新人，所謂「新人不鬧不發，越鬧越發」，驅邪避凶，如意吉祥，增加熱鬧氣氛。
- 歸寧：婚後三日新婚夫妻一同回女家，由女家宴請親友。也有十二日或一個月才歸寧的。現在很多地方，女方在訂婚時宴請親友，結婚時只有少數特定親友參加喜宴。或是由於交通不便，女方在新人歸寧時再宴請親友。

二、生活方式

「禮」是人們長期生活形成的習慣和規範，也許這些禮儀是由於環境的因素、現實社會的需要等而形成了獨特社會倫理。如早年愛斯基摩人待客之道，因生活在非常寒冷的地帶，所以讓妻子或女兒陪客人就寢保暖以示禮遇；回疆主人殺羊款待客人，以羊眼敬客，表示對尊貴客人之禮遇。

三、典章制度

典章制度是各國依其宗教、民族性而長久制定下來的規範。中國歷史上，周朝周公制禮作樂，定了種種典章制度，所謂的「周禮」，要求諸侯遵行，經過歷代王朝不斷加以修訂補充，奠定了中國以禮治國的基本制度，中國也因此有「禮儀之邦」的美名。外國的歷史上，如在希臘、羅馬、印度、埃及這幾個古老文明古國，也都有許多因當時的社會情況、時代背景而制定的典章制度。尤其是上流社會及宮廷，更有一些嚴苛的禮儀規定，如不遵行就被視為非該階級的人。

 祭孔八佾舞

　　祭孔大典的「八佾舞」，是由中國古代宗廟宮廷雅樂舞演變而來，「佾」是行列的意思，八佾就是八行、八列，八佾舞則是指有八行八列共六十四位舞者參與的雅樂舞，六佾舞則是六行六列共三十六位舞者參加。古代「佾舞」在宮廷、宗廟祭祀時都會使用，天子採用八佾舞，諸侯採用六佾舞，經過兩千多年的演變，現今只有在孔子誕辰紀念日的祭孔大典才能看到了。祭孔大典尊崇孔子一般都採用八佾舞，但是有時因祭祀「丹墀」場地限制而採用六佾舞。

四、宗教信仰

　　不論中外，敬神都是社會上非常重要的活動，統治者也藉由宗教控制他所統治的臣民，因而制定了許多規範，形成了許多儀式及崇拜的禮儀。全世界有各式各樣的宗教，各種宗教又有不同的派別，產生了不同的禮節和儀式，直到今日仍然是影響禮儀重要的因素。

五、統治者的主張

　　統治階層為了鞏固其統治地位，穩定政治秩序，規定了許多禮節條例要求民眾遵循；此外，統治者也利用人們某些習慣，加以改變或是整合，形成了各種正規的禮儀。有一些專制或是獨裁的統治者，更常將其主張以命令和法律方式，變成法條規定，久而久之，這些當時統治者的主張也就成了禮儀規範。

第五節　禮儀的定義

不論中外對禮儀都有許多不同的解釋，每個行業也會站在其職業的角度，給禮儀一個適當的定義，以下摘錄數項有關禮儀的定義提供參考：

1. 禮貌（courtesy）是誠懇、是發自內心的魅力，與人相處時，考慮他人的權利和感覺。它反映一個人的本性、一種態度、一種別人跟你接觸時對你的感覺或是希望你應該表現的樣子。

2. 禮貌是內在的謙恭、外在的模式。英國哲學家培根曾經說過，「行為舉止是心靈的外衣」，我國也有「誠於中，形於外」的說法。

3. 禮貌基本是親切的、很自然的、很本性的表現。

4. Etiquette黃金定律：

   (1) 禮儀要顧及別人、尊敬別人、關心別人、體貼別人、不侵犯他人的自由和權利。

   (2) 待人就像你希望別人如何待你。

   (3) 是一種別人對你的感覺，是自己易地而處的能力。

   (4) 是敞開心胸，公平與人交往。

   (5) 是信任、是高貴、是正直、是自尊、是公正和誠實。

   (6) 所有的禮儀表現就應該像放一張桌子或是寫一封慰問信那樣自然。

   (7) 沒有人生下來就是懂禮貌的，沒有人與生俱來就有在任何情況下與人交往的能力。禮貌都是要靠不斷地學習，累積經驗，瞭解傳統，才能達到禮貌要求的原則。

   (8) 學習規則固然是禮貌的第一步，更重要的是如何日復一日忠實地實行，如此才能將禮貌成為個人品格的一部分，很自然地呈現在日常生活中。

   (9) 絕對不可有兩套禮貌標準，必須對所有的對象表現一致的禮貌，而非視對象來判斷禮貌的標準。有禮貌修養的人是不勢利眼、沒有優越感，也不是為討好少數人的表面服從，而是發自內心誠懇地對待所有的人。

   (10) 英國詩人Lord Alfred Tennyson給禮儀的定義是：越偉大的人越表現其禮節的修養（The great man, the great courtesy）。

   (11) 富者有禮高貴、貧者有禮免辱、父子有禮慈孝、兄弟有禮和睦、夫妻有禮情長、朋友有禮義篤、社會有禮祥和、國家有禮太平。

實例研討 1-7　打招呼的方式

　　南歐人、拉丁民族、阿拉伯人，初次見面為了表示親切會以親頰來作為見面禮，如法國、義大利、西班牙、希臘、阿拉伯國家等。但是在英國、德國、荷蘭和荷語區的比利時人，卻不親頰，而是以握手、點頭為初見面的禮貌，表現了一點距離。中國人或東方人更是拘謹，男女授受不親，又抱又親成何體統，所以難得看到這種禮貌，倒是我們的鄰國菲律賓因受西班牙統治了四百年的緣故，文化習俗受其影響至深，見面擁抱親頰就是很自然的見面禮。話又說回來了，現在全球正逐漸國際化，人們來往頻繁，入境隨俗，有時依當地的禮俗以其方式表示熱誠，也是禮貌上應該的認識。

實例研討 1-8　各種宗教禮儀禁忌

★中國人的神明席位

　　中國廟宇的大雄寶殿正廳供奉的是菩薩尊，下來是左右護法。其原則是後尊前卑、右尊左卑、上尊下卑。按佛、神、仙的地位放置，通常釋迦牟尼佛供奉中間，觀世音菩薩在右，大勢至菩薩在左，土地公的排序是低於菩薩的。進入廟宇，不要走正中央大門，也不要踩在門檻上進出廟門，以示恭敬。從右邊門進入參拜，從左邊的門出來。

★回教齋戒月

　　回教國家每年回曆九月把齋三十天，在齋月裡從日出到日落，不吃不喝、禁慾、禁菸、禁道人之長短，因此清晨日出前及晚上日落後方可飲食。三十天後之開齋節，親友相互賀節互訪，就如同中國人農曆春節賀年之禮節類似。

★旅遊各國禁忌

　　觀光旅遊是國人最喜愛的休閒活動，在世界各地旅行由於國情及宗教文化的差異，產生許多所謂奇風異俗及傳統禁忌，雖然觀光客通常可以得到「豁免權」或是相對的包容，但是如果旅客事先對旅行國度禮俗有一些認識，相信更能獲得當地民眾的好感與友誼。

　　在各種禁忌中，宗教的禁忌最為注重，宗教是當地民眾的精神支柱，廟宇聖堂是敬神祭拜的聖地，雖然身為外國觀光旅客，也應該遵守規定，不應觸犯禁忌。回教清真寺男女信徒是要分開祈禱的，進入時要脫鞋，祈禱前要進行洗手、洗臉、漱口、洗腳等潔淨工作。女士生理期間不得進入，而且必須包住頭髮、身著長袍方可進入寺內，很多旅遊區的清真寺都有準備罩袍提供旅客參觀時使用。回教的齋戒月白天到日落不得吃喝飲食，以修練信徒的意志、思想和身體。在回教國家旅遊衣著應儘量保守，遵循當地禮俗，是觀光客應有的禮儀修養。

　　在印度教的峇里島，男女都不能穿著短褲、短裙進入廟宇，必須圍上一條沙龍布才可入內。到希臘參觀教堂，男士要穿長褲、女士要穿有袖洋裝方得進入。在天主教的菲律賓進入教堂望彌撒時，女士頭上要蓋上紗巾。東南亞佛教國家，對和尚僧人不可有輕蔑舉動，也不要倚在佛像照相，這是大大的不敬。到以色列進入哭牆或猶太教紀念館參觀，在入口處提供紙製小圓帽供男性戴上，以符合禮數。

　　在大多數國家，豎起大拇指的手勢，是表示很好、沒問題或是稱讚的意思，可是有些國家如土耳其、巴西、伊朗，卻是不雅、下流、齷齪、罵人的表示。

　　回教國家除了不喝酒、不吃豬肉、進入清真寺要脫鞋等要注意之外，對女性的態度更是要尊重，如不能碰觸女性身體任何部分，即便國際禮儀的握手都應儘量避免，土耳其總統伉儷訪問希臘時，希臘總理對土耳其總統夫人擁抱告別，引起土耳其國內一片譁然，險成外交事件。

　　旅遊泰國時，總是被告誡，不可摸泰國人或小孩的頭，因為頭是靈魂之所，不可亂摸。以腳底對著他人也是很不禮貌的行為。

食的禮儀

2

中國人常說「民以食為天」，可見「食」對人的生活有多麼重要，但是吃不僅僅是吃飽，還要講究衛生營養，要吃得優雅有禮，氣氛愉快，所以就不能不知道一些中、西式飲食「吃」的禮儀了。

第一節　中餐的禮節

中餐是我國傳統的飲食，但是隨著國際化的趨勢，國際往來的頻繁，中式飲食成為世界各國人士喜愛的餐食之一，稍有規模的城市都有中國餐館，不僅中國人少不了它，外國人也認為中菜是難得的美食。尤其中國幅員廣大，各地各式各樣的菜餚都有不同的風味和特色，吃不完也吃不厭，因此在許多國際人士聚會場合，吃中餐的機會也就相對的多起來了。所以除了一般傳統中餐禮節之外，對一些國際社交禮貌也應該有所瞭解，才不致影響吃的品質，破壞吃的氣氛。中餐不僅講究好吃，也要注意吃的禮貌、吃的態度，這可以看出一個人的教養，外表再耀眼，若是行為及飲食的習慣不好，美麗也只是一個虛有其表的空殼子而已。因此禮儀修養，應該平常養成良好的習慣，成為生活行為的一部分。「民以食為天」、「吃飯皇帝大」，可見「食」對中國人的重要性，因此食的禮儀就更加需要重視了。

以下僅就用餐態度和用餐時應注意事項分別說明如下：

一、用餐態度

1. 赴宴準時，離席恰當。中國人赴宴常有拖延時間的習慣，一個人晚到，影響到其他人的時間。作為一個現代人，遵守時間的觀念是禮儀基本的修養。
2. 尊重飲食宗教習慣，例如基督教、天主教的家庭飯前要禱告，受邀用餐者雖信仰不同的宗教，也要跟著低頭肅靜，以示禮貌和尊重。
3. 席間不要高談闊論，旁若無人，不但同桌的人不勝其煩，也會遭到其他用餐人的討厭。席上也避免談論噁心、不雅之事，以免影響大家的食慾。
4. 賓主角色不同，做客有做客的禮貌，不要逾越了自己的身分，喧賓奪主，使主人為難，在宴席上對餐廳服務人員頤指氣使，那是非常惹人厭的行為。
5. 敬酒要看情況，中國人喝酒講究豪爽義氣，先乾為敬，而歐美人士敬酒表示敬意，隨意即可，絕對不可強人所難，破壞了吃飯的和氣，使主人感到尷尬。

6. 大多數餐廳都是禁止吸菸的，有些以博奕為主的大飯店，會劃出特定地區可以吸菸，用餐時應遵守餐廳規定。

7. 在餐廳用餐時應將行動電話轉為振動，通話時也應離座到不影響他人的地方。日本很多餐廳甚至在入口處，就以告示提醒客人將行動電話關機或轉為振動。

實例研討 2-1　南縣北門鄉喜宴最準時

到台南縣北門鄉（現改為台南市北門區）喝喜酒一定要準時，否則就準備吃「菜尾」吧！北門鄉的宴席準時開席，在沿海地區是出了名的。北門鄉人常自豪地說：「這是我們的驕傲。」四十年來準時觀念能在北門深化，要歸功已故鄉長侯吉定先生。當年他做鄉長時一天有好幾場宴席，常因宴席不能準時開席，行程延誤耽誤別人時間，深覺失禮。因此他推動守時觀念，要求鄉民宴客一定要準時，自己一定準時赴宴，時間一到還不開席，自己點鞭炮，「逼」著廚師上菜開席，直至今日守時的習慣一直延續至今，傳為美談。（2005年11月14日《聯合報》）

中國人宴客，賓客遲到被視為正常、不以為怪之事，因此為了吃一頓飯，耽誤了主人及客人預定之行程是經常發生之事，有些客人因為既定行程不能延誤，只好提前離席，主人也無可奈何，所以國人守時的習慣確實還有待加強。

實例研討 2-2　出色的小姐？

曾有一次參加一場結婚喜宴，同桌對面坐了一位花樣年華的女孩子，身材高、長髮披肩、服裝打扮時髦、面容姣好，同桌不論男女老少都會不自覺地將眼光瞄過去多看一眼，可是當上菜以後情況就大為改觀了，可以用「慘不忍睹」來形

容。首先，開始吃的時候，只見該小姐右手拿筷，左手吊在桌下，身子歪向一邊，頭低吃著盤子上的東西，一頭長髮甩來甩去。這還不打緊，上菜時，因禮讓年長者先用，所以該小姐就會晚一點吃到菜，因此先前可能她還不好意思，等到第三道菜開始，菜一上來她就搶先將菜轉到自己面前，不只自己挾一盤還在旁邊的碟子裡也挾一份，如此幾道菜下來，旁邊的盤子就滿了。同桌的伯母忍不住就問：「小姐，妳還有同伴沒來嗎？」哪知那小姐嬌滴滴地回答：「不是，我要帶回去給小狗吃的。」天呀！妳搶先挾菜，別人還沒輪到，妳就為妳家小狗留一份，真是有些過分。拿了一盤後還要服務人員拿塑膠袋裝，再繼續挾菜，旁邊另一位伯母也忍不住說話了：「妳家小狗真能吃呀！」小姐說：「對呀，牠什麼都吃的。」情況演變到此，眾人原先愛慕欣賞的眼光已轉為一種掩不住的婉惜表情，可惜外表這麼出色的一位小姐！

二、用餐禮儀

中式餐食由前菜（多半是冷盤）、主菜、湯和點心組成，通常請客至少十道菜，另加點心、水果。當然有些大排場會更豐富。中餐是我們日常飲食所習慣的方式，但是仍有些規矩為人所疏忽，而成為餐桌上不受歡迎的人物。以下舉出中餐飲食應該注意的一些禮貌提供參考：

1. 吃飯端碗，喝湯不出聲，儘量閉嘴嚼食。盤子也不能拿起來就著口吃食物。
2. 不要用筷子敲碗盤，發出叮叮噹噹響聲，俗稱「叫化子」行為。台灣也有「敲碗敲碟，無吃無挒」的

吃飯時儘量閉嘴嚼食

俗語。

3. 每道菜由主客開始取菜，然後以順時鐘方向輪流取菜。自己取完菜應轉向下一位。轉動旋轉桌時，要小心不可太用力，不要將桌上他人餐具碰倒。

4. 不要在菜盤中挑揀，有所謂「撥草尋蛇」的舉動。遠處挾菜，不要有「飛象過河」的動作。

5. 坐著不要搖腳，食時不可有挖耳、挖鼻等不雅的動作。

6. 飯後殘渣收拾好，不要弄得到處都是剩餘菜渣。

7. 坐姿不要妨礙他人，習慣使用左手的人更要小心，以免與身旁用餐者發生碰撞。

8. 儘量避免在餐桌上使用牙籤，不得已時也要用手遮住。

9. 公共場合儘量使用公筷母匙，外國人士可視情況準備刀叉。

10. 中式餐宴通常是一酒到底，近年來國際宴會也會有餐前酒、席上酒、飯後酒的安排。

11. 近年來，中菜西吃蔚為風氣，服務人員會將大盤中之菜餚分成小盤送賓客享用。

12. 中式宴會上的致詞多半在宴會開始時為之，致詞者應簡短為要。

 # 第二節　西餐的禮節

西餐和中餐的用餐方式大不相同，但既然是吃西餐，就應該對西餐禮儀有一些基本的認識，不論自己用餐或是在國際場合，與人交往或是出國旅遊用餐等，都能表現應有的禮儀修養。以下針對西餐禮儀說明如下：

一、用餐態度

近年來對於老式而固有的非常正式的用餐禮節和規矩，已經不太為大多數人所在意，反而是重視用餐時能有一個愉快、親切、友善的氣氛。雖然由於社會快速變遷，加上因為不懂禮貌及教育的缺乏，使得餐桌禮儀變得不是那麼重要，但是在一個尊嚴和自制的社會中，必須考慮周遭的人及更廣泛的事務，有了基本的禮儀修養，使社會的接觸會比較合理、融洽，因此要強調的是，共同性的餐桌禮儀知識，

是現代人必備的修養。良好的餐桌禮節，應該是品格的一部分，是一種本能自然的表現，就像平日向人打招呼一樣自在，雖然餐桌禮儀還是有一些規則要學習、要遵守，但是其結果的表現仍應該是很自然的，而非腦海裡總想著應該如何做下一步的問題。

用餐的服裝要合乎用餐的場合、地點及時間，正式餐廳的晚宴，應著正式服裝（formal），如男士穿著小晚禮服（black tie），女士穿著晚禮服，如無規定須穿著禮服，也要穿著正式服裝，男士穿西裝打領帶，女士著洋裝、套裝、旗袍等。

平常用餐可穿半正式服裝（casual smart），有領有袖襯衫、Polo衫、休閒長褲、休閒皮鞋。圓領衫、牛仔褲及球鞋，不算是半正式服裝。在海邊渡假的小餐廳，通常是可以穿著休閒服裝（casual）用餐的。但是在大飯店餐廳用餐仍以穿著半正式服裝為佳。

二、用餐禮儀

西餐的用餐禮儀，對國人來說確實有些繁複，因此特別詳細的逐項說明之。

(一)就座與離席注意事項

1.餐廳用餐需等服務人員帶位，千萬不要慌著到處搶座位，如覺得位置不妥可商請換個座位。
2.就座時從椅子左邊進入就座，離座亦同，如此可避免人多時大家同時入座而相互碰撞。不要坐在椅子邊緣，坐得不舒適，坐姿亦不穩重。
3.正式宴會時，女主人帶領男貴賓，男主人帶領女貴賓入餐廳就座，其他賓客魚貫跟進。
4.女士、年長者坐定後，男士才入座，或是等主人請就座時再坐下。習慣上男士為右手邊的女士服務。如果女士人數比男士多，男士要為

吃西餐的姿態

用餐時皮包可放在座位椅背

左右兩邊的女士服務。

5.不用餐時，手可放在腿上；用餐時，手肘靠近自己的身體，不要張得太開，以免影響旁人，使用刀叉時，身體與桌子約保持一個拳頭的距離。

6.女士的皮包可放在背與椅背座位中間，小皮包可放在膝蓋上，大皮包放在右邊椅腳處，不可掛於椅背上，以免影響上菜時通道流通。在餐宴上不要擦過濃的香水，以免影響菜餚的味道。用餐時不要一直撥弄頭髮，影響衛生。

7.小型宴會應等大家的餐點都到齊後，才開始食用；大型宴會或自助餐則不必等候，可先行食用。

8.用餐速度要與旁人配合，太快或太慢都會造成主人的不便。離席時不必清理桌上東西，離開即可，但是家庭用餐則應協助收拾善後。

9.起身時動作安靜、迅速，將兩手放在椅邊往後推站起來。不必還原椅子，除非擋了路。

10.用餐中儘量避免離座，頻繁的進出會讓同桌用餐的人心神不寧，女士旁邊的男士為了禮貌也不堪其擾。

11.大型宴會或酒會中遇事須中途離席，只要悄悄地和身邊的人打個招呼，然後安靜離去。千萬不要呼朋引伴一起離開，造成冷場，令主辦人尷尬。參加酒會或茶會時，進入會場要先與主人打聲招呼。如果中途要先離席，應向主人說明致歉，告辭離開時不要呼朋引伴邀著一群人一起離開，致使熱鬧的場面可能要提前散場。

12.就座後服務人員提供菜單（menu）點餐，菜單中有套餐之組合，也有單點之菜式（A La Carte），可隨本身需要點餐。

13.某些歐洲國家如法國、西班牙、義大利等國晚餐是下午八點半開始，最早也要八點才會開始吃晚飯，最好要入境隨俗。

14.觀賞歌劇會先食用些簡單的餐點，看完表演後才去正式用餐，這也是歐美人士常有的習慣。

表演中場休息之點心

15.西式餐會上的致詞大都在主菜後甜點前爲之，與中餐開席前致詞不同。

(二)餐巾（napkin）使用禮節

1.用餐時等女主人打開餐巾時跟著打開，表示用餐即將開始。上菜順序以女主人最先，可指示對其他客人菜餚處理方式，其次就是女主客及其他女客，而後才是男賓客。

2.不要用抖的方式打開餐巾，餐巾若太大時，對摺成三角形或長方形，摺角向外置放於大腿上。

3.餐巾除了用來抹口或是擦拭手上的汁液外，不可用來擦拭餐具、擦汗或其他不雅用途，擦嘴時用餐巾的四角爲之。

4.遇到有潑濺之虞的食物，可用餐巾撐起遮擋，但是不要插在襯衫領口或掛在褲腰帶上。

5.用餐中暫時離席，餐巾放在椅子上或椅背上。用完餐後，將餐巾稍微摺一下放在桌上左手邊或餐巾碟上，有汗漬部分摺在裡面。

暫時離席餐巾放在椅背或椅子上

(三)餐具使用的一般原則

1. 自餐盤最外側之餐具開始使用，亦即從盤子兩邊最遠者開始使用，用完後放在盤子上，以待取走。另上一道菜時，再使用最外側之餐具。如無把握，可跟隨女主人之步驟使用。

2. 餐具根據上菜的順序排列，稍隆重餐宴右邊從外向內有前菜刀（沙拉刀）、湯匙、魚刀、肉刀，左邊從外向內有前菜叉（沙拉叉）、魚叉、肉叉，前方有飯後點心匙及叉。一般稍正式的西餐有開胃酒（aperitif）、開胃菜（appetizer）、湯（soup）、生菜沙拉（salad）、主菜（main course, entree）之魚或海鮮（sea food）、主菜肉類（meat）、甜點（dessert）、水果（fruit）、咖啡或茶（beverage）。

   中餐具右邊有開胃菜刀（沙拉）、湯匙、主菜刀，左邊有開胃菜叉（沙拉）、主菜叉，前方有甜點匙和叉，最左邊有麵包碟及奶油刀，右前方為水杯及酒杯。

   在餐廳吃午餐，通常點菜稍簡單，可用單點（A la Carte）方式，或是點一個湯、沙拉，搭配三明治或是一個主菜即可。或是點套餐（Table d'hote）、每日特餐（Plat du jour, Today's Special）也是很方便又快速節省時間的方式。

3. 右邊的飲料杯、酒杯，左邊的麵包碟是自己的，切記不要弄錯了。右邊的杯子，靠中間的最大杯子是水杯，其次配合上菜向右邊依次放置白酒杯、紅酒杯等。女士飯前若不喝酒可點礦泉水等不含酒精的飲料。

西餐餐具擺設

4. 不要邊講話邊拿著刀、叉、匙飛舞。

5. 食前不要用叉子去撥探食物，或用其他明顯的方式表現你不喜歡這盤食物。如果該食物眞的無法接受，可輕放叉子，加入談話的行列，以不引起別人注意爲原則。

6. 以右手持刀，左手持叉，叉齒朝下，用刀切割食物，然後用叉將食物送入口中，切記不可用刀扠食物放入口中。食物宜切一塊吃一塊，每塊不宜太大，以一口之量爲原則。

7. 不要將個人用過之餐具放在公共食物的餐盤上。

8. 用餐中，如要將刀叉暫時放下，有數種方式，最常用的方式是將刀叉放置餐盤前緣上，成八字型，另一種方式是將刀叉架在餐盤和桌子上，成八字型，兩種方式都是刀刃面向自己，叉背向上。

9. 每道菜用完，用過之餐具要放在盤子上，一般採用之方式爲：刀叉平行以四十五度置於餐盤上，也就是刀叉把手對準四點鐘方向，握把向下，刀在右，叉在左，刀口向內，叉尖向上。或是刀右叉左交叉置於盤上，用過之餐具不可置於餐巾上。

10. 任何用過之匙不要置於杯、碗或蛋杯內，要放在盤上或托碟上，除非托碟太小才將匙放在杯中。

11. 做客時，切勿擦拭盤子、餐具。在餐館時，如要擦拭，可在桌底爲之，以免受人注意。

用餐中途休息時餐具放置法

用餐完畢時餐具放置法

(四)刀、叉、匙之使用

1. 左手拿叉用餐時叉尖向下，如不用刀，將刀斜放在盤子右上方，右手拿叉用餐時叉尖朝上。

2. 所有肉類、蔬菜、魚、沙拉、甜點都用叉食之，如有需要可用刀切成小塊。

3. 歐式用餐時，右刀左叉，邊切邊吃；美式喜歡將食物先切成小塊，然後將刀放在盤子右前端，將叉換到右手食之。

4. 許多食物可用叉切，如肉餅、魚、炸蠔、軟餅等。

5. 叉食物應以一口之量為原則，不要剩一半在叉子上，隨著講話在面前飛舞。

6. 刀可用來幫忙叉子方便拿起盤中食物，但是不要用刀將米飯類食物壓在叉子背面食之。

7. 不要一手同時拿著刀和叉挾食物。

8. 吃肉類如牛排、鹿排等，訂餐時服務員會問要幾分熟，一般有帶血很嫩（rare）、五分熟（medium rare）、七分熟（medium）、全熟（well done）等之分級方式，可根據個人喜好選擇。肉排的重量也不一，所以可以根據自己的食量選擇分量適當的肉排食用。吃時由左向右切一塊吃一塊，不要一口氣將食物全都切成小塊堆滿餐盤，顯得雜

刀叉的拿法

不要將大塊食物放在叉上食用

肉類切一塊吃一塊

咖啡匙是攪拌用的，不要用匙喝咖啡

亂，又容易冷掉。帶有骨頭的肉排，可用左手的叉子按住骨頭，右手的餐刀順著骨頭的方向切下，將骨頭與肉分開，骨頭移到盤子前方，將肉切塊食用。

9. 某些水果（如葡萄柚、奇異果）、添加奶油或熬煮過的水果（如奶油草莓、蜜汁梅乾），以及果凍、布丁、冰淇淋、冰品、煮蛋、麥片粥、湯等，皆可用匙食之。

10. 以匙用食時，應舀一匙之量，不可太滿而滴得到處都是。

11. 不要用匙一匙一匙喝咖啡、巧克力和茶。如要放方糖應先將方糖放在匙上再放入杯內，以免咖啡濺出，奶精、糖粉則可直接加入。匙攪拌完畢應放在托碟上，拿起杯子喝即可。

12. 長匙用在冷飲上，攪拌完可放在麵包碟上或餐盤中。

(五)喝湯的方法

1. 一般來說，清湯、熱湯都用淺盤。清湯用橢圓形湯匙，濃湯用圓形湯匙。湯喝完了，湯匙把手在右，凹面向上放在托盤上，如無托盤則放在湯盤上。濃湯多用帶耳的湯杯，用完後湯匙放在湯杯之托盤上。

2. 喝湯用匙由湯盤靠自己這邊由裡向外舀湯，自匙邊喝之，不要將匙全放入口中。

3. 不要彎著身子靠近湯盤去喝湯，西餐用餐應以食物就口，而非口就食物。

4.熱湯不要用口吹涼，用匙側緣將湯一次送入口中。

5.上湯時有時會附上薄脆餅或烤過的小麵包塊，可以取少許放在自己的麵包碟上，再放入湯中用匙食之。如果是參加宴會時，最好不要將麵包或餅乾弄碎放在湯裡，以免碎屑弄得到處都是。

6.有些放在牡蠣湯中之鹹餅乾，可先放在麵包盤中，每次拿幾個放在湯中食用之。

7.湯快喝完時，可將盤由內向外稍豎起將湯喝完。

8.用杯裝的湯，可用匙或直接單手端杯喝之。

9.法國起司酥皮湯可用匙自碗面取少許起司先食，再自洞中喝湯。此外亦可用刀或叉順著碗邊切下起司，再用湯匙食之。

(六)麵包和奶油〔bread & butter〕

1.將麵包自邊撕成小塊塗奶油食之，如為硬麵包則用刀切塊塗奶油食之。

2.奶油若無奶油碟則放在餐盤旁邊；奶油刀通常放在麵包碟旁。

3.奶油刀塗奶油在麵包、捲麵包、硬麵包、餅乾、鬆餅、土司、軟餅、煎餅、整支的玉蜀黍上，也可用在果凍、果醬、起司上。

4.如無奶油刀則用餐刀代替，注意不要刀上帶著剩餘食物殘粒就去弄奶油。

5.拿麵包時用餐巾包著麵包，坐下後將麵包放在麵包碟或餐盤邊。不要用叉子

使用奶油刀塗奶油於麵包上

老遠去公用麵包盤扠麵包。

6.麵包可用來將餐盤中的培根或最後一塊蔬菜挾著一起食用，或用小塊麵包將盤中肉汁吸完，用叉子食之，不要用手拿著麵包圍著盤子刮湯汁的方式將盤子弄乾淨。

7.馬鈴薯、蔬菜、米飯，不用牛油刀將牛油拌入，應用叉子來拌。

(七)用手的食物（finger food）

1.橄欖、醃漬物、芹菜、蘿蔔、乾果、薄荷、薯塊、小三明治、餅乾、爆米花、麵包類等較乾的食物，原則都可用手食之。

2.大三明治（如總匯三明治）可用刀叉分切，再用手食之。

3.乾蛋糕可用手，如有蜜汁或黏汁則用叉食之。

4.薯塊可用手，炸薯條最好用叉，太大條可切半再食。洋芋片用手拿沾酸乳吃，如一片要沾兩次，應將洋芋片掰半分兩次沾食之。

5.培根原則上以叉食用，除非太乾，切小塊再用手食之。

6.整支玉蜀黍、朝鮮薊（artichoke）可用手食之，蘆筍則用叉食之。

7.新鮮水果，如棗子、葡萄、梅子乾、無花果、李子、葡萄乾、帶蒂的梅子等整粒的水果，大都可直接用手食之。

8.新鮮桃、梨可用手，如汁液多，則用叉。鳳梨塊用叉食之。蘋果、硬梨、硬柿用刀切四半，削皮或直接食之，切硬水果時，切到四分之三深度即可掰開，不要一刀切到底，以免刀子刮到盤子發出刺耳的聲音。

9.橙類水果切半後，用匙或剝皮分片用手食之。

10.香蕉剝皮或以刀將頭尾切去，橫劃開香蕉皮，取出蕉肉置盤中，切段用叉食之。奇異果如已去皮切片可用叉食之，如未去皮可用刀切半，以小匙挖著吃。

11.西瓜、木瓜用刀叉切小塊，用叉食之，野餐時則可大片食之。

12.總之有刀叉的用刀叉，有匙

朝鮮薊

的用匙，吃完要能儘快處理清爽乾淨即可。

(八)困難食物的食用方法

1. 朝鮮薊：用手一片片剝下，外部不能食用部分放在盤邊，將心及可食用部分放在盤中，粗皮部分用刀叉除去，可沾奶油、美乃滋或鹽食之。

2. 蘆筍：用刀叉切塊，以叉食之，硬莖部分留下不吃。

3. 烤馬鈴薯：用叉劃開，加奶油食之，或是將薯肉用叉子取出，放置碟中，加奶油、香料，或是連皮切塊食之。

4. 整支玉蜀黍：不適合在正式場合食用，如是整支玉蜀黍可切段，塗上奶油，用手拿著吃。較好的方式是將切段的玉蜀黍豎起，以叉固定，用刀分數次削下玉蜀黍粒，再用叉或匙食之。非正式或家庭用餐場合，則可整支拿起食之。

5. 整條魚：先用刀叉將魚上層的肉吃完，再以叉分別固定魚頭及尾部，以刀分別切斷之後，將中間魚刺放置盤子右上方，然後吃另一邊的肉，千萬別將整條魚翻面，容易發生湯汁濺出的意外，也頗不雅觀。

6. 龍蝦、蝸牛、其他帶殼海鮮：通常都會附一些特別的工具，如魚叉、鉗子、夾子、剪刀、針等，食時以工具儘量取出殼內之肉，放置盤中，加佐料，用刀叉食之，腳則可用手取肉食

朝鮮薊食用方法

整條魚的吃法

之。整隻帶殼龍蝦先用左手的叉子按住龍蝦頭，右手持餐刀自蝦頭順蝦身橫劃至蝦尾，再用叉子插入蝦尾，將蝦肉自蝦殼中挑出放到盤中，蝦殼挪到盤邊，即可切塊一口一口食用。如果是不帶頭之龍蝦，則左手持叉按住龍蝦，右手持刀橫劃開龍蝦之硬殼，取出蝦肉切塊食之。許多餐廳將龍蝦帶殼剖半放在餐盤上桌，則左手持叉按住半隻龍蝦，將蝦肉挑出放盤中食之即可，這種方式客人會方便許多。

吃蝸牛時以蝸牛鉗鉗住蝸牛殼，以小叉子挖出蝸牛肉食之。生蠔以左手持蠔，右手用蠔叉取出蠔肉沾醬汁食之。也有為了保有美味的蠔汁，在帶殼之生蠔上滴幾滴檸檬汁，用叉挖出生蠔食之，並將殼內之湯汁喝完，喝時聲音不可過響，引人側目。

近年來秋天食大閘蟹風氣鼎盛，蟹以六至八兩為佳。新鮮蟹清蒸十五分鐘即可，佐以薑絲及鎮江醋沾食。吃的方式是：

(1)先將蟹殼打開，殼蓋內滿布蟹黃，倒點薑醋在殼內，將蟹黃食盡，在殼的頭部有一小塊硬的消化器官，千萬不要吃它。

(2)蟹身上兩邊的鰓（呼吸器官）拿乾淨，並將蟹螯及腳剪下放置盤邊。

(3)蟹身掰成兩半，每半邊再分成兩半，以針狀工具挖出蟹肉食之，也可以用蟹的尖腳挖出蟹肉來吃。

(4)以剪刀將蟹腳關節處分段，每段蟹腳肉抽出食之。

(5)最後吃蟹的大螯，也是用剪刀在關節處分段，剪開大螯，小心將肉挑出食用。

(6)螃蟹新鮮，吃的功夫好，吃完後可以將螃蟹殼按原形狀排放在盤子上，沒有蟹殼亂成一堆的情形。

7.沙拉：通常用叉食之，如太大塊，用沙拉刀切小塊食之，如無沙拉刀則用餐刀替代。

8.義大利麵（spaghetti）：如筆筒、蝴蝶狀等塊狀通心麵，用叉或匙邊切成適口之量邊食之。麵條式的義大利麵，則右為叉、左為匙，用匙幫忙將一口之量的麵捲上叉子

義大利麵的吃法

食之。

9.派或冰淇淋：以所附上之點心叉或匙食之。

10.雞尾酒中之橄欖、櫻桃：除非杯子飲料已喝完，否則自杯中撈橄欖或櫻桃吃，頗爲不易，如果杯子乾了，將杯子斜起讓橄欖或櫻桃進入口中，如太大可用手取出分兩次食之。

(九)自口中取出食物

1.在就食中不要自嘴中食物直接挑出骨頭、肉末、魚刺等，應用手握拳自口中取出放在盤邊。

2.有核的果肉應吃乾淨，果核可用手靠近嘴邊取出放在手中，再放在盤邊。如是用匙吃的果子，核可放回匙中，再放在盤邊。

3.嘴巴裡的東西千萬別用吐的方式吐在手中或盤子中。總之，自口中取出任何東西動作要盡可能快、安靜，不要引起別人注意。

4.吃了不喜歡的食物，最好一口吞下去，不要用手拿出或吐在叉子上、餐巾上。至於盤中的其他食物可放著不必再吃它。

5.實在連一口都無法吃下的食物，則立刻離開桌子另外處理，稍後只簡單解釋自己有些不適，不必說太多的理由。

6.不要用手指到嘴裡清理牙齒中之殘渣，也最好不要在公共場合使用牙籤。

(十)洗手盆（finger bowl）

1.正式餐會，在點心之後會有一放在小碟上的洗手盆送來放在點心碟的左前方，是用來清潔手指用的。

2.有些是將洗手盆放在盛點心用之叉匙碟子上一起送上，客人取叉匙放在點心碟兩旁，洗手盆放置自己桌前。

3.用完餐食，一手一手在盆中清洗指尖再用餐巾擦乾。

4.在用餐中有龍蝦、海產類或玉米條等食物，也會附上洗手盆，此道菜用完後就會撤下洗手盆。

(十一)餐桌意外（accidents at the table）

1.餐桌發生意外情況，應盡可能安靜沉著處理。不要不停責怪自己，造成他人

困擾，只要輕聲說「對不起」、「抱歉」就好。

2.餐具掉落可由服務人員拾起，如無服務人員，則應立刻自己拾起。

3.嘴中食物太燙，趕快喝口水嚥下。

4.如魚刺哽住或較嚴重情況，馬上離席處理，不要試著解釋半天。

(十二)接受餐桌服務注意事項

許多宴客上菜的情況是服務人員端著大盤食物在客人左手邊，請客人選取一份自行放在餐盤上，或由服務人員放入客人的餐盤中，因此，有些禮儀是要注意的：

1.食物自用餐者左邊上菜，右邊上酒及飲料，盤子自右邊撤下。

2.服務人員端盤請客人自行取菜時，用餐者應自靠近和方便的一邊取自己的一份，不可挑選取食或不考慮人數而多拿了別人的份。

3.取食時不要轉頭去說話或聽別人講話，以免造成服務員之困擾。

4.不可在送食物盤中切割或分割整塊食物。

5.送食物大盤中有叉和匙，右匙左叉將食物推入匙中放入自己盤中，並小心放回叉匙於大盤中。

6.不要將自己使用的刀叉放置在公用餐盤的食物上。

7.取濃稠燒肉醬汁放在盤中肉之右邊，食時沾著吃，如調味料醬汁是液汁狀則可直接淋在食物上。橄欖、芹菜可放在麵包碟子上。

固體食物由客人左邊上菜服務

飲品由客人右邊服務

8.食物送來時可試吃一點，若是不喜歡，則輕聲說謝謝，讓服務員送給下一位，不要談自己喜歡或不喜歡什麼食物。

9.適當讚美食物美味、色香味俱全，以及餐廳工作人員服務好，將使自己更受歡迎。

 ## 第三節　酒的禮節

飲酒是中西餐宴上重要的角色，中國之餐宴傳統沒有餐前酒、席上酒、餐後酒之分，常常是一酒到底，也有不同的酒在宴席上同時飲用，不過近年來，在正式國際或外交場合，也沿用西洋餐宴飲酒禮儀，有餐前酒、席上酒、餐後酒之分別。僅將餐宴用酒分述如下：

一、餐宴用酒

(一)餐前酒

也稱飯前酒，通常在宴會用餐前三十分鐘左右開始，這時飲酒是主人介紹賓客們相互認識的好時機：而另一作用，則可以一邊飲酒交談一邊等候晚到的客人。在餐廳用餐，服務人員會先請客人點餐前酒，並送上菜單，一邊飲酒一邊可考慮點哪些餐食。餐前酒有幫助開胃、增加食慾的作用。適合用來做餐前酒的有雪莉酒（Sherry）、馬丁尼（Martini）、琴酒（Gin）、蘭姆酒（Rum）、白蘭地（Brandy）、威士忌（Whiskey）、雞尾酒（Cocktail）等。

(二)席上酒

也稱為餐中酒，餐中酒是搭配食物的酒，餐宴中最常用葡萄酒作為席上酒，葡萄酒有紅酒及白酒，視菜餚口味及濃淡來搭配。紅酒是用整顆葡萄釀造，通常搭配牛、豬等紅肉類主菜飲用。紅酒通常置於室溫，飲用時不加冰塊。白酒是以去籽去皮之葡萄釀造，味道帶甜，飲用前要放冰箱，溫度在10℃時飲用風味最佳，所以用餐時將酒置於冰桶內以保持其溫度，白酒都在食用海鮮類時飲用，白色肉類及雞

紅酒通常搭配紅色肉類飲用

白酒通常搭配海鮮及白色肉類飲用

肉也搭較辛辣之白葡萄酒佐餐。此外，香檳（Champagne）、啤酒（Beer）也可以作為席上酒。用餐飲酒時，不要隨便找人乾杯，飲用最多也應以三杯為限。

席上酒飲用準則：

1.生蠔、貝類等海鮮：搭配無味之白葡萄酒。

2.喝湯時：搭配顏色較深之雪莉酒或馬德拉酒（Madeira）。

3.吃魚時：搭配不過甜之白葡萄酒。

4.吃紅色肉類時：搭配紅葡萄酒。

5.吃雞肉或白肉時：搭配辛辣之白葡萄酒。

6.點心：搭配甜味之白葡萄酒。

(三)餐後酒

也稱為飯後酒，西式餐會用餐後，會提供一杯餐後酒，大家聯誼一會兒，可達賓主盡歡的效果。餐後酒有白蘭地、甜酒、潘趣酒（Punch）等。

二、品酒方式

品酒的步驟要一步步來（step by step），才能嚐出美酒豐富的口感。

1.觀察顏色和清澄度：不論紅酒、白酒色澤應該是清澈的，顏色較深的酒，通常品質也較佳。

2.搖晃酒杯：手持杯腳，以順時鐘方向搖晃酒杯，然後舉起杯子讓酒自杯壁滑
　落，這個醒酒的動作，可讓空氣將酒香逐漸散發出來。

3.聞酒：湊近鼻子深吸一口，好酒應有香氣。有些好的紅酒還有黑莓、櫻桃以
　及橡木桶的氣味。

4.品酒：喝半口酒，微噘嘴吸入一小口空氣，讓空氣與酒在口腔內混合，口內
　各部位都要沾到酒，讓不同的部位感受不同的味覺享受。品酒在品嚐酒的甜
　味、酸味口感，以及水果之風味、單寧的平衡程度。

三、拿酒杯的方式

1.冰鎮後喝的酒：大都是使用高腳杯盛酒，為了保持酒的冰度，都拿著酒杯的
　杯柱。例如葡萄酒一般飲用時都拿著杯柱，品酒會上專業人士會拿著酒杯的
　底座。

2.常溫的酒：可直接拿著杯子。白蘭地酒杯則是口小肚大，倒酒時則倒四分之
　一至三分之一杯，以手握住杯肚，使酒的溫度上升，酒香自小小杯口溢出，
　增加香味。

3.啤酒：啤酒杯都是大型杯，喝時有豪放不受拘束的感覺。

4.威士忌酒：歐美人士喝威士
　忌酒習慣加冰塊，所以用上
　下同寬的中型玻璃杯，拿時
　可用餐巾紙墊著。

5.烈酒：大部分烈酒都是透明
　無色，如伏特加（Vodka）、
　高粱酒、茅台等，香味濃
　郁，酒杯為小型直筒杯。

飲用葡萄酒時一般都拿著杯柱

四、香檳酒

　　在宴會的場合開香檳酒慶祝是很助興的事，打開香檳聽到「啵」的一聲，加
上白色的泡沫噴灑而出，的確是很能製造歡樂的氣氛。可是正式餐宴時，如此開香
檳卻是不夠優雅的動作。開香檳的方法如下：

1. 找到香檳瓶口之拉條撕開錫箔封套。
2. 將餐巾按住瓶蓋，另一手轉開固定用的鐵絲網並取下。
3. 將瓶身向外略傾斜慢慢旋轉瓶身。
4. 小心拔出軟木塞，彈出聲音越安靜越好。
5. 斟酒時，拿著香檳杯杯柱並稍微傾斜，先倒少許香檳酒，等杯中泡沫穩定後再斟，倒酒時滿三分之二杯即可。

第四節 西式早餐

西式早餐有歐洲大陸式和美國式，在旅遊地區為了方便各類旅客的需要，各大飯店多半提供自助餐式的早餐，現在分別說明如下：

一、歐式早餐（continental breakfast）

歐式早餐分量較少，除了單點外，住宿旅館常包括在住宿費中。內容有果汁（juice）、法國捲麵包（rolls）、牛油（butter）、果醬（jam or marmalade）及飲品（beverage）。

歐式早餐

http://www.marshaslunchbox.com/3/miscellaneous2.htm

二、美式早餐（American breakfast）

美式早餐內容豐富，內容包括果汁、土司麵包（toast）、牛油、果醬、蛋類、肉類及飲品等。蛋（eggs）的做法有單面煎荷包蛋（fried、sunny side up）、兩面煎荷包蛋（easy over, turn it over）、兩面全熟荷包蛋（over hard, over well-done）、水煮蛋（boiled）、炒蛋（scrambled）、水煮荷包蛋（poached）、蛋捲（omelet）；肉類（meat）則有火腿（ham）、臘腸（sausage）、燻肉（bacon）提供選擇。

美式早餐

http://www.bangbaodelight.com/en/meal.html

早餐Omelet服務餐檯

41

三、自助早餐（breakfast buffet）

現在世界各國自助餐風行，早餐也不例外，尤其是旅遊地區或是大型會議，為了不同群眾的需求，提供各式各樣的食物，以便各取所需，同時餐廳也可減少許多服務的人力。

自助早餐

第五節　自助餐食用方法

近年來自助餐風行，各式餐館有些是標榜吃到飽，有些是主菜用點菜方式，前菜、湯、沙拉、甜點等是採自助式自行取用，稱為半自助餐。不過近年來雖然有些餐廳提供西式、中式、日式各種菜餚的混合式自助餐，但是在食用的時候，仍然要有一些禮儀要注意：

1.遵守秩序。不要爭先恐後，人多時排隊依序取用。

2.吃多少拿多少。雖然是按人頭收費，但拿多了不吃，不僅浪費，也是失禮的行為。尤其是有些食物供應量有限，一次拿取太多，別人就不容易拿到，應

吃自助餐時不要將熱食與冷食放在同一盤中食用

分次取用,現場製作的餐食,也不能一次將全桌人的分量取完。在公共場合不能體諒別人而表現出自私自利的行為,很容易引人側目。

3.不要將冷的、熱的、生的、熟的食物混雜在一個盤子裡吃,一方面不衛生,另一方面混著吃,不易吃出每樣食物的味道。取食時,可從淡到濃、由酸到甜的順序食用。

4.純西式自助餐最好按照西餐上菜的順序食用。一般西餐上菜的順序為開胃菜、湯、生菜沙拉、魚類、肉類、水果、甜點、咖啡或茶。所以吃的時候可走六趟:

(1)開胃菜,如生菜沙拉、煙燻鮭魚、火腿等冷食。

(2)取湯、麵包。

(3)主菜海鮮類熱食。

(4)肉類主食,如牛排、羊排、豬排等肉類主食。

(5)各種水果。

(6)各式點心及咖啡或紅茶。

   如果不想走太多趟,也可走三趟,第一次取湯及開胃菜等冷食,第二次取主菜熱食,第三次拿水果及點心、茶或咖啡。

5.中西合璧的自助餐,為了方便,中式麵條、火鍋等食材,可以用筷子取食。

 ## 第六節　參加雞尾酒會注意事項

公司開幕、新廠落成、新產品發表、成立週年慶或是為了歡迎某人來訪，或是某些慶祝活動等，都會舉辦雞尾酒會（cocktails）。雞尾酒會有時也稱招待會（reception），邀請有關的人士參加，是社交應酬很流行的活動，因此針對參加酒會的禮節說明如下：

1. 雞尾酒會是培養人際關係最好的機會，不要隨便放棄參加，國人的飲食文化不同，對於大家站著拿著酒杯邊吃邊聊頗不習慣，因此能不參加就不去，錯失認識許多人的機會。接到邀請應盡量赴約，藉機會多認識有關的人士，結交新朋友，建立良好的人際關係。
2. 與會前先吃點東西，以免忙著與人交往，若空腹喝酒容易醉。酒會時以左手持杯，右手方便與人握手交談。
3. 酒會的時間通常以一小時到兩小時為宜，參加的人不要晚於規定半小時到，至少停留二十分鐘，有事可早點離開。
4. 除了服務人員外，男士可到吧台取飲料，女士則不宜。如女士是接待人員則不在此限。
5. 不要站在食物桌前猛吃，一方面不雅，另一方面失去與他人交往的機會。
6. 不要跟固定一群人說個不完，要利用機會認識其他的人。
7. 不要霸占主客太多的時間，讓別人也有機會與其談話。
8. 服裝可著上班服飾。

 ## 第七節　商業邀宴

商業往來常有宴客之事，有關注意事項簡單說明如下：

1. 邀請函：設計大方，顏色素雅，內容不要遺漏該有的項目。
2. 目的：表示友誼、感謝幫忙、回應款待、慶典餐會、介紹貴賓或合作夥伴、推展公共關係等。

3.餐會方式：早餐、商業午餐、便當、餐廳午餐（點餐、桌餐、飲茶等）、下班小酌、家中宴客等。

4.安排注意事項：配合宗教因素、飲食習慣、用餐時間安排餐會，同時遵守社交禮儀的規範。

 第八節　喝茶的禮節

　　應酬做客坐下來後，主人第一件事一定會先送上茶水，有時客氣之間常出意外，所以有些喝茶禮節應該要注意的。

1.對送茶者輕聲言謝，不要用手接，以免因碰撞燙手。

2.長者送茶應起身致謝。

3.喝西洋茶，奶精、糖都由自己加入，用茶匙攪拌好後，匙放碟上，右手端起茶杯喝茶。

4.喝茶不出聲，不用嘴濾茶葉。

5.女士杯口之口紅印，可用化妝紙或手擦去。

6.不熟識場合，最好不要主動要求飲料，避免主人因未準備而尷尬。

喝西洋茶，奶精、糖都依自己喜好使用

　　參加旅行團旅遊澳洲雪梨，同行者都為醫師及眷屬，晚上在觀光飯店用自助餐時，大家一見龍蝦冷盤，每人都拿上一大盤，完全不理會在旁邊的各色人種的異樣眼光，沒拿到的還稱讚搶到的人這麼厲害。在取麵包的地方一位醫生娘居然用手指頭插到麵包裡，嘴裡還說著「這沒熱」而叫小孩別拿。次日早餐這個旅行團就被隔離用餐，但是大家反而很高興，可以拿些食物放在包包裡稍後再慢慢享用。（2000年9月9日《聯合報》）

　　旅行是一件愉快的事，欣賞各地風光、享受不同風味美食，是何等快樂的人生體驗。旅遊地區之飲食常用自助餐的方式，菜色種類繁多，方便滿足各國人等的不同需求，但是當一盤新菜上來時，取食者應該拿取自己所需之量，而不應該將盤中食物「掃掉」太多，這樣其他的客人可能就吃不到了，如果喜歡這樣菜，可以分次去取用，不要表現出只想到自己而不顧他人的自私行為，惡行惡狀弄到隔離用餐的地步。

　　到餐廳用餐不只是吃飽而已，也要欣賞餐廳的風格，華麗的裝潢、輕柔的音樂、柔和的燈光，在美好的氣氛中，品嚐食物的美味，享受穿著整齊制服、彬彬有禮、善解人意的服務人員周到的服務，看著各色人等穿著其本國服裝、說著不同語言，呈現多國文化的特色，這些也是用餐的一種樂趣。如果將客人放在一間特定的房間裡單獨用餐，那真的就是讓你吃飽而已，旅遊的樂趣要大打折扣了。

宴客的禮儀

3

- 宴客有關的禮儀
- 席次的安排
- 餐會的種類
- 中餐的餐具與布置
- 西餐的餐具與布置

第一節　宴客有關的禮儀

為了工作的需要，各個機構組織、民間團體，甚至個人，皆會因各種不同的情況，需要安排大小各式的宴會；有的是工作上的需要，有的是以聯誼為目的，有的是致謝回饋、維繫友誼，或是婚喪喜慶的宴客，都會請客吃飯。如何配合中外禮儀，將宴會安排適當、辦得成功，達到賓主盡歡的目的，是本章要談論的重點。

一、宴客的目的

安排宴會除了最平常的純友誼性質之外，一般公務私事宴客多少都有一些不同的目的；配合宴客的目的，達到賓主盡歡，是宴客的最終目標。一般宴客的目的有以下幾種：

(一)禮儀性質

歡迎重要貴賓、慶祝重要節日、婚喪喜慶、國際會議召開等。

(二)交誼性質

表示友誼、發展公共關係、接風、送行、告別等。

(三)工作性質

為工作需要而舉辦的宴會，如商業往來、拓展業務、重要建設竣工、公務拜訪、同仁餐敘之類。

二、宴客對象

中外賓客參加宴會感覺不同，國人大都注重菜好、酒好、熱鬧；外國人士講究氣氛，比較注重全面性的安排，如場地、氣氛、參加成員、節目安排，菜色及飲品只是其中一項而已。請客最重要的是因目的不同而投其所好，使賓主盡歡，達成

宴客的目的。

三、宴客名單

　　宴會有主客、陪客，最好陪客地位不要高過主客，以免主客坐在首席而覺得尷尬。同桌賓客應關係和諧、溝通容易。宴客人數中、西餐不同，中式圓桌自八人至十六人，甚至二十人，只要圓桌坐得下都可，西式有長方桌、圓桌、T型桌或ㄇ型桌等，人數避免十三就好。有時為了討好主客，會請主客安排部分的客人參加餐宴，主人也可藉此建立一些新的人際關係。

西式宴會餐桌布置

四、時間、地點的選擇

　　週末假日儘量不安排公務餐宴，避免影響大家的私人生活。安排時間和餐廳，要考慮客人宗教信仰的因素，此外要考慮交通繁忙時間影響準時開席，停車問題、餐廳的環境與衛生，以及賓客的喜好等，都是選擇餐廳地點要注意的問題。

五、美酒、佳餚

　　宴客菜色和飲品要配合賓客的好惡、各國習俗、宗教信仰、食物的季節性、外國人士及老人家等，例如佛教徒吃齋，禁蔥、蒜、芥末等辛香食材；印度教徒不吃牛肉；回教徒不吃豬肉、不吃無鱗之魚、不喝酒；天主教徒在耶穌受難日的週五吃魚；摩門教徒不喝含酒精飲料；猶太人不吃豬肉及帶殼海鮮；非洲黑人不喜豬肉、淡水魚類；歐美人士大都不吃動物內臟或膠質多的菜；老人家多的餐會食物不要太硬、太甜、太鹹等。

　　中式餐宴大多以十道菜加上甜點及水果共十二道為主，菜色有冷盤類、熱菜

（包括雞、鴨、肉類、海鮮類）、湯、飯後甜點及水果。西式餐宴以開胃菜、湯、沙拉、主菜、甜點、水果、咖啡或茶為常見方式。

六、請帖、邀請函的製作

如果是偶爾請客，可向預訂用餐餐廳拿取現成制式的帖子，填寫相關內容即可。如為大型宴會，則會為此宴會印製專門的帖子。如某人經常宴客，也可印製自己專用的帖子，以便每次宴客時使用。利用電子郵件邀約、傳真邀約或電話留言邀約，雖然省時省錢，但是請客本身就是要有熱誠，如果用這些方式，應該還是要附上一份正式書面請帖，不然就顯得太冷冰、太沒人情味了。

請帖內容要有宴客的時間、地點、性質、餐會流程、服裝建議等。請帖的尺寸及字體不可太小，用紙宜素雅，設計要大方。非傳統設計的邀請函，對某些行業或人士，可以表現特

請帖內容要標示清楚宴客的時間、地點和性質等

實例研討 3-1　伊朗官員外訪餐宴禁止飲酒、拒與女性握手

2005年6月外電報導，伊朗國會議長等官員訪問比利時，因為回教律法禁止教徒飲酒，因此要求地主國餐宴不要供應酒精飲料。後來又拒絕與參議院主席里辛女士握手，比利時國會議長因此決定只與他們會談一小時，而取消原訂的餐宴。

國際貴賓來訪的正式餐宴，都會有餐前酒、席上酒、餐後酒的標準餐飲，來賓也許可以不喝酒，但是禮貌上應該要供應酒類飲品，雙方如不能取得共識，就產生了尷尬的場面。

別的創意。製作特別的帖子可不按傳統模式，但是遣詞用語仍然不要過於「酷」或「炫」，字體也不可過小，失去帖子的主題。總之，如能在色彩、形式、內容上多所創意，使人有「耳目一新」的感覺最好。

請帖有正式和非正式的方式，正式帖子多用印刷，大都按規定的格式製作；非正式的邀請函，大都用書信方式，可自由表現。受到邀請，除非是大型聚會，如教堂婚禮、慶祝會等，可不必回覆，其他小規模宴會，禮貌上都應回覆。回覆的方式可用邀請函內附的回卡或自行行文，以郵寄或傳真回覆參加（accept with thanks）或婉拒（regrets），不論回函參加或不能參加，都記得要簽名，否則主人或主辦者不知是誰的回函。現今有些大型聚會，只針對不能參加者要求回覆（regrets only），不能參加者可以用帖子下方的電話或傳真方式回覆，請客者可以根據不能參加者之回函，收到較有效的人數統計結果。

西方禮節，如果邀請函是用正式的格式，回函也應該用正式的格式，邀請函是非正式的信函，也用非正式方式回覆。以下為中西式請帖的例子：

(一)中式請帖格式

如在大飯店請客，飯店都會提供印好的固定格式，請客主人只要將宴客的內容填入即可。有些個人因為宴客頻繁，可自行印製專用的請帖。至於某些特定的大型活動或特殊的宴客情況，則特別印製專為此次宴會使用的請帖。請帖格式舉例如下：

◆飯店提供

大型飯店會印有半成品的制式現成帖子，只要自行將日期、時間、宴客廳別及主人姓名加入空格即可。

◆自行印製

常常需要宴客的人，可自行設計好請柬格式，每次宴客時將日期、時間、地點、目的打入已設計好的固定格式印出寄發即可。

◆大型宴會請帖

大型宴會都自行印製請柬，可將宴客目的在帖子中說明，請帖另一邊可附上回條，方便賓客回覆。

飯店提供的中式請帖

大型宴會請帖

(二)西式請帖格式

西式請帖也有飯店提供的半成品或可自行印製,西式請帖皆以第三人稱及斜體字製作,其意代表請帖就像請客主人用手親自寫的一樣,表示邀請的誠意。不過西式請帖有正式和非正式的分別,正式的請帖按請帖的格式排列,受邀人回覆時也按正式的格式回覆;非正式的邀請函通常是一封短簡,或是在名片上書寫請客的時間、地點等事項代替請帖,受邀人回覆時也是以同樣方式回覆。

◆飯店提供

如同中式請帖一樣,大型飯店會印有半成品的制式現成帖子,只要自行將日期、時間、宴客廳別及主人姓名加入空格即可。

◆自行印製

常常宴客或希望請帖別緻的宴客者,可自行設計印製請柬,宴客時,將宴客日期、時間、地點、目的填上寄出即可。

---
request the pleasure of your company
at _____
on _____
            at _____ *O'clock*

R.S.V.P.

飯店提供的西式請帖

註：R.S.V.P.（répondez s'il vous plaît）為法文，請回覆之意，也就是英文
Reply, if you please之意。

Mr. And Mrs. John Smith
request the pleasure of your company
at dinner
on Saturday, the tenth of October
at half past six O'clock
100 Chung Shang North road
Taipei, Taiwan

R.S.V.P.   *Dress：Black Tie*

自行印製的西式請帖

◆大型宴會請帖

大型宴會都自行印製請柬，如同中式請帖一樣，可將宴客目的在帖子中說明。

To meet the Honorable Dr. and Mrs. George Yeh
Mr. And Mrs. Rechard Smith
Request the pleasure of your company
At dinner
Tuesday, the seventh of September
At six O'clock
2000 Fifth Avenue

Regrets Only
Tel.（02）01234567   Black Tie
Miss Grace Wu

為特別宴會印製的西式請帖

The Wedding of

Kristyn Cuc Do
&
Joseph Hsing Chiang

January 27. 2007
ST. Elizabeth Ann Seton Church

Mr & Mrs Dao Xuan Do and Ms Anney Chen

Request the Honour
of Your Presence
at the Marriage of Their Children

Kristyn Cuc Do & Joseph Hsing Chiang

Saturday, The Twenty-Seventh of January
Two Thousand and Seven
ST. Elizabeth Ann Seton Church
Rowland Heights, Calieornia
at One O'Clock in the Afternoon

婚宴邀請函

◆非正式邀請函（Informal Invitations）

　　顧名思義，非正式邀請函通常用於非正式宴會。也有些小型聚會以邀請人的名片背面寫上受邀人、時間、地點，邀請朋友聚會如圖示。

February 20th 2013

Dear Grace:
　　We should be so happy to have you come to dinner with us next Saturday evening, February 28th, at half past six. We are inviting a few other members of your class, and are looking forward to seeing you.

Sincerely Yours,
Mary Wang

非正式邀請函

Mrs. John Henry Cox
Tea
Tuesday, May 10
At 4 O'clock　　100 Park Road

以名片來代替的非正式邀請函

(三)回覆

許多大型的宴會，為了方便受邀者回覆及主辦者作業，在邀請的請帖上附有一欄印好的回卡，只要打「√」簽名，傳真或寄回即可。有些大型宴會僅請不能參加者回覆，不過重要宴會主辦者最好在宴會前一兩日再次提醒賓客赴會，同時也可再確認參加人數。

○○○宴會

□ 參加
□ 不克參加

簽名 ◎
年 ◎
月 ◎
日

中式回帖

M _____

□ accepts
□ regrets

Friday, October tenth

西式回帖

February, 20th 2013

Dear Mrs. Wang:

I shall look forward with pleasure to coming to dinner with You and Dr. Wang next Saturday evening, February 28th at half past six. It is very kind of you to ask me. I am looking forward to seeing you too.

Sincerely Yours,
Grace, Hsu

非正式接受邀請回函

February, 20th 2013

Dear Mrs. Wang:

   Thank you for your kindly invitation. I am sorry that I am unable to accept your invitation for dinner on February 28th at half past six. I have another engagement for that evening. Sorry for any inconvenience it might bring you.

                                    Very Truly Yours,
                                    Grace, Hsu

非正式婉拒邀請回函

(四)取消宴會（Notes Canceling Invitation）

當主人因故不得不取消宴會時，應儘早通知所有已邀請的客人，說明取消宴會的原因。

Owing to the sudden illness of their son
Mr. and Mrs. Stephen Bishop
and obliged to recall their invitations
for Tuesday, the tenth of June

取消宴會的通知函

(五)信封的寫法

◆中式信封的寫法

中式信封有直式和橫式兩種寫法，如果收信人沒有任何頭銜，可以在收信人那欄直接一直線寫上某某某先生啟。如果有頭銜，比較尊敬的寫法是姓加上頭銜，名字向右方偏一點，接下來的「×啟」與最上面對齊。邀請函若面送，信封的寫法茲舉例如圖示。

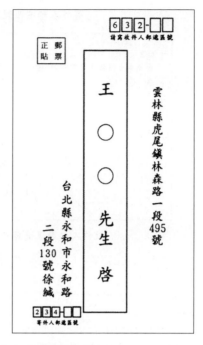

中式邀請函面送時信封寫法　　　　中式邀請函信封寫法

資料來源：《郵政手冊》

邀請函若採郵寄方式，用直式信封，收件人姓名書於中央，地址書於右側，郵遞區號以阿拉伯數字書於右上角紅框格內，寄件人地址、姓名書於左下角，郵遞區號以阿拉伯數字書於左下角紅框格內，郵票貼於左上角。若用橫式信封，原則上與西方郵件的寫法大致相同，收件人地址、姓名書於中央偏右，寄件人地址、姓名書於左上角，不過寫的順序是先郵遞區號，再是地址，最後是寄件人或收件人姓名，郵票貼於右上角。

◆西式信封的寫法

西文函件的信封寫法是，收件人地址、姓名書於中央偏右，寄件人地址、姓名書於左上角，但是書寫的順序與中式不同，最上一行是寄件人或收件人姓名，其次是寄件人或收件人地址，而寫的順序是門牌號碼最前，再是巷、段、路、區、城市、國名，郵遞區號書於地址之後、國名之前，郵票貼於右上角。如果信件是私人親啟函，非收信人不應拆閱。英文信箋親啟可用Personal、Confidential字樣。

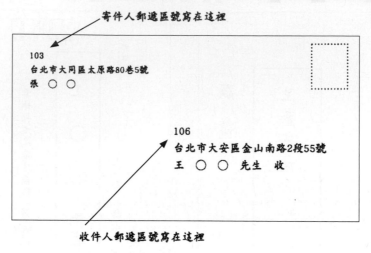

寄件人郵遞區號寫在這裡

103
台北市大同區太原路80巷5號
張 ○ ○

106
台北市大安區金山南路2段55號
王 ○ ○ 先生 收

收件人郵遞區號寫在這裡

橫式信封中文寫法
資料來源：《郵政手冊》

Mr. & Mrs. Smith   **STAMPS**
100, River Side Av.
Taipei, Taiwan

      Dr. and Mrs. Frank Yeh
      32, Chen Li Street
      Tamsui, Taipei
      TAIWAN

西式信封寫法

(六)信函的摺法

　　請帖的大小大都在製作時與信封配合，所以不必摺疊。但如果是書信方式的邀請函，就需要摺疊放入信封。摺信方式中外都有一定的方法，最常用的方式介紹如下：

◆中式

　　中式信函有字部分向外，先左右對摺，再由下向上摺三分之一，以放得下中

式信封為準。如放不下,則自左右對摺之中間線再摺2公分寬邊,再由下向上摺三分之一,就可放得下了。

◆西式

西式函件摺三摺,自頁底向上摺三分之一,頁頭向下摺三分之一,最重要的是最後的一摺要留約1公分距離,以方便收信人開閱。

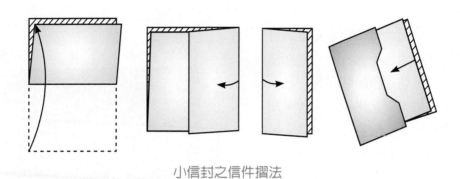

小信封之信件摺法

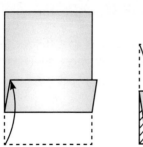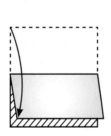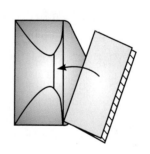

大信封之信件摺法

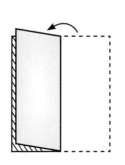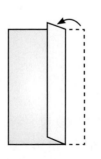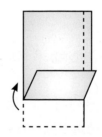

中式信件摺法

(七)核對確定

邀請函內容及信封姓名、地址要仔細校對，檢查信封和信函內之稱呼是否一致，注意簽名了沒有，特別是地址更加不能錯誤。

七、請帖的發放

國際性或大型重要宴會兩個月前發出邀請函也不為過，一方面使被邀請人早些預留時間，另一方面主辦單位也可早一點確定人數，預先告知餐飲業者配合。如果是一般邀約，可在兩週前將請帖發出，大型宴會發帖時間要更提前，以方便受邀人準備。如時間緊迫不能在兩週前發帖，可先電話聯絡，再補寄帖子。最好不要在第三人前送交請帖，以免在場未被邀請的人感覺不悅，或者受請人在別人面前炫耀。

大型宴會發帖時間要提前，以方便受邀人準備

八、服裝儀容

參加宴會，大多數人對服裝儀容都有一定的認知，但是仍有某些宴會會在請帖註明穿著的服裝，賓客應予以配合以示禮貌。如果對赴宴服裝有疑問時，可事先請問主辦人或主人，以免因穿著不當對主人失禮，自己也覺得尷尬。

九、禮物的準備

某些特別目的的宴會，如生日宴會、新居落成、迎新送舊、歡迎貴賓或是公司某些慶賀事宜，會有收禮的情況，應事先瞭解，準備適當禮物。在國外，赴主人寓所宴會，宜攜帶具有本國特色之小禮物表示禮貌，西洋禮俗有受禮者當場打開禮物的習慣，並當面致謝。

 # 第二節　席次的安排

　　正式宴客都有座位席次安排，大規模宴會除了主桌賓客安排座次外，一般賓客僅按邀請函上安排之桌次就座，不另安排座次。小型宴會每位賓客座位皆有安排，賓客應按預定之席次入座。座席安排之方式有下列數種：

一、一般原則

(一)尊右原則

　　中間最大，右邊座位又比左邊為大。

(二)三P原則

　　1.Position：職位或地位高者為尊。
　　2.Political Situation：政治考量，如外交場合，外交部長之席位高於其他部長。
　　3.Personal Relationship：人際關係，如與主人個人關係之深淺、賓客間之交情、語言之溝通等都列入考慮。

(三)年齡、性別

　　在一般不是非常熟識之同桌賓客，又未預先排位，則同桌賓客可以按年齡、性別來作為入座的標準。

二、中餐的席次

　　中餐用圓桌時，對著上菜的位子或是房間主牆前的位子是大位。依次右第二，左第三，依此類推，主人坐在靠門上菜的位置。如夫婦同受邀請不分座，女士坐在先生之右邊。主賓坐面對門的位置，主人坐其對面。中餐用方桌時，對著上菜門桌子的右邊為大，依次為左，依此類推，主人坐在靠門邊的位置。如果宴客有兩

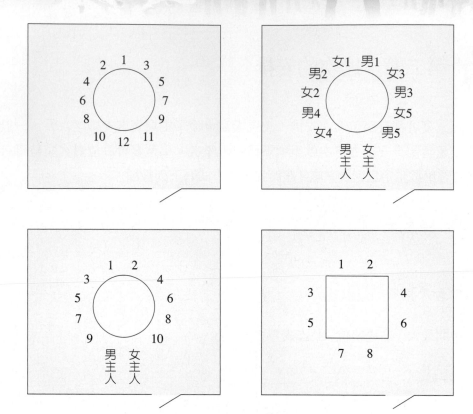

各種中餐席次的安排

桌時,第二桌會請副主人招待賓客。

中餐上菜時,將餐桌轉盤之菜轉到主客前請其先取菜,然後按順時鐘方向轉動,請賓客一一取用,主人應最後取用。現在許多餐廳之餐宴服務人員將菜上桌後,會一一為賓客將菜分在小盤中,請客人每人一份各自取用。

三、西餐的席次

男女主人對面坐,女主人面對門的方向,除了一般原則外,夫婦同時受邀不同座,妻之座位隨夫之座位排序,但若妻為官員,夫之座位不一定隨妻座。同桌末座不排女賓。如主賓為單人,則主賓亦可坐面向門的位置,主人坐其對面。西式席次以男女主人為中心,愈近愈尊。西餐有時會有副主人的情況,這時主人坐長桌或圓桌頭,副主人坐長桌或圓桌對面,主人右邊是客人第一位,副主人右邊是客人第二位,主人左邊是客人第三位,副主人左邊是客人第四位,依此類推。此外,人數

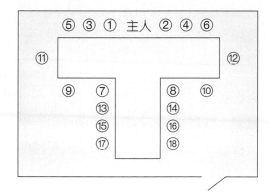

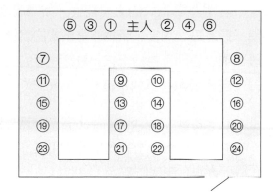

各種西餐席次的安排

多桌席次的排法

較多之大型宴會，男女主人會坐在長桌中間位置，方便招呼左右兩邊的賓客。有關各種西餐席次的安排及多桌席次的排法，請參考圖示。西餐上菜時，是每人一份方式，所以服務人員上菜主客人第一，然後由其右邊開始一次上菜，主人最後，第二道菜則由主人左邊的客人先上。同桌有女士時，先上女士再上男士之菜餚。大型宴會時，應多派服務人員，原則上一位服務人員負責六至七人之上菜工作。

 ## 第三節　餐會的種類

有些非常正式的大型宴會，如國慶宴會，以及款待外國元首、政府大員、特使、貴賓等之國宴，皆為非常正式的宴會，邀請及安排都應按照國際禮儀辦理。一般企業百姓則可視情況按一般應注意的禮節辦理。

餐會種類有下列數種：

1. 早餐會（breakfast meeting）：為交換意見，或研究某一問題，邀請專家、學者或有關人士，藉早餐時間舉行。早餐會也常在政府首長及社會工商團體作會報、簡報時舉行，時間容易控制，多半在早上七點至九點間舉行。

2. 午餐會（lunch, luncheon）：通常在中午十二時至下午二時之間舉行，白天因賓主均有工作，所以午宴時間不宜太長。一般來說午宴是一種業務性的餐會，公務會商完畢用餐，或是特別的午宴，或是商業午餐，用餐結束可各自返回工作場所，比較不耽誤工作。

3. 晚宴（dinner, banquet）：晚餐通常會在下午六時以後舉行，距離一般下班時間後一小時舉行為宜，晚餐多半用餐完畢餐會就結束。但是晚宴時間會稍晚，拉丁民族更會晚到八點以後才開始用餐，餐後還間或有餘興節目，如音樂、遊戲、電影、跳舞、賭博等。正式晚宴多為夫婦或伴侶一同參加，著正式服裝。國宴（state banquet）則是元首間的正式宴會。

4. 宵夜（supper）：歐美人士通常在官方或社交活動時，如在歌劇或音樂會以後吃宵夜，也可能有在晚飯以後單邀請宵夜的情形，其內容與一般家庭之晚餐或我國之宵夜僅準備簡單食物者有異。在歐美習俗上，宵夜很隆重，可能有盛餐佳餚，與晚宴不相上下。

5. 茶會（tea party）：通常在下午四時以後舉行，茶會的目的多半是介紹某人給其他人的歡迎會，或者藉此慶祝生日或某節目等，通常規模不會太大。

6.酒會（cocktails, cocktail party, reception）：通常於上午十時至十二時或下午
　四時至八時之間舉行，備有各種酒類及小食品的聚會，規模視目的而定，時
　間也視情形而不同，通常是一小時至二小時為宜，但應於請柬上註明幾時至
　幾時，並說明酒會之目的，例如公司開幕、首長到任、迎新送舊、歡迎某人
　士、紀念日、週年慶、展示會等。西方規矩有時在午餐、晚餐前也安排雞尾
　酒會，讓賓客聯誼互動，作為正式餐宴之暖身活動。

7.園遊會（garden party）：通常於下午三時至七時之間在花園中或在大草坪、
　寬闊的露臺舉行，以便賓客往來其間閒談交流，可備酒、茶及各種小食品。
　園遊會都會安排許多餘興節目，增加熱鬧氣氛。

8.舞會（ball, dance party）：舞會有茶舞、餐後舞、用餐及跳舞等。地點除宮
　廷官式的，如皇宮等特別地點以外，亦可在家裡、俱樂部中的舞廳、大飯店
　或是室外舉行。ball是非常正式的舞會，規模較大，男女都應著禮服出席。

9.自助餐或盤餐（buffet）：自助餐可分為半自助方式、全自助餐方式。全自
　助方式只要準備各式各樣食品、飲料，客人各取所需，不必為某些客人飲食
　習慣不同而擔心。半自助方式主菜是個別服務的，而其他的餐點則採用自助
　方式。不論全自助或半自助式，這種餐會可節省不少人力，賓客亦可各取所
　需，很多大型宴會都喜歡採用此種方式。

10.各種晚會（soiree）：在下午六時以後舉行，並備有相當的節目，有些晚會
　　會包括有餐會的節目在內。

自助餐

11. 家庭會（open house, house warming party）：遷新居時，為歡迎朋友到家裡來玩，有時可舉行家庭會，它有「開門迎賓」的意思，可不拘時間，上下午皆可，惟通常也跟茶會一樣寫明由某時至某時，家庭會中可以準備各種飲料及食品。參加的人應備禮品前往，以示恭賀之意。

12. 其他尚有因特別原因而舉行的宴會，如壽筵（birthday party）、結婚週年紀念（wedding anniversary party）、狩獵會（hunting party）、野餐會（picnic）等等。

13. 早中餐會（brunch）：為早餐（breakfast）與中餐（lunch）之兩用餐，多半在假日大家起得較晚，聚會用餐時，可將早午餐一起合併舉行。

14. 下午茶（tea time）：現今流行喝下午茶，時間自下午二時至五時，朋友相聚吃吃喝喝、聊天談事情，對緊張的生活也是一種調劑。

實例研討 3-2　美國白宮國宴與英式下午茶

★美國白宮國宴

國宴是白宮最高規格的大型宴會，參加人數限制在一百二十六人，通常是招待外國來訪之國家領袖、訪問團貴賓，以及美國國務院及政府官員、少數議員及記者。當然總統也會以個人關係邀請一般民眾參加白宮國宴。

國宴通常包含餐食的正宴、文藝節目和舞會。晚宴通常在國宴廳（State Dining Room）八時或九時開始，季節天氣適宜，也會在白宮玫瑰園舉行。一般國宴都在首都所在地舉行。賓客在接受總統接見後進入宴會廳，總統夫人與地位最高男主賓走在最前面，總統與女主賓走在後面，賓客由接待人員引導就座。總統夫婦離開後，其他賓客才可離去。

★英式下午茶

十九世紀，英國維多利亞時代公爵夫人安娜瑪麗亞邀請好友參加下午的茶會，這種貴族的社交活動漸漸形成「英式下午茶」時尚風氣。下午茶的茶壺可用瓷

英式下午茶

壺，也有用純銀的茶壺，配合其他的成套銀質飲茶器具，保溫效果佳，更可表現華麗和貴氣。

英式下午茶時間以下午三、四點開始，使用之茶葉大都以大吉嶺茶、錫蘭茶、伯爵茶、阿薩姆茶等紅茶為主。下午茶點心以三層瓷盤點心架放置三道精美點心，最下層放鹹的煙燻鮭魚、火腿、小黃瓜三明治，第二層放傳統英式鬆餅（scone）、蘇打餅乾（cracker），搭配果醬、奶油食用，最上層放置水果塔、蛋糕等甜食。享用點心的時候從下層向上層食用，口味由鹹到甜、由淡到濃，按順序取用。如果喜歡喝奶茶，應先將奶水倒入杯裡，再沖入熱茶水，就是英式奶茶了。

 第四節　中餐的餐具與布置

中餐的餐具如為家庭用餐，僅備碗筷匙就可以了，如為宴客，就要周到許多，而且席間會適時撤換新盤碟以保持清潔，表現宴客服務的周到。中餐宴客的餐具與布置如下：

一、餐具

1. 骨盤：置座位正前方，盤通常為5吋。
2. 湯匙及碟：用來放置湯匙或調味料的味碟用，通常2.7吋。
3. 碗：飯碗碗口直徑約11公分，小飯碗或湯碗碗口直徑約9公分。
4. 筷子及筷架：筷子為中餐主要用餐工具，可用不同材質做成，如銀筷、象牙筷、塑膠筷、木筷、竹筷等。餐廳都將筷子置於筷架上，筷架的材質有瓷器、不鏽鋼、玻璃等，上甜點前服務人員都會回收筷架，以免賓客將精美筷架帶回收藏。
5. 水杯、酒杯：置於右前方，有時喝不同的酒會放置不同的酒杯。
6. 毛巾碟：置於骨盤左側。
7. 餐巾：置於骨盤上或水杯中。

二、桌面布置

中餐餐具的桌面布置方式如圖所示。

中餐桌面布置

 # 第五節　西餐的餐具與布置

西餐的家庭用餐餐具有一個餐碟、一副刀叉、一個湯匙、一個水杯。如為宴客，餐具就完備許多，而且會隨著菜色的增加添加餐具，並因飲用不同的酒類而有不同的酒杯。茲說明如下：

一、餐具

(一)杯子（glass）

有水杯、果汁杯和酒杯等。西餐的杯子都放在餐盤之右前方，水杯最大，在酒杯的左邊，進酒的順序為白酒在前，紅酒在後；清酒在前，甜酒在後；淡酒在前，濃酒在後。斟酒一般只宜半杯，啤酒可滿杯，白蘭地酒只能斟四分之一杯。烈酒杯最小，酒通常為無色。

搭配各種酒類的各式酒杯

(二)銀器器皿（silverware）

1.肉刀（meat knife）：長約9～10吋。

2.魚刀（fish knife）：長約8～9吋。

3.牛油刀（butter knife）：長約6.5～7吋。

4.生菜刀（entrée knife）：長約8.5～9吋。

5.肉叉（meat fork）：長約6.5～8吋。四齒的大小俱同。

6.魚及生菜叉（entrée fork）：長約6～7吋。四齒或三齒，每齒的大小均同。

7.蠔叉（oyster fork）：長約5.5～6吋。三齒，左齒大，中齒、右齒小。

8.湯匙（soup spoon）：長約8.5吋左右，清湯多用橢圓形湯匙，濃湯多用圓形湯匙。

9.咖啡匙（coffee spoon）：長約4吋。

10.冰茶、冰咖啡匙（ice tea / ice coffee spoon）：長約7.5～8吋。

11.茶匙（tea spoon）：長約5.5～6.5吋。

12.水果刀（fruit knife）：大小不一，長約5～8吋之間。

13.水果叉（fruit fork）：長約6～7吋。三齒，兩邊的齒大，中間的齒小。

14.甜點匙（dessert spoon）：長約6～7吋。

15.公匙（serving spoon）、公叉（serving fork）、龍蝦鉗（lobster cracker）、龍蝦刀（lobster knife）、派鏟（pie server），及吃某些水果的夾子、剪子等。

(三)瓷器器皿（chinaware）

1.13吋大盤（place plate）：桌上擺設用。

2.10～11吋餐盤（dinner or main plate）：為主菜用餐盤。

3.8吋點心盤（dessert plate）：為點心、沙拉通用盤。

4.6吋麵包盤（bread & butter plate）：麵包或奶油用盤。

5.湯碗及底盤（soup cup & saucer）：專為盛湯用。

6.咖啡杯及底盤（coffee cup & saucer）：咖啡專用。

7.茶杯及底盤（tea cup & saucer）：喝茶用。

8.奶水盅（creamer）：調咖啡牛奶專用。

9.糖盅（sugar bowl）：配咖啡器皿，裝糖用。

紐約梅西百貨西餐餐具

二、桌面布置

(一)家庭餐會的桌面布置

　　家庭餐會的桌面布置如圖所示，餐具要足夠享受湯、主菜和甜點時使用，玻璃杯簡單就好，餐巾放在左側，刀叉依上菜順序由外而內擺放。

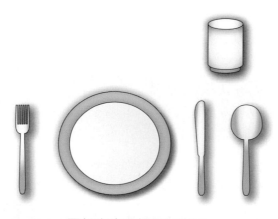

西餐家庭用餐餐具配置

(二)西餐桌面布置

西餐桌面布置如圖所示,右邊為湯匙及魚刀、肉刀,左邊放沙拉叉、魚叉、肉叉,或僅放魚叉及肉叉。餐巾可置於中間盤中或水杯中,但需摺疊好,甜點餐具置於盤子前方,有些甜點餐具是在送甜點時一起附上。左前方為麵包碟,右前方為水杯及酒杯。

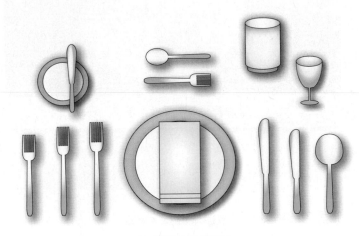

西餐餐具配置

實例研討 3-3　女性商業用餐的守則

　　社會結構的轉變，女性就業人口不斷增加，從過去的基層員工呆板的辦公室文書行政工作，到現在的女性工作者幾乎和男士做一樣的工作，平起平坐，沒有人再覺得奇怪。也因為如此，女性因工作關係在外與人談事情用餐的機會也大大地增加了，為了商談的效果和自身的安全，有些商業用餐的守則應該注意。

1. 選擇午餐的餐會協商：中午用餐時間較短，不影響工作，喝酒的機會也少，而且談完事情還可回辦公室將剛才所談的事做一處理。
2. 遵守禮儀的遊戲規則：禮儀是社會的規範，禮儀修養能自然表現氣質和風度，有禮的人容易受人尊重，也能尊重別人，可以減少衝突和誤會。
3. 慎選見面的時機地點：從未接觸的客戶，不宜第一次就約在餐廳見面，尤其是從未到過的餐廳，一方面人生地不熟，不容易掌握情勢，一方面與陌生男士第一次見面一起用餐，也沒這個必要。如能選在公司，環境熟悉，容易掌

商業午餐

握談話的氣氛，如一定要在餐廳見面，選擇安全衛生的西餐廳較為理想。

4.座位選擇：選擇安靜明亮、適合談話、靠邊的桌子，遠離人們來往頻繁的走道，面對面就座方便談話溝通。

5.把握提出話題的時機：沒有人一見面就匆忙迫不及待地提出正事，坐下以後，經過問候、點菜、寒喧，醞釀融洽的氣氛，至少在用餐一半時間後，才會適當提出正題，當然，談話中要先瞭解對方要離開的時間，把握重點和進度。

6.整理儀容：絕對不可在客戶或大庭廣眾前補妝，應該暫時告退到化妝室整理儀容。

7.熟人打招呼：女士在餐廳遇到熟人可點頭為禮，切忌與友人話匣子一開就忘了客戶的存在。通常女士不主動到友人桌前打招呼，除非是長輩、長官，友人前來打招呼時，應為同桌客人做介紹並小聲交談。

8.付帳：通常由提出餐會的人付帳，被邀的人可口頭致謝，並提出下一次付帳的權利，禮尚往來，也可製造下次見面的機會，建立商場的人際關係。

9.用餐禮節：不論中餐或西餐都有一些基本用餐禮節要遵守，一方面表現自己的禮儀素養，一方面也維護用餐的氣氛。午餐時較少飲酒，因為下午都還要工作，即使要飲酒也只是小酌一點，多飲誤事，如酒量有限，最好以無酒精飲料替代。

衣的禮儀

4

- 「衣」禮節的意義
- 穿衣的基本原則
- 男士的服飾
- 女士的服飾
- 儀容與儀態

 第一節 「衣」禮節的意義

　　穿衣不僅蔽體，也是個人教養、性格、社會地位、身分的表徵，而且是一國之文化、傳統和經濟的反映。穿著得體，不僅是禮貌，而且也能悅己愉人。當然，衣的禮儀會隨著時尚流行而變化，更會因為國家地區的習慣不一，而有不同的禮儀要求。

　　所謂「衣」，其範圍應包括我們人體從頭到腳所穿戴的衣服、帽子、領帶、絲巾、圍巾、手套、皮包、皮鞋、首飾及其他的配件在內。

 第二節 穿衣的基本原則

　　在衣食不缺的社會，穿衣的目的不僅僅是蔽體、保暖而已，還要講求穿得合適、得體，穿得漂亮，因此一些穿衣的基本原則是需要注意的。

一、穿衣要整齊、清潔、舒適

　　不論衣服是便宜、是流行、是傳統、是新、還是舊，基本上，整齊、乾淨、穿得自在、舒服是每一個人穿衣最要注意的事。

二、不同的場合，穿合適的衣服

　　不論衣服是多是少，最重要的是視場合穿衣服，所謂遵守T.O.P.（Time、Occasion、Place）原則，也就是視時間、場合和地點穿衣服，上班、下班、白天、晚上、宴會、慶典、休閒、運動等，都要根據場合選擇衣服和配件，否則不僅自己失禮、尷尬，也對主人和賓客不敬，造成不良的印象。

三、衡量自己，穿得漂亮

穿衣除了蔽體、保暖外，每個人最在乎的大概就是如何穿得得體、穿得漂亮。因此要配合自己的體型，選擇適合的顏色，長短恰當，飾物的搭配合宜，衣服的樣式與自己的年齡、身分相符合，穿著的場合適當等等，當然最重要的是穿得喜歡、穿得漂亮。

四、其他穿衣應注意事項

1. 衣服剪裁要合身，衣服的款式要合時，衣服應與工作行業、職位及生活環境一致。
2. 穿大衣及戴帽者，入室即應取下，交侍者保管，或放置衣帽室，出門時再戴上。
3. 不可在人前整衣，脫襪、更衣時更應迴避。
4. 參加喪禮、弔唁時應衣著樸素。男士應著深色西服、打黑領帶，女士著黑色衣服，素裝。
5. 在穿著禮服場合，舉止應端莊，不得嬉笑失態。
6. 皮鞋應擦拭，保持乾淨光亮，鞋帶應繫好。
7. 不論男士或女士，擦香水或古龍水時味道不要過分濃郁刺鼻，使周圍的人受不了。

 ## 第三節　男士的服飾

男士的服裝不如女士多變、花俏，主要分為上班穿著的上班服（business suit）、制服、工作服，白天參加慶典的正式服裝，晚間參加宴會、觀看表演的晚禮服，以及休閒運動服等。

一、上班服

正式的上班服為整套深色西裝（black suit），也有稍輕鬆的半正式上班服（semiformal），分別說明如下：

(一)正式上班服

◆西裝

以深色為主，是屬於很正式的上班服，深灰、深藍、棕色都是適當的選擇。全黑色西裝配黑色領帶是特別場合的穿著。西裝材質不要太顯眼，淺色較不莊重，不適合重要場合。西裝有雙排釦和單排釦，坐下時西裝釦是可以打開的，但站立時，單排者則扣上面一或兩個釦子即可，不要全扣上，顯得呆板，但是雙排釦則應全扣上，否則前緣會拖長而影響整齊美觀。口袋蓋應放出來，也不要在口袋裡放太多東西，口袋鼓起影響衣服外觀。

◆襯衫

穿西裝儘量配長袖襯衫，尤其是主管階層，如因氣候因素，一般職員可穿短袖襯衫打領帶。襯衫以白色最為正式，其次為素雅的淺色系列，或是條紋、細小花紋，深色襯衫為普通場合穿著，且需配合西裝的顏色穿著。

◆西褲

與西裝為整套搭配，因時尚流行而有直管和捲管西褲。夏天時一般職員可著襯衫，配深色西褲，打合適領帶，穿深色襪子、鞋子就可以了，有正式場合時再穿整套西裝。穿長褲要整燙好，口袋裡不要放太多東西，長褲才顯挺拔，長褲的皮帶應為深色，樣式簡單大方。

男士的西裝

實例研討 4-1 　上班服飾怎麼穿最得體？

　　麥當勞創辦人克羅克（Ray A. Kroc）十分重視個人及其員工的穿著，常要求員工去整理儀容。

　　雖然服裝與工作能力並沒有直接關聯，不過根據報導，在先進國家，許多企業老闆或主管非常重視部屬的穿著，儀表的好壞甚至會影響員工的升遷速度。國內的情況又如何呢？以下是幾位不同行業的高階主管對員工穿著的看法：

1. 景德製藥總經理：員工穿制服來維持藥品的衛生，部門主管以上職級要打領帶，穿著要presentable，也就是要「拿得出去」。

2. 永慶房屋企劃部協理：配合企業識別系統（CIS），製作土黃、紅、灰色系制服，整齊劃一，有朝氣，加強共識，代表公司一貫的形象。男士西裝領帶，女士西裝短窄裙套裝。

3. 蟠龍藝術文化事業公司執行副總：公司性質是從事藝術文化工作，衣著要有品味，簡單大方，顏色協調，注意質感，配件點綴合適，整體給人美的感受。

4. 美台電訊財務長：美國人一般認為講究穿著與擁有成功有密切的關係，服裝要配合工作環境及性質，在工廠服裝以安全為上，與客戶接觸，男士要打領帶以示禮貌。

5. 中衛發展中心訓練發展處長：我很在意部屬的服裝，男同事上班打領帶，女同事不會穿牛仔褲上班，服裝是禮貌的問題，在不同的場合，合宜的穿著，表示尊重，表現細心，增加自信。

6. 《中央日報》副總編輯：上班的服裝和行業有很大的關係，報社崇尚自由，員工不會講究外表，穿著也沒有限制，不過與外界接觸的公關、廣告或經理部門，會穿得正式一些。但是在參觀美聯社及《紐約時報》時，美國的記者上班仍然穿西裝，到了辦公室會把西裝上衣掛起來，拉鬆領帶，捲起袖子工作，出去採訪或接待賓客時，立刻穿戴整齊，這種做法值得國內業者參考。

　　（摘錄自《管理雜誌》第208期，頁167-169）

從以上的報導，我們可以看出服裝儀容和工作的關係，不同的行業對服裝的要求也不盡相同，穿著要能與工作性質、身分、職務、公司形象一致，如能配合自己的體態、外表的優點、氣質的特質，穿得自信，穿得美麗，這就是懂得穿衣的最高境界了。

◆領帶

領帶是男士服飾中較多變化的配件，也能展現搭配風格品味，是男士在服裝投資不可省的一環。每天打領帶是男士要修的學分，領帶打好的長度應到褲腰帶，打得太長或太短都不適合。太花俏、特殊圖案的領帶都不適合上班使用。

◆襪子

應搭配深色襪子，長度應穿至小腿一半，原則是坐下時不可露出小腿。襪頭鬆了就別再穿，因為和別人談話時邊拉襪子是相當不禮貌的行為。

◆鞋子

與整套西服搭配穿著深色皮鞋，過去穿正式西裝要穿繫鞋帶的皮鞋，現在已沒有嚴格規範，但是皮鞋式樣要能配合服裝，不能過於花俏，鞋子也應擦拭乾淨。

(二)半正式西裝

過去這種西裝外套（sport coat, jacket）所謂「獵裝」穿法，比較輕鬆休閒，現在平常上班場合，許多上班族常將不同顏色西裝上衣和褲子混穿，稱為上班便服（lounge suit, coat & tie）。這種穿法較輕鬆舒適，但並不是隨便，如非公司有特別重大慶典舉行、重要貴賓蒞臨或是自己是上台演講者、報告者等場合，平時都可這麼穿著上班。

男士穿著上班便服之規範：

1.不打領帶。
2.西裝或運動服外套上衣。
3.有設計、穩重的非深色長褲。

半正式西裝

休閒上班服

4.長袖穩重或條紋深色襯衫。

5.深色襪子。

6.搭配衣服的皮帶及鞋子。

女士穿著上班便服之規範：

1.上班服之裙子或長褲。

2.保守之襯衫或運動衫。

3.鮮豔運動外套或背心。

4.平底或低跟鞋。

5.淺淡色、膚色襪子。

6.皮帶、圍巾、配件搭配適當。

(三)休閒上班服

所謂休閒上班服（business casual）並不是指牛仔褲、T恤、涼鞋、馬靴休閒裝扮，而是指在正式及休閒之間的穿著。例如星期五穿著Polo衫、休閒襯衫（不打領帶）配休閒長褲、卡其褲或較不正式之西裝褲，腳上可穿休閒鞋。有些上班族會穿西裝、襯衫，但是不打領帶，也可算是休閒上班服的穿著。

二、權威主管的穿著

穿著得體,使人覺得有權威性,是與人見面第一層的溝通,也使自己看起來有專業的樣子;職場中,服裝儀容也是獲得升遷的最基本要求。

1. 西裝合身、流行,顏色保守,質料好,襯衫與領帶搭配合宜。
2. 領帶長度打到皮帶鈕,襯衫袖子比西裝袖長1公分,西裝袖子離大拇指約13公分。短袖襯衫不適合主管階層。
3. 白色棉質襯衫最恰當,淡藍色、淺色系列也可,不過不要比西裝色澤深。
4. 襯衫領口兩個指頭可插入剛好,不要太緊或太鬆。
5. 襯衫口袋不要放一大堆東西,放支筆就好。
6. 領帶絲質最佳,有公司標幟的字體要小,設計雅緻。運動圖案領帶不夠莊重,黑色領帶純為喪禮用。
7. 襪子顏色要比西裝深,素色為主,不要太短,交叉坐下不宜露出小腿。
8. 鞋子有鞋帶最莊重,不過現在人們為了方便較少穿繫鞋帶的男鞋,黑色最好配衣服,褐色應配咖啡色系列衣服。
9. 首飾少戴,要戴也要選擇簡單、大方、質地較好的配戴。
10. 有計畫地選擇西裝及衣物,不在多而是要得體。
11. 出門前在大鏡子前端詳一分鐘,檢查一下服裝儀容是否合適。
12. 穿得舒適、滿意,與企業背景文化、身分配合,但是不要穿得過於豪華,光芒蓋過上司。

三、其他上班服

除了正式或半正式西裝的上班服外,各國也配合其國情禮儀而有其他上班服的穿著,我國也有其他的上班服,如:

1. 中山裝:黑色或深藍色上衣及西褲,上衣不翻領,鈕子自領口扣到下擺,內著白色襯衫,穿黑色皮鞋。早期政府官員都穿這種上班服。正式隆重場合也可當大禮服穿。
2. 青年裝:在台灣天氣熱的時間較長,因此設計了這一款輕便的公務員上班

服。衣服質料較薄，上身為國民領，不必打領帶，有四個口袋，配以同色長褲，是較輕鬆的上班服，近年來很少見到公務人員穿著青年裝上班了。

3. 制服：各機構或公司可配合其機構特色或文化，設計美觀實用的制服和工作服，如此可突顯公司形象，表現管理功能。

4. 軍服：具有軍人身分者，配合其職務、場合，有軍常服、軍便服及禮服等各軍種之服裝。

5. 各國因風俗習慣、宗教信仰、氣候關係，會有其自有之上班服，如在這些國家工作可入境隨俗。

四、禮服

(一)西式禮服

西式禮服分為：(1)早禮服（morning coat，或稱為常禮服），是下午六時以前重要活動穿著的，如日間婚禮、國家大典等；(2)小晚禮服（black tie），下午四時以後晚間重要宴會、典禮時穿著；(3)大禮服（white tie），是重要慶典及宴會穿著的（**表4-1**）。隨著時代的變遷，禮服的穿著有簡化的趨勢，不只禮服簡化，其他如帽子、手套、圍巾、手杖等，如無必要也已經少見人用了。此外常見演藝人員出席各種頒獎典禮，穿著各式各樣的晚禮服，很少是傳統的禮服樣式，主要是演藝人員穿著會是媒體的焦點，所以講究突出流行，不能和別人一樣，因此他們的禮服標準是不能作為正式禮服的規範。

表4-1　西式禮服的分類及注意穿著事項

	常禮服（早禮服） Morning Coat, Cutaway	小晚禮服 Tuxedo, Black Tie Smoking, Dinner Jacket, Dinner Suit, Dinner Coat	大禮服（燕尾服） Full Dress, Frock Coat, White Tie, Swallow Tail, Tail Coat
西式禮服			
穿著時機	白天自清晨到下午六時前穿著，如重要慶典活動、教堂儀式、葬禮護柩者、婚禮儐相等穿著	下午四時以後晚間時穿著之禮服，如晚宴、晚會、音樂演奏會、歌劇、戲曲、話劇及各種盛大表演時穿著，特別是首演場	晚間正式晚宴、舞會、官式宴會，晚間婚禮，白天國家大典、國宴、呈遞國書等正式隆重場合時穿著

（續）表4-1　西式禮服的分類及注意穿著事項

上裝	下擺圓尾形黑色或灰色齊膝上裝，胸前一鈕釦，翻領扣後漸次向兩邊斜尖成尾狀，此外有灰色早禮服，今用在上午婚禮或遊園會時穿著	全白色、全黑色並鑲有緞領西裝，單排釦、腰間有一鈕釦的無尾上衣	黑色、深藍色，上裝前擺齊腰剪平，後面剪成燕尾狀，翻領上有緞面
褲子	深灰色底黑條紋褲，褲管不捲邊；灰禮服配大禮服褲	配有黑緞帶或絲腰帶之黑褲	與小晚禮服相同，褲子左右兩旁配黑緞帶之黑色或深藍色褲，褲管不捲邊
背心	黑色或灰色背心，夏季淡色或灰色，冬季黑色，雙排釦	不穿背心，夾克式小晚禮服通常用寬圍腰帶可遮掩長褲的皮帶	背心用白色或帶圖案花樣黑色絲織品做成
襯衫	白襯衫，領與大禮服同，不用硬胸式衫，可用普通白襯衫，胸前和袖子要漿硬；領子是可取下來的雙翼領或漿硬的領	白禮服襯衣或普通白襯衫	正式場合可穿有摺紋的襯胸使襯衫好看，白天穿硬領的白襯衫
領帶	銀灰領帶。參加婚禮用灰、銀灰、黑色絲質素面的，有圖案或條紋大領帶；參加喪禮用黑絲質領帶	黑色領結或黑色緞質絲光領帶	白色領結
鞋	黑漆皮鞋或黑色小牛皮鞋	黑漆皮鞋	黑漆皮鞋
襪	黑色襪子或深灰襪子	黑襪子	黑襪子
帽	大禮帽、絲質帽、黑漢堡帽（窄邊而帽中凹進）	圓頂帽或灰氈帽，現多用捲邊帽	黑絲高帽。冬戴黑色漢堡帽或灰色軟邊呢帽；夏戴巴拿馬草帽；如天氣許可可不戴帽
手套	灰色或白色羊皮手套或其他質料手套	不著手套	白色或灰色手套
外套	黑色、深灰色、深藍色之單排釦短外套，婚喪白天不著常禮服，改著短外套	黑、深藍色外套	黑、深藍色、深灰色外套，有無天鵝絨領均可，尖的翻領
圍巾	白色或灰色絲圍巾，手帕疊成方形於口袋上露出二英寸	同右	純白色圍巾白色麻質手帕
手杖	有需要時才用	同左	同左
襟花	鈕孔插的花，白色、紅色的康乃馨；葬禮時不戴襟花		白色、紅色的康乃馨襟花
勛章	用勛表，不戴勛章		戴勛章
珠寶	鑲珍珠之袖釦或領帶針		

男士的禮服，左為常禮服，右為小晚禮服
http://www.suitsmen.co.uk/mens-suits/1-button-suits/

(二)中式禮服

中國傳統男士之中式禮服為藍袍、黑掛、黑色長褲、黑皮鞋、黑襪、黑色呢帽，在正式慶典及國宴時均可穿著。也許因為氣候因素及時代潮流，現在已很少有人穿著，倒是某些主題晚宴活動，主辦單位刻意在請帖中要求與會者穿著打扮這種五〇年代的造型出席，突顯晚宴的格調。

五、其他服裝

現代人除了工作外講究休閒，因此各式各樣的休閒服及運動服成了服裝不可少的一環，休閒服的品牌專賣店也在服裝業中另創一片天地。英文休閒服（casual）是隨意輕鬆穿著的意思，也就是自己穿得方便自在就好，smart casual是休閒服，但是並非指牛仔褲配球鞋的穿著，多少有點穿著品味的要求。

 ## 第四節　女士的服飾

　　女士的服裝變化多端，也不如男士服裝要求嚴格，不過要在適當的場合穿著合適、穿得得體、穿得漂亮，是女士應該要有的禮儀修養。

一、職業婦女上班服

　　首要條件是清潔、合身，大方、高雅、耐看卻不惹人注目為不變的原則，避免穿常要整頓的服裝，選擇可以互相搭配的色系服裝，將不必要的配飾除去，可以減少因穿著而浪費許多時間。

(一)正式上班服

◆套裝、洋裝、旗袍

　　上班服可選擇端莊大方的套裝，可以上裝和裙子同色，也可以上裝和裙子不同色，搭配合適美觀即可。女士上班服最好不露肩、不無袖，穿無領無袖洋裝最好準備一件外套，外出或與人談事情時可顯得正式一些。現在一些質料合適、剪裁得體的長褲套裝也可在上班穿著。中式旗袍也是很正式的上班服，不過因為個人身材因素或是行動的限制，不是普遍為女士上班族所接受。牛仔褲還是不適合上班穿著，除非是週末上班。此外裙子不宜太短，長度以膝蓋上短或下長兩吋為原則，長裙要以不妨礙工作為原則，過於緊身的衣服不僅穿著不舒服，也不見得美觀，少穿為宜。

女士上班服

英國查爾斯王儲夫婦訪美

2005年11月英國王儲查爾斯夫婦訪美，在紐約的英國花園廣場為911事件罹難的英國人的紀念碑揭幕，這是一件悲傷又嚴肅的儀式，而其夫人卡蜜拉卻穿著一套紅色的套裝，難怪被美國的媒體批評服裝穿著不得體。參加災難紀念儀式，男士應著深色西裝、白色襯衫、素色領帶、深色鞋襪，女士應著素色、端莊、大方的套裝參加聚會。

（2005年11月3日《自由時報》）

◆鞋襪

應穿樸實的皮鞋，不要穿休閒鞋配正式上班服裝，涼鞋在熱帶地方可以穿著，拖鞋絕不應該穿到辦公室。不過在正式場合應該穿前面不鏤空的船形有跟包頭皮鞋，鞋跟高度不宜超過兩吋半，以方便工作行動。

女士襪子的顏色、樣式應與服裝及場合配合，膚色與黑色最好搭配服裝，過於突顯及花俏之襪子是不適合平常上班時候穿著的。

◆配件

其他女士服裝的配件，如皮包、皮帶、飾品等搭配得體，才能發揮服裝的功效，不當的配件使人看起來庸俗不堪，破壞了服裝整體美感。不論皮包、腰帶、髮飾、耳環、胸花、項鍊、戒指、手環等之配戴，都要配合時間、地點、場合，除了酒會、宴會大型場合外，一般的原則，身上所有的配件最好不超過七件，首飾不要超過三套。合適的服裝儀容是絕對為自己的形象加分的。

(二)休閒上班服

女士星期五的休閒上班服可著Polo衫或圓領衫,卡其褲或不太短休閒裙,休閒鞋,拖鞋式的鞋子不宜穿到辦公室的。

二、禮服

女士在盛大活動應著禮服（dinner dress, dinner gown, evening gown, full dress）,禮服有長到腳背的,也有短到膝蓋上的,小禮服質料應選絲質、緞質、雪紡紗、蕾絲、絲絨等質料柔軟的布料來製作。白天和晚上所著禮服其華麗和配飾都應有區別。

晚間化妝可比白天濃厚,可選用有點亮度的化妝品,配件可豪華,皮包與皮鞋可選用金色或銀色。

鞋子應著有跟之高跟鞋,除非要與服裝配合,否則應穿前面不露腳指的高跟鞋。

毛衣通常為休閒服,所以不要用毛衣當晚禮服外套,可用披肩或質料好的短外套做外衣。

女士的盛裝大晚禮服,可配上手套,長髮可做出造型,化妝也要濃重、亮

女士出席盛大晚間活動應著禮服

麗,飾品要豪華,可配金或銀色高跟鞋,服裝質料可採與小禮服質料相同,或加有亮片的料子,西式禮服可露背、低胸、露肩。

我國女士可著代表中國傳統的旗袍,在隆重盛大場合可著長旗袍。長旗袍宜長及足踝,袖長及肘,兩邊開叉不宜過高,衣料以綢緞、織錦或繡花者為出色,點綴亮片亦能吸引人。長旗袍的穿著可配短外套或披肩。晚近改良式的長旗袍亦漸流行,因捨棄高領,衣服也較寬鬆,較為舒適,同時不失美感。中國仕女在參加國際性場合最好穿著旗袍,表現中式禮服的特色。

三、其他服飾

女士服飾變化多采多姿,各種不同的場合應著適當的服裝,如運動服、休閒服、工作服、喪服等。

實例研討 4-3　國人禮儀知識不足

泛亞人力銀行「上班族職場禮儀檢測調查」指出,上班族平均禮儀分數只有62.59分。調查的題目包含男士穿西裝禮儀,介紹、握手、致送名片禮節,走樓梯、搭乘電梯、共乘座車禮儀,西餐禮儀等。雖然對於禮儀認知平均分數不高,但是九成二的受訪者都認為職場禮儀是找工作的重要條件之一,六成七的人都自認禮儀不足。(2005年11月28日《聯合報》)

國際化的趨勢使得越來越多企業的業務與國際接軌,如何在不同國家、不同的種族文化的社會和睦相處,避免產生誤會,達到溝通的效果,完成交易的任務,這就要靠大家都能遵循國際禮儀的規範,彼此尊重、平等的往來,禮儀的修養是給他人留下第一個良好的印象之必備條件,為人處事不可不知,在職場工作更是重要。

 第五節　儀容與儀態

衣的禮節除了穿衣之外，儀容修飾和儀態的培養也是非常重要的，否則只是徒有一個漂亮衣架子而已。儀容儀態也是個人形象的表現，要使自己有一個最好的表現，首先在儀容上，就是要瞭解自己的長處、優點、特質，配合自己的個性、體型，適宜的衣著，恰如其分的修飾，就能在外表上有良好的表現。而優雅的儀態，卻是要自己不斷地學習，養成良好的習慣，才能自然而然就展現出完美的禮儀修養。

一、儀容

(一)頭髮

選擇適合自己的髮型，男士傳統西裝頭或是流行髮型，整齊、乾淨為主。女士不論長短、直髮或捲髮，都要保持清潔、整齊、美觀。

(二)面容

清潔、乾淨、有笑容、眼睛有神。如戴眼鏡可配合臉型選擇鏡架，也可藉此調整臉型。女士化妝要合宜，男士要刮鬍子，記得修剪鼻毛等。避免擠眉弄眼，或看人斜視，這些都是不雅觀的舉止。

(三)指甲

修剪乾淨，女士上班擦指甲油宜淡雅、均勻。參加宴會指甲油顏色的選擇宜與自己的服飾、配件與場合配合，並非鮮豔就是美觀。喜歡做指雕的造型，也要視工作性質與場合而為之。

上班時不適合使用鮮豔的指甲油與指雕

實例研討 4-4　儀容、儀態

在新加坡旅遊，一行人要到威斯汀旋轉餐廳用餐時，成員中有女孩穿露趾沒有鞋跟的涼鞋，服務人員不予放行。（2000年11月24日《中國時報》）

穿衣的基本原則，在不同的場合穿合適的衣服，許多歐美正式餐廳為了保持餐廳的水準及用餐的氣氛，大都要求顧客服裝整齊用餐，即使在旅遊時，也都會在出遊回來時保留一點時間給團員回房梳洗換衣，再進入餐廳用餐，這不只為了吃飯填飽肚子，也是為了享受用餐的樂趣。

國人旅遊認為是渡假休閒，常常只帶一些輕便休閒的服裝，遇到較正式的場合，服裝儀容不得體，不僅失禮，自己也覺得尷尬，更是掃了遊興。

報載因女性警員留有彩繪指甲而提出糾正，引起爭議。因而警政署發布公文統一規定女性警員的服裝儀容，特別要求女警的指甲要保持原色，不得製作彩繪、染髮等。

愛美是大多數女性的天性，不過警員執行公務大都穿著制服，制服代表著專業形象、企業的精神，警員是國家執行公務人員，有著權威和專業的威嚴，如果指甲擦上鮮豔顏色或是彩繪指甲，或是染上特別色彩的頭髮，確實有損職業形象，當然，下班脫下制服，就可以隨心所欲的裝扮自己了。

實例研討
4-5　英豪華酒店開放穿牛仔褲

　　位於倫敦市中心的麗池酒店（Ritz Hotel）一直以豪華貴氣著稱，吸引名人政要光顧，不過最近打破百年慣例，放寬餐廳衣著要求，客人穿牛仔褲也可進來用餐，引起熟客不滿。

　　麗池酒店於1960年開業，招待過英前首相邱吉爾、法國前總統戴高樂、美國前總統柯林頓等世界各國領袖。麗池酒店放寬衣著要求，在早餐時段容許穿牛仔褲入內用餐，但是還是維持禁止穿布鞋進入的規定。酒店認為這項新規定會使顧客感覺更為舒適。

　　這項新規定引起許多熟客不滿，他們認為「開放牛仔褲進入，接著就會有短褲和布鞋進場」，「而且老一輩及上流社會階層會比較喜歡正式衣著打扮」。（2010年4月6日《紐約世界日報》）

　　這真是一個新舊社會觀念的衝擊，也許代表美國及亞洲的崛起，歐洲社會的禮儀規範，已日漸式微，人們漸漸以自我為中心的生活方式，提倡自然舒適的生活模式，不想再受太多禮教拘束，迫使一向講究氣派禮數的豪華飯店也要改變策略來歡迎客人了。

二、儀態

　　儀態是指每個人行為中的姿勢和風度，姿勢表示身體做出的樣子，風度則包含了內涵及氣質的表露。男士若生得英俊瀟灑，女士長得容貌秀麗，可以說是與生俱來、得天獨厚，但是外觀的美麗隨著歲月會有很大的改變，唯有得體動人的儀態與風姿、良好的教養才能維持長久的風範。優美的儀態是要從生活中磨練出來的，儀態絕不是在公共場所表演給別人看的，如不養成固定的習慣，稍不注意就會故態復萌了。要使儀態自然不是短時間的事情，而是要靠自己常常注意，時間久了習慣就自然了。

(一)徒步

抬頭、挺胸、閉口，兩眼向前平視，雙臂自然擺動，不要拖著腳走路。男士兩腳踩平行線行走，女士雙腳踩一直線走，內外八字走路都是很不好看的，要自我訓練改正姿勢。

(二)站立

不彎腰駝背或垂頭，背脊要挺直。古人常說「站如松」，就是要站得像松樹一樣挺拔。

男士兩腳站立稍分開，不超過肩寬，雙手垂直放下，或是向前或向後交握，身體重量放在雙足上。女士以四十五度斜角如丁字型站立，雙手自然垂下或交握在腰際，雙腳可交替變換站立的姿勢。不論男女，雙手叉腰、環抱在胸前或插在褲袋內，都會給人傲慢及懶散的感覺。

(三)就座

古人說「坐如鐘」，就是要像鐘一樣穩重。坐的姿勢應端正，不可翹腿，雙腳不要搖擺不定，上半身挺直，背部稍靠椅背，如只是短暫就座，可不要靠椅背，約坐椅子三分之二位置，姿勢會較挺，起身也會較方便。

男士在坐下時最好兩腳稍微張開，雙手自然放置腿上。

女士則應將雙腳併攏斜放，中間不留空間。如腿型修長可在膝蓋以上交疊。另一種方式是稍有斜度地將一隻腳放在另一隻腳的腳背。

(四)交談與手勢

應集中精神，兩眼注視對方，聆聽人家的談話，多展現笑容。手勢可以加強感情的表達，但是不宜過多，動作也不宜過大。有些手勢在不同的地區或國家代表不同的意思，使用手勢語言時就更加要注意了。

男士的坐姿

女士的坐姿

(五)聲音表情

表情是思想感情的反應,「喜」、「怒」、「哀」、「樂」的表情最為人所熟悉。笑容是最好的表情,發自內心真誠友善的微笑,是最好的人際關係橋樑。聲音和表情可以透過訓練,矯正缺點,達到正面效果。

(六)公共道德

再好的禮儀訓練、非常得體的穿著、人也長得端正美麗,如果沒有注重公共道德的觀念,不能愛護環境、尊重他人、維護社會秩序,就不是一個懂得禮儀的人。一個真正有禮儀修養者不僅表裡如一,在公共道德上的表現更是受人尊敬的。

實例研討
4-6　　哪一條校規？

只要是懂禮貌的人，都會避免穿著拖鞋出門，何況穿拖鞋去學校。但是讀到《民生報》這則消息說：逢甲大學有三分之一學生愛穿拖鞋上課，簡直覺得不可置信。（摘錄自2000年4月19日《民生報》）

許多大學生為求輕便，常穿拖鞋進教室上課，因此國立中央大學首度明令限制學生穿拖鞋上課，引發學生反彈。

中央大學校內活動中心出現一篇來自體育室的公告，表示校方不歡迎拖鞋文化，請各位學會互相尊重，還要新生別學某些沒被教好的學長。

言詞犀利的公告立刻引起學生反彈。學生認為，自己應該有權決定自己的穿著，「我們是來上課的，專心上課更重要」。更有部分教師明令禁止穿拖鞋上課。

過去逢甲大學也曾訂出類似禁令引發反彈，禁止學生穿拖鞋上課，是否會對學生造成剝奪，恐怕需要師生雙方繼續對話。（摘錄自2012年10月3日NOWnews今日新聞網，生活中心／綜合報導）

套句年輕人的流行語：「只要我喜歡，有什麼不可以？」何況校規也沒有明文規定不可以穿拖鞋上學。年輕人的歪理似是而非，似乎和他們講道理也說不通，代溝明顯存在，其實不按規矩出牌的學生畢竟少數，大多數的學生還是願意受到禮儀規範的約束，只是擔心一群標新立異的少數人，可能帶動校園風氣，久而久之變成習慣，大家見怪不怪，也不知道這種行為實在是不合乎禮儀的規範了。

公眾場合穿著拖鞋，不僅自己的儀容形象受損，也影響別人的視覺、嗅覺，最近報載「在公眾場合脫鞋讓腳休息，造成他人不適」的新聞也時有所聞。服裝儀容是整體的搭配，在不同的場合穿合適的衣服，是穿衣的基本原則，衣著包含衣服、鞋襪、配飾等，搭配合宜才是最好的穿著。學校老師不只教授專業知識，也應適時地對學生施以生活教育輔導，畢竟教育是一項良心事業，為改善社會風氣、提升生活品質多盡一些心力。

有了實力還要美麗

　　名作家戴晨志先生有一篇專欄題目是「有了實力還要美麗」，敘述一位國中生穿著牛仔褲參加全縣演講比賽，無視老師要他穿著正式一點的叮嚀，到了會場看到其他學校參賽學生，個個整整齊齊，小紳士、小淑女打扮，一副充滿自信的模樣，一下子原本的自信和氣勢不見了，心情頓時受挫，結果原本信心十足卻落得了沒有名次。

　　上台簡報、表演或參加演講比賽是一項正式活動，服裝儀容整齊、端莊、大方是應有的禮貌，觀眾、裁判在表演者一上台就已打了一半的印象分數，其他一半分數才是演出者實力表現加上去的，所以上台的服裝儀容不僅表現自己的禮儀教養，表現專業的態度，也是對主辦單位、觀眾及裁判表示尊重。

　　因此要求學生上台報告或是上台表演，服裝儀容都要做適當的配合，培養對禮儀的認識和養成遵守禮儀的習慣，也是身為師長應當教導的知識。

從小培養上台簡報或參加演講比賽時，服裝儀容應整齊、端莊、大方

穿睡衣逛街

根據上海社會科學院調查顯示，號稱中國最時尚之都、總人口達一千七百萬人之上海市，每天竟有二百七十二萬人經常穿睡衣逛大街，有超過四分之一、高達四百二十五萬的上海市民曾經穿著睡衣逛超級市場，或是出入摩登的辦公大樓。（2006年11月11日《蘋果日報》）

上海市經常見到穿著睡衣的民眾在街上購物閒逛，特別是早上出門買早餐、報紙，甚至是到菜市場買菜。因此賣睡衣的店鋪或是專櫃不少，大概跟民眾經常穿睡衣出外，也要講究睡衣的時尚有關吧！這種風氣使得上海復旦大學的學者胡守鈞教授痛批：「穿睡衣出門既貶低自我又凸顯缺乏品味及個人品德。這是不尊重他人的舉動。」穿衣不只是禦寒蔽體，也是個人禮貌的表現，不同的場合穿適宜的服裝是穿衣的基本認識，難怪上海學者認為這種穿衣哲學是妨礙上海國際化的大問題。

2010年上海世博會，上海市就不斷地宣導民眾不要穿著睡衣外出活動。對於一個國際大都市，經濟實力固然值得驕傲，但是人民的禮儀修養，也是社會進步、文明的象徵。

睡衣不適合外出時穿著

http://www.chinafashionbloggers.com/2011/07/post-101-chillin/

Note...

住的禮儀

- 家居的禮節
- 做客的禮節
- 旅遊投宿的禮節

5

　　住的禮儀包括家居的禮節、做客和旅遊投宿的禮節，不論家居、出門在外寄宿親友家中，或是遊學借住在住宿家庭，以及旅遊時住在大飯店、旅社等，都應該注意個人禮儀的修養，掌握整潔、衛生、舒適、寧靜及便利的原則，維護自己和國家的形象。有關「住」的禮儀分別說明如下。

第一節　家居的禮節

　　家居雖然是個人之事，但是也要住得舒適、清潔衛生，更不能影響鄰居的安寧、妨礙別人的自由、侵犯他人的權利、影響整個社區的居住品質，因此一些「住」的禮儀是要注意的。

一、基本禮節

1. 住宅應保持整潔，衛生舒適，美觀便利，空氣流通，光線充足。瓦斯、電器用品、火燭等易燃物品使用小心，注意安全。
2. 家具和擺飾應保持清爽、整齊和美觀。
3. 有草坪的花園洋房，草坪花木應常修剪，維持整個社區環境的整齊美觀。
4. 不得任意棄置垃圾，應有使用者付費的觀念，並應該按各地區排定垃圾收集

垃圾應配合資源回收做分類

時間拿出來丟棄，垃圾並應配合資源回收做分類、包裝，用不漏水之袋子包好，減少資源浪費及方便工作人員處理。

5.溝渠應該常常清理，保持通暢，庭院角落乃至盆罐積水務必清除，杜絕蚊蚋，以維護環境衛生的淨化。

6.晾曬衣服，不能當街曝曬，高掛公寓陽臺，臨風招展，有礙觀瞻，應在後院、屋內或公寓後陽臺晾曬，最好不超過外牆高度。

7.室外停車注意秩序，不可妨礙交通。

8.公共設施應愛惜使用，並經常維護保養。

二、家居倫理、敦親睦鄰

「住」不僅僅是指房子裡外的硬體而已，禮儀的修養中最重要的是房子裡住的「人」的表現，所以好的「住」的禮儀是要表裡一致的。

常見公寓住戶把皮鞋、運動鞋、拖鞋往住家門口橫放一地，旁邊還放了一座鞋櫃，或是一個置物箱，雨衣、安全帽、單車也是以這為家了，這種光景在公寓大樓的樓梯間頗為常見，大家的理由就是利用空間，每家都用也就沒什麼好抱怨的了。公共空間的髒亂、異味，妨礙行走，影響安全，似乎也沒人出來管理，反正自己家裡美美的就好了。

事實上，「公寓大廈管理條例」規定，出了電梯、樓梯的家戶門口或樓梯

公寓大樓的樓梯間不可堆放雜物，應維持公共空間的整潔美觀

間，屬於公共空間，不能堆置物品，若違反規定，依「公寓大廈管理條例」罰四萬元到二十萬元罰鍰，若讓人受傷，還要負起民事及刑事責任。

住家的環境美觀、安全是現代居民應該有的基本禮儀，管理委員會要制定規範，發揮道德勇氣，接受住戶的委任以公權力的力量管理公共空間的環境，維護全體住戶的權益。

1.居家生活應該長幼有序、勤勞守紀、節儉持家。
2.熟悉鄰居，並且常來往，互相關心，互相協助，達到守望相助之功效。
3.與鄰人相處應本於誠心、本於善意，尊重他人隱私，不要吵嚷影響安寧。彼此尊重，減少紛爭，維護良好的社區環境。
4.對公共設施，應共同維護，對公共安寧，亦應協力維持。
5.遇鄰居服喪，應保持肅穆，不喧鬧，不作樂。喪家辦理喪事，不要占據街道，要顧到鄰居出入交通的便利。晚間喪事祭拜儀式不要過晚，不要打擾鄰居生活的安寧。
6.造訪鄰居，宜先通知約定，突然造訪恐造成他人不便。
7.離開家門，請先整衣。居公寓樓房，切忌穿睡衣、穿拖鞋步出家門。
8.遇重要或涉及生活起居事，應互相通報，有急難應相扶持協助。

根據桃園地方法院地檢署民眾提出告訴擾鄰的案例，多半以噪音擾人為最多，歸納起來，最「顧人怨」的芳鄰有下列幾項：

1.狗兒不繫狗鍊放任亂跑、不清糞便。
2.樓上住戶打球、打麻將、木屐、高跟鞋、電視音響、開門大聲等噪音擾鄰。
3.花盆、障礙物霸占車位，公共樓梯間堆置雜物。
4.社區按喇叭、半夜喝酒聊天擾人安寧。
5.水管線路漏水不修，影響鄰居。

都市人口密集，公寓林立，除了守望相助、敦親睦鄰是社區強調的安全和諧之外，其實尊重住戶的權利、平等，也是居住者應有的禮儀修養，能夠自重而人重，而不是靠著法律的制裁維護社區的生活品質，打起官司勞民傷神，兩敗俱傷，影響居住品質，得了「惡鄰居」的封號，何苦呢？

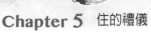

實例研討 5-1 公園聖誕紅被偷二十二盆

　　耶誕節將至，台北市政府公園路燈工程管理處在市區公園、分隔島等地，大量布置應景討喜的「聖誕紅」，近日卻發現陸續遭竊，損失超過二十二盆。（2006年12月9日《自由時報》）

　　人民繳稅，政府徵稅為人民服務，這是現代民主政治的觀念。市府平時或節慶時在公園及公路幹道分隔島種植花卉，維護市容、美化環境，改善居民的生活品質，提升城市的形象，全體居民應該共同維護，以城市的光榮為驕傲。但是卻發生沒有公德心的民眾任意破壞竊取回家的情事，真是遺憾。

　　不過近年來，城市公園化成為各地的特色，民眾也能以欣賞的態度享受美麗的城市景觀，竊取公共花卉之事，倒是沒有出現了。

　　按照「公園管理自治條例」規定，竊取公共場所花卉，一經查獲，處以一千二百至六千元罰款，民眾實在不應貪圖小利而觸犯法律，得不償失。以台灣民眾現在的生活水準及教育程度，本來應該很難得再看到這種偷取公共場所花卉的情況發生，而新聞卻出現在媒體上，可見我們的禮儀教育、公共場所公德心的表現還有待加強。

實例研討 5-2　垃圾袋藏玄機，送張罰單給你

　　你的鄰居喜歡亂丟垃圾嗎？根據現在的環保制度，只要在垃圾袋裡找到一個人的名字、地址等相關資料，環保清潔單位就會在你料想不到的時間裡，寄張罰單通知你的鄰居。（取材自《勁報》）

　　這則新聞不知是不是真的實行了，以中國人的個性，自家管自家的事，打抱不平、維護正義，這種事最好少管，否則惹禍上身自找麻煩。我們的社會就是缺少了一些愛管閒事的人，如果每個人都有一點點正義感，都能盡一點點社會責任，相信社會風氣會慢慢地改進的。

　　住過歐美先進國家的人，都體認到維護社區環境人人有責的觀念，住家草坪不剪、落葉不掃、垃圾不在規定的日子拿出來、貓狗等寵物影響鄰居的安寧及環境清潔等等，都會受到鄰居的告發而受罰，因此要有一個安寧、優美、清潔的環境，是要靠每一個人共同努力的。

實例研討 5-3　注重居家及公共場所的禮節

　　名作家吳若權先生在一篇短文〈別把公園當你家〉文中提到許多居家公共場所的禮節，真是發人深省。僅摘錄如下：

1.住家門前公共區域據為己有：停車、種花、擺上花盆占為己有。
2.強占公園涼亭：煮水泡茶，煮湯泡麵，高聲談笑，儼然將涼亭當成交誼廳了。
3.從飛機上拿些不該拿的餐具回家，甚至向友人炫耀一番。
4.高中學生調查顯示，超過四分之一認為「援交」只是賺錢的方式之一。
5.清晨在公園跳土風舞、唱卡拉OK的人們，將擴音器的音量開得擾人安寧。
　　（2005年11月12日《蘋果日報》）

這些只是最常見的情況，許多的個別案例更是罄竹難書。禮儀是每個人的生活一部分，個人的自由不能侵犯他人的自由，自己的權利不能侵犯他人的權利，彼此尊重，才能維持社會的安寧與和諧。

實例研討 5-4

亂丟垃圾　英政府付近9億英鎊整市容

英國人隨地丟垃圾情況日益嚴重，根據一項地方政府進行的最新調查，去年為了保持市容整潔，耗費近9億英鎊，浪費寶貴的財政資源。垃圾種類中最多的是狗大便、口香糖和菸蒂等。英國遭金融危機衝擊後，現在財務困窘，但為了市容必須聘僱清潔工，還要採購專門清除口香糖的器材，令地方政府十分頭痛。（2010年7月20日，中央社）

新聞中稱英國垃圾種類中最多的是狗大便、口香糖和菸蒂等。相對於台灣來說，除了公共場所因禁菸的關係，較少看到菸蒂外，狗大便及口香糖確實也是垃圾中較難以處理的。在美國旅行印象深刻的是遛狗的民眾，不論男女，都會提一個小袋子，裡面放著處理狗大便的工具，男士喜歡將塑膠袋放在褲子口袋裡，女士常綁在手腕上，而且到處都可看到勸導或處罰的告示牌，公園更會提供塑膠袋及專門的垃圾桶，也許因為宣導下了很大的工夫，所以少見違規的飼主。

女士腳旁就是隨身攜帶的清潔器具

新加坡嚴禁嚼食口香糖，主要是口香糖黏在地上掃不掉，要專人用工具去鏟除很費工夫，曾經在東京的古皇宮，早上八點看到一位老先生蹲在廣場地上用鍬子撬東西，走近一看，才發現是在清理口香糖渣。

自從全世界都倡導禁菸運動後，許多癮君子只有在特定的地點可以抽菸，大體上在城市公共場所都能尊重這項規定。東京地鐵的出入口附近闢了一個小區域，放了好幾個不鏽鋼鐵桶，只見許多癮君子在進入地鐵前或出地鐵後，可以趕緊抽上一支菸，這也是個很體貼的做法。

公園提供免費塑膠袋，供清潔用

 ## 第二節　做客的禮節

隨著交通工具的方便、旅遊的普遍，人們出外機會越來越多，除了住旅館外，也常借住朋友家中或是選擇民宿落腳。這些出外住宿情況一定要有基本的禮貌，要有是這家庭中一份子的觀念，分擔家務，入鄉隨俗，給人留下美好的印象。做客應注意的禮儀如下：

1. 事先聯繫，讓對方有所準備，住宿天數不要太長，如果對方有困難，則不應太勉強。年輕人出外住宿應告知家人。
2. 尊重主人生活秩序，保持清潔。配合主人的生活習慣、作息秩序，不要造成主人家庭的不便。
3. 長幼有序，男女、賓主有別。言行要有分寸，尊重倫理，恪守客人的身分。
4. 自己住屋必須自行整理，維持臥房的清潔，並應適當協助家事。不能像住旅

館一般,吃睡之外一概不管。

5.衣著必須莊重整齊。離開自己的房間就要衣著合適,做客應自備盥洗用具及衣物,換洗衣物的洗滌方式可請問主人。

6.起居作習時間儘量與主人配合。特別飲食習慣可先告知主人,不要造成對方困擾,如果實在不能適應則不如早些離開。

7.對一般物品、器具、汽車等,未得主人之同意,不得擅自動用。未經主人同意,也不得擅自打長途電話。

8.除客廳、廚房及自己的臥室外,進入他人的房間,必須先敲門或揚聲,不可擅自闖入。

9.不可好奇偷窺、竊聽或張望,尊重他人隱私。不要問收入、房子、衣服等有關金錢問題,忌問年齡、體重、婚姻等私人事務。

10.維持寧靜,不喧譁,收聽廣播及看電視,音量務必降低。自己客人來訪可介紹給主人,若停留用餐最好不要成為主人的負擔。

11.食用冰箱內食物應適可而止,不回來用餐應事先通知,帶人回來用餐亦應徵得主人同意。

12.使用浴室、廁所及廚房,事後必須立即清理,維持清潔。國外許多廁所衛生紙是可以溶於水的,所以應直接丟入馬桶,垃圾桶則是用來丟女性衛生用品及垃圾的。面紙之材質不易溶於水,不可丟入馬桶內。

13.離開時,必須將臥房及廁所等打掃乾淨,恢復原狀,如有鑰匙,勿忘交還主人。

14.到親友家住宿做客,攜帶適當禮物是應有的禮貌,也可表示謝意。

15.有事出門、夜晚遲歸,或將遠行,均應先通知主人。

16.帶小孩到別人家做客,應約束孩子不要隨便亂動人家的東西,教導孩子尊重的禮儀。

17.旅遊或遊學時寄宿在一般家庭,除了要像做客一樣注意應有的禮儀外,同時離開時應付的費用要結算清楚,不要留下不負責任的不良形象。

 ## 第三節　旅遊投宿的禮節

　　隨著經濟環境的改善、生活品質的要求，國人國內、國外旅遊風氣相當的盛行。旅遊時不論是住大飯店、小旅館或是民宿，都應注意個人言行舉止，不要妨礙別人的權利，損害個人及國家形象。旅遊投宿應注意的事項如下：

1. 預先訂房。以電話、傳眞或電子函件預訂房間，並註明預計停留天數，若有特殊需要（如加床、嬰兒床等）也應及早提出。注意各旅館check in/ check out時間。一般旅館check in時間爲下午三時以後，check out時間爲中午十二時前。晚到趕不上check in時間，要聯絡告知；比check out時間晚走時亦應與旅館協商是否可晚些check out。

2. 不要大聲喧譁、吵鬧。尤其是在旅館大廳，因其是公共場所，故應保持安靜，也不要長時間霸占著大廳座位不走。房間音響、電視的音量也要適當。小孩子在旅館公共場所不可奔跑吵鬧。

3. 穿著睡衣不可到處亂跑，但是日本有些非國際觀光大飯店的溫泉旅社卻是可穿著浴衣到處走動的。

4. 包裝紙不要亂丟，果皮、垃圾應包好丟入垃圾桶。國人愛買東西，回到旅館

飯店check in

貴重物品應存放在房間保險櫃或旅館保險箱

包裝亂丟，又愛嚐各種新鮮食物、水果，吃完後果皮、湯汁也不包好，而是直接丟入垃圾桶，不但弄得房間充滿怪味，也增加了服務人員整理房間的困難度。

5. 貴重物品應存放在房間保險櫃或旅館保險箱，退房時記得取回。現在竊賊無孔不入，所用方式千奇百怪，小心為上。

6. 遵守飯店規定，不可有煮食、賭博等行為，抽菸要守規定。每個國家電壓不同，自行使用電器，不僅違反規定，也容易造成危險。

7. 洗衣服不要亂晾在窗台上或室內燈罩上，最好晾在浴室。需要送洗的衣服，可裝在房間備好的洗衣袋內，填好房號、姓名、件數，交服務員送洗即可。沐浴時浴簾要放在浴盆內，以免將浴室弄得到處都是水。

8. 到餐廳用餐時，衣著要整齊，維護用餐品質。不過很多渡假休閒地區的餐廳，是可以穿著休閒服進入用餐的。

9. 不要順手牽羊，客房內提供的水果、糖果、礦泉水、飲料包等免費品可以食用及飲用，浴室內的牙刷、牙膏、刮鬍刀、梳子、小包裝肥皂、小包洗髮精和潤絲精也可免費使用或帶走，房間的信封、信紙、筆、明信片等也是可以帶走的，不過現在提倡環保及綠能建築，不要浪費資源，許多飯店不提供個人盥洗用品，或是僅準備不能帶走的大包裝用品，供旅客使用。其他需要付費品應按其規定付費，更不應該拿取房間物品當做紀念品帶走。

10.浴巾、臉巾、手巾、腳踏墊巾，大小規格都不同，要分開使用，用過的毛巾不要摺回原狀，清潔人員會以爲未曾使用。現今有些旅館爲住宿多天客人提供要洗毛巾籃，不需洗的毛巾不要丟入，以節省資源。

11.付小費。除了房間清潔人員原則上一個房間一美元，每日放於枕頭下或床頭櫃上外，其他的服務如送行李、送茶水或房內用餐、泊車、接送車輛之司機、門衛、保管衣物等服務，都應付給小費，以示感謝。

12.察看房間位置，注意安全設備及逃生門方向。出門在外首重安全，察看通道、出路、逃生索位置，及如何使用等都要瞭解，有備無患總比臨時手忙腳亂好多了。

旅遊投宿時須注意安全設備及逃生門方向

實例研討 5-5　小費學問大

　　「小費」文化是歐美國家的產物，特別是
針對服務的行業。Tip是to insure promptitude的簡
稱，以每一英文字的字首組成，意思是「保證可
以獲得快速的服務」。小費文化在美國的服務業
幾乎是無所不在。歐洲以自發性居多，如西歐、
土耳其、埃及等，都有給小費的習慣。亞洲則大
多數行業沒有給小費的習慣，特別是日本、澳
洲、紐西蘭，鮮少有付小費的規矩。

　　不過大多數國家與旅遊有關的行業，付「小
費」幾乎是理所當然的事。例如提行李、門口
攔車、要求房間送餐、送冰塊、房間的床頭小費
等，原則上可付美金一元的服務小費。在美國坐
計程車要付車資的百分之十為小費，使用行李箱加提行李多付一元。到餐館或旅館
衣帽間寄放衣物，一件以一美元為原則。在洗手間遞紙巾的服務員可給五角放在洗
手台的碟子上。吃飯的餐桌小費，如果帳單中已包含服務費，則可斟酌自己的意願
給予額外的小費。若帳單中沒有包含小費，則以消費額百分之十五左右為給付小費
的原則，有些國家用餐的小費可加在帳單上，簽信用卡付帳時一起簽付，也有些餐
食是廚師特別到客人桌邊烹調服務，廚師離去時可將小費放在手掌中，藉著握手致
謝時不著痕跡的將小費交給廚師。吃自助式餐食時可視情況斟酌給服務人員小費，
速食店通常是不必付小費的。餐館用餐時，有遊唱音樂家唱到桌旁，應給一美元以
上之小費，談事情不希望被打擾，可示意請離開。去美容院、按摩院也是要給服務
人員小費的。在櫃檯的工作人員原則上是不收小費的，服務人員的主管階層也是不
用給小費的。小費的額度上限標準沒有一定，而是視所赴場所豪華的程度及服務的
品質而定。不論如何，在這種「小費文化」的大環境下，都要有「領受服務，留下
小費」的禮儀觀念，才不會因小費問題處理不當，情緒受到影響，破壞了好心情。

Note...

行的禮儀

- 行走的儀態
- 行進間的禮節
- 搭乘交通工具的禮儀
- 公共場所的禮儀

6

「行」的禮儀包括行走、坐車、駕車、搭機、乘船、使用樓梯、電梯、進出門戶等多項與交通有關事項，隨時都有須注意禮儀的情況，非常重要，不可不知。

 第一節　行走的儀態

走路的姿態不僅表現個人的禮儀修養，也能展現自己的自信，人人都會走路，但是如何走得漂亮、舒適，卻是要靠自己不斷地訓練養成的。不論身材如何，不管高矮胖瘦，走起路來搖擺不定、腳步輕浮、搖臀扭腰、內外八字、雙肩高低不一、頭抬過高、趾高氣揚，都是不好的姿態。行走時基本禮儀如下：

1. 行走時應抬頭挺胸、精神飽滿，雙手自然下垂擺動，不要將手插入褲袋行走。
2. 雙目應正視前方，不要低頭看著腳尖，行走時也不宜左顧右盼。
3. 路上擁擠時應禮讓老弱婦孺，或協助需要幫助之老人或幼童。
4. 走路時不要邊走邊吃。
5. 在人行道上使用運動器材應按規定，並注意安全，不要妨礙行人，造成困擾。
6. 切忌隨地丟垃圾或吐痰，吸菸也應在規定的場所。
7. 帶寵物行走時注意清潔及安全，不要傷害到別人。
8. 注意有些地區「行」的方向，如英國及其屬地、日本等國都是靠左開車，人也有靠左行走的習慣。若行走時撞及別人或造成他人不便，應立即說聲「對不起」，表達歉意。
9. 如欲超越前面行者，應側邊繞過，不可強闖。超越他人借過可說「對不起」、「抱歉」或 "Excuse me"。
10. 遇有車禍或病發路中者，應協助報警或送醫。
11. 遇見長官時，應敬禮打招呼及禮讓。
12. 遵守紅綠燈及斑馬線行走之規則。
13. 遵守公共道德與公共秩序。對於損及公義公德、破壞紀律的事情，要有「見義勇為」的精神，要有「道德勇氣」的觀念，彼此尊重，相互關心。

實例研討 6-1　公園遛狗要拴狗鍊及清潔排泄物

　　帶著寵物行走應重視公共道德，國外許多公園都有遛狗要帶上狗鍊，以及注意清理寵物排泄物的告示，有些地方甚至設有專門的櫃子，免費提供塑膠袋供人使用。因此常在公園看到一手牽著狗兒，一手拿著塑膠袋和小鏟子散步的主人，流露出幸福的模樣。

　　台北市自2002年起宣導隨手清狗便，如遭取締依違反「廢棄物清理法」處以一千兩百元至六千元罰款，雖然取締蒐證困難，但是已養成越來越多的遛狗民眾會主動清理狗便的良好風氣。2005年台中市也開始規定民眾出外遛狗要攜帶清潔器具，否則將罰鍰兩千至八千元。

　　美國各地公共場所都有遛狗要繫狗鍊，以及清理排泄物之告示，並提供垃圾袋及專丟排泄物的桶子。

遛狗要拴狗鍊及清理排泄物

清潔寵物排泄物不僅是禮貌，也是法律

 ## 第二節　行進間的禮節

　　走路要遵守道路規則，生活或工作時也應瞭解行進間的長幼尊卑順序，與國際人士來往更應對禮儀有所瞭解，方不致失禮。有關行進時的禮儀說明如下：

一、基本原則

1.前為尊、後為卑，右邊大、左邊小為原則。與長官、長輩或女士同行時，應居其後方或左方才合乎禮節。
2.三人行，如全為男士，則以中間位為尊，右邊次之，左邊為末。
3.若一男二女同行，則男士應走最左或靠行車道位置，兩男一女則女士走在中間。
4.多人行，以最前面為大，依前後次序，越後越小。
5.接待訪客，應在前方數步引導前進。

二、男女同行

1.女士為尊，也就是女士在右或在前。
2.在路上行走時，男士應走人行道外側靠車路這邊，女士應走靠人行道內側這邊。攜帶孩童在路上行走，也應該讓孩童走人行道內側。
3.過馬路時，男士應注意女士的安全，應走在來車的方向，也可稍護著女士肩膀過街，但是態度應莊重，穿越道路後手就應放下。
4.上樓梯女先男後，下樓梯則反之，以防女士踩滑跌倒。與長者及年幼者同行時亦同。此外接待訪客時亦應如此，也就是讓訪客先上樓梯，接待者跟在後面，下樓時則接待者先行，訪客跟在其後。
5.上、下樓時，有手扶梯的一方應讓女士、老人、客人行走。
6.黑暗處、覓座時應由男士先行。

三、搭乘電梯／電扶梯

1. 先出後進。應等待電梯內的人走出電梯後，外面的人再行進入電梯。
2. 電梯到達時，如有熟人同候，不必過分客氣，你推我讓，以致耽擱時間，而引起電梯門前其他乘客不滿，但應讓女士或老弱先進入或先走出電梯。
3. 進入電梯後應立即轉身面對梯門，避免與他人面對面站立。
4. 站在電梯旁的人應順手為他人服務，接受服務的人應小聲稱謝。
5. 在電梯內勿高聲談話，行動電話響起要小聲儘快結束談話，更不要在電梯內吸菸。
6. 按著電梯「開」的按鈕對他人交代事情時間不可太久，並應向電梯內的其他人致歉。
7. 男士不適合在擁擠的電梯內戴帽子。
8. 注意安全，約束孩童利用電梯或電扶梯玩耍。電梯發生故障，應冷靜處理。
9. 搭乘電扶梯時注意安全，孩童及老人小心照顧以防跌倒，須緊握扶手，站穩踏階。

四、進出門廳

1. 電動門自動開關，應讓女士、尊客、長者先走。
2. 進出彈簧門時，一人推門進入，後面一人接手，扶著門陸續進入，如下一位是女士、主管或是長者，則應扶著門讓其先進入。
3. 行進間遇有不方便人士，應替其服務。

 ## 第三節　搭乘交通工具的禮儀

不論自行駕駛交通工具或是搭乘各種交通工具，對於遵守交通規則，以及行駛中的禮貌、乘坐時的車位尊卑等，都要有所認識，提升「行」的素質。

一、使用交通工具的一般禮貌

1. 街道有人行道和快車道之分，交叉路口有紅綠燈和斑馬線的設置，無論行人或駕車，都應遵守交通規則。

2. 駕車者應尊重公共安寧，少按喇叭，尤其路經醫院、學校，應不按喇叭。

3. 駕車遇有「停」（STOP）號誌時應停了再開；遇有行人穿越道時應減速慢行及暫停，禮讓行人。

4. 開車時各國規定不同，有靠右或靠左行駛，要特別注意。

5. 「酒後不開車」、「開車不喝酒」，不要害人又害己，造成不可挽救的傷害。開車亦不能手持行動電話，容易分心發生危險。

6. 停車不要多占了車位或是太靠近旁邊的車位，影響別人車子的進出，更不應該用花盆、欄杆等占用公共停車位。

7. 騎機車要戴安全帽，停車不應占用人行道或騎樓，影響行人通行。

8. 搭乘公共交通工具，要有排隊的習慣，魚貫而上，不可搶位占位，並禮讓老弱婦孺。

9. 男士應禮讓女士，上車時開門讓女士先上車，下車時，先下車開門，協助女士下車。對長輩的禮讓，亦應如此。

10. 乘車時勿與司機交談，以免妨礙行車安全；也不可在座位上斜躺或橫臥或是將鞋脫下，妨礙他人又有礙觀瞻。

11. 在車上嚴禁吸菸，禁止飲食，以免影響車廂內的清潔與衛生。

12. 在車上務求肅靜，不可縱聲大笑、高談闊論，或大聲使用行動電話，旁若無人地談論公務。

13. 行李應放行李架或行李艙，切忌塞在座位上或座位下，以免妨礙鄰座。

14. 駕駛人及前後座乘客都要繫安全帶，幼兒坐車注意安全，應坐於後座安全座椅並使用安全帶，兒童亦不應坐於前座。交通部規定小客車附載幼童未依規定乘坐安全座椅者，處駕駛人新台幣五百元罰鍰。安全座椅規格，體重未滿10公斤或一歲以下之嬰兒應安置於嬰兒用臥床，一歲以上至四歲且體重10～18公斤間之幼童，應使用幼童安全座椅。美國醫學協會研究指出，車禍發生時，坐兒童安全座椅、繫適合安全帶的兒童，受傷機會比僅使用成人安全帶的兒童少一半。

15. 不要占用殘障專用停車位（handicap）或座位（priority seat）。

台北市的Ubike

立陶宛的U-Bike

莫斯科的U-Bike

華沙的U-Bike

各國的**U-Bike**

兒童的保護罩　兒童安全座椅

一歲以下或體重不到十公斤的嬰兒,我們就要用放在車輛後座的嬰兒用座椅或臥床。

一歲到四歲而且體重不滿十八公斤的幼童,應該坐於車輛後座之兒童專用座椅。

小客車附載幼童時,應使用幼童安全座椅,以確保幼童安全

實例研討 6-2　能不能讓座給我？

　　2009年9月上海男占「博愛座」被勸讓位動手毆女，造成了新聞事件。無獨有偶，2010年8月，台北一位老先生上車後要坐在博愛座就讀某大學的研究生讓座，雙方發生爭執，年輕人將老先生打傷住院，事後年輕人雖表示後悔道歉，但是已造成人身傷害，不但受到法律制裁，更引起社會輿論的批評。2010年9月，一位小學生在台中坐公車，因為書包占位沒讓一位上車老先生座位，而發生爭執，同車旅客將爭吵情況攝影上網，造成轟動新聞。

　　這則新聞都在提醒年輕人搭乘公共交通工具應該要有禮儀修養，遇有需要讓座的老弱婦孺應該主動讓座，更不應該占位或是坐在特別的博愛座上，善良的風氣是要靠全體國民共同維護的。

實例研討 6-3　燒燙傷患者也需要您的讓座

　　據2005年5月24日《聯合報》報導，一位醫院的物理治療師提出呼籲，穿著具有疤痕治療效果彈性緊身衣的燒燙傷病患，在疤痕未完全成熟之一至兩年，疤痕常呈現充血的狀態，尤其是行走功能的下肢，一旦站立太久，充血後的疤痕搔癢常讓病患難耐。一位病友曾經坐公車到醫院做物理治療，上車沒有空位，也沒人主動讓座給他，長時間站立使得雙腳充血嚴重，加劇疤痕搔癢的程度，雙腳忍不住磨來磨去，等半個小時到站時，雙腳已搓到破皮流血。有些傷者手抬不高，握不到車上把手或無法抓穩把手，這些燒燙傷患都需要大家的幫忙，讓座給他們。

　　2010年10月藝人團體S.H.E中的Selina因在中國拍片，被火嚴重灼傷，媒體的報導，社會大眾的關注，使得一般民眾對燒傷有了更深入的瞭解，也瞭解傷者需要更多的體貼與照顧。

二、車位尊卑

坐車時，各種車的座位尊卑不同，座位的大小順序有一定的基本原則，但是實際運作時，會因為當時的情況而有所調整，有時又會因為主人的安排而「客隨主便」。以下僅就座位的基本原則說明如下：

(一)小轎車

◆有司機情況

小轎車的座位以司機右後方為最大，左邊第二，中間第三，司機旁座為最小。如只有三人坐車，第三的位子最好不坐，使後座寬敞些。夫婦同乘車時女性先上車坐左方，夫坐右側。英制車輛駕駛座位在右邊，但是座位的尊卑與美式是一樣的。私家車司機上下車時會幫賓客開車門，上車時按照「4」「2」「3」「1」順序請客人上車，下車時客人則按「1」「3」「2」「4」下車。如司機不便下車之處所，通常坐司機旁位置者會先下車，協助後座乘客下車。

◆主人自己開車

主人旁位子最大，後座右邊第二，左邊第三，中間最小。因此如中途主人旁座者先下車，右後座者應到前座補位，否則視同主人為司機，甚為失禮，不過如在交通繁忙的街道或是後座之人不久也要下車時，則可向主人道聲抱歉不必換位子，

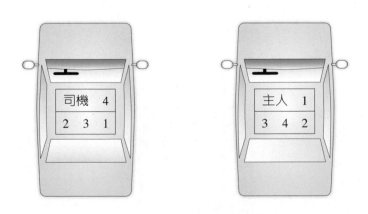

小轎車座位的優先順序

以免大馬路上換座位危險又會影響車流。如友人開車配偶同行,應禮讓其配偶坐前座。左側行車,後座夫婦可對換座位女右男左,不過客人都以主人的意思為主。

(二)吉普車

吉普車後座,乘客大都需要由前座跨越就座,因此不論有司機或是主人自己開車,都是駕駛座旁位置最大,右後次之,左後再次之。

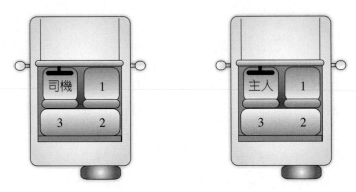

吉普車座位的優先順序

(三)九人座小巴士

司機後排位置為最大,再後排次之,右邊又比左邊大,司機旁位置最小。通常坐司機旁座位者,都會協助後座者上、下車後再就座。

九人座小巴士座位的優先順序

(四)計程車

前座位小，後座位大，右邊比左邊大。計程車之座位尊卑原則上與有司機的小轎車同，但是因計程車在街上行駛，座位的大小順序是以安全方便為最先考量。

三人同行，司機旁位置最小，右後方為大，左後次之；兩男士則右後方為大；兩女士或一男一女士，則應讓年長女士或女士坐司機後方位置，坐右後方者負責開關車門及安全任務。

計程車座位的優先順序

(五)大巴士

司機後面最前排位子為大，右邊比左邊大，窗邊又比走道為大，不過一般大巴士編排座位以單雙編號，右邊為1、3，5、7……，左邊為2、4，6、8……。

三、搭乘火車

火車是一種可大量載客的交通工具，短程路途可疏運大量的旅客，長途旅行坐火車較為舒適，活動空間也較大，可以欣賞沿途風景，也可以休息，或是利用時間做一些自己的事情。坐火車時應注意下列事項：

1. 除乘包廂車者外，一般乘客應保持肅靜，旅客間交談應小聲，勿喋喋不休而擾人安寧。
2. 注意兒童安全，維護車廂寧靜。
3. 行李不得堆放走道、座位前或座位下，以免妨礙他人行動。

大巴士座位的優先順序

4.長途車會有行李車、餐車，應遵守規定使用。

5.不可將垃圾往窗外丟，保持車內、車外之清潔。

6.使用洗手間，必須維持清潔，同時不得占用太久。

7.火車有不同等級或車廂有頭等、二等、三等之分，不得越級或占位。

8.相對座位的火車以順位方向位置為大，靠窗又比走道大。

9.勿攜帶味道特殊的食物，如臭豆腐、榴槤、檳榔等在車廂內食用。

四、搭乘捷運的禮節

捷運是現在都市最快捷和大眾化的交通工具，使用者應遵守規定，以免發生危險，注意禮貌，共同維護乘坐的舒適和安全。

1.先下後上，排隊上車，不要在月台上爭先恐後擠成一團。上車不要阻擋在車門口影響旅客出入。

2.不要用物品占位，更不應該占用老弱婦孺、傷殘人士座位。

3.車上不要高談闊論、嬉戲玩樂，或使用行動電話高聲談話。聊天也不要站在人行動線上，以免妨礙旅客通行。

4.捷運規定不可飲食、抽菸，違反會遭取締及罰款。

5.注意安全，等車不要越界或有強開車門等行為。

搭乘捷運時依序排隊上車，不爭先恐後

6.不得在捷運站或車上募捐、銷售物品或從事其他商業行為。

7.寵物要經許可並裝在籠子裡方可帶上車。

8.使用捷運站電扶梯時須緊握扶手，站穩踏階。趕時間的旅客應多利用樓梯，避免在手扶梯上快速行走，以免發生危險。

9.帶雨傘、手杖搭電扶梯時，應注意不要絆倒別人，並注意同行兒童安全。

10.一般旅客不應搶搭電梯，讓老人、嬰兒車、輪椅旅客搭乘電梯上下，避免乘電扶梯發生危險。

11.化妝是很私密的行為，女士不應在捷運上旁若無人地化妝。

12.注意小朋友的安全，不要放任小孩嬉戲吵鬧，或不脫鞋踏在座椅上。

13.假日攜自行車應在規定之車站及車廂上車。

捷運安全

心文化六準則

1.搭乘捷運請勿飲食、嚼食口香糖及吸菸
2.銀髮長者請改搭電梯
3.搭電扶梯時請站穩踏階、緊握扶手
4.搭捷運請禮讓老弱婦孺
5.手機通話禮儀──「輕」聲細語、長話「短」說、「簡」訊傳送
6.遇緊急狀況，請使用車站及車廂各項安全設備

實例研討 6-4　三歲娃踢不停　賞個巴掌吃官司

　　李姓女子搭乘捷運返家，鄰座三歲男童不停地踢她，她要求男童母親制止無效，一氣之下打了男童一巴掌，造成男童右臉頰3平方公分大小擦傷，男童母親因而提起告訴。檢察官依傷害罪起訴，因被害人是幼童，再依兒童及少年福利法規加重其刑。（2005年12月21日《聯合報》）

　　這則新聞真是令人感慨至深，打人是侵害行為，不論是何理由都會涉及傷害，小孩不當行為父母應該負起管教責任，如果造成他人傷害事件，父母也要負起刑、民事責任。

　　常在搭乘公共交通工具時，後座如果是坐著一個小孩，他的小腳經常無預警的踢著前方座椅，造成前座客人非常不適的經驗，最不能忍受的是坐在旁邊的父母竟然不予以制止糾正，任由孩子做著妨害他人的遊戲，家庭教育的功能真是蕩然無存。「禮儀」是成長過程中教育及生活培養出來的，「機會教育」是教育孩子最好的時機，父母、老師及長輩在適當情境時，應該適時給予禮儀機會教育，才能培養孩子正確的禮儀觀念。

　　一句大家耳熟能詳的俗語「上樑不正下樑歪」。父母長者是一個典範，小孩子有樣學樣，在路上常看到全家大小一車出遊，在車裡的大人動不動就丟出果皮、飲料罐等垃圾或吐檳榔汁，試想小孩子見到這種情形會學得好嗎？禮儀的教養不能只靠學校的老師教教道理、考考試就行了，而是要與家庭教育一起配合，真正落實到生活中，養成習慣，才能提升禮儀的水準。

台北市彩繪捷運車廂

實例研討 6-5 地鐵化妝

　　媒體報導日本東京的一個地鐵站候車椅上，坐著一位年輕小姐正小心翼翼地化著妝。這時有一位歐巴桑經過，對這種當眾化妝的行為不敢苟同，表示了不滿的態度。沒想到這讓年輕的小姐惱羞成怒，跳起來抓住老太太肩膀大吼大叫，猛搖一把，老太太掙脫後絆倒，撞到頭部受重傷。日本人不同世代間的禮數問題也形成論戰。

　　東京都政府已經採取行動，邀請專家成立委員會，研究如何防止在公共場所影響他人的規範，以恢復日本人過去引以為傲的「彬彬有禮」社會。

　　禮數淪喪，對於個人或他人的粗魯行為視若無睹，社會道德滑落，難怪犯罪事件頻傳。

　　看看我們的捷運上班時間，許多年輕的女孩們不也是一樣嗎？坐上捷運拿出整套的化裝包，取出小鏡子，開始面霜、粉底、蜜粉、腮紅、眼影、睫毛膏、口紅一樣也不少的往臉上塗抹，直到工程完畢，還對著鏡子左瞄右看，檢視一下自己的作品，完全無視於擁擠車上人們的異樣眼光。化妝是一件非常隱私的事情，應該私下為之，曾幾何時變成了公共藝術表演，大家也見怪不怪了，真是世風日下呀！

化妝是一件私密的行為，應私下為之

實例研討 6-6　捷運禮儀

　　2007年3月27日Upaper台北捷運報有一篇文章標題是「10分鐘捷運妝,讓你美麗出站」,副標題是「5站5步驟,變臉不求人」。化妝是一個私密的行為,儘量不要在人前做整妝的動作,更何況是在捷運上那麼多陌生人前塗塗抹抹,從上車到下車變臉成功,可以漂漂亮亮下車,但是在大庭廣眾之下化妝,是一種沒有修養的行為。報紙是一種大眾傳播工具,除了報導新聞、傳授知識之外,也應負起教育的功能,禮儀教育是提升國民素質的必然條件,也是國家進步的象徵,教導民眾化妝以最好最美的形象呈現在公眾面前,是非常好的一件事,但是在公眾場合化妝卻是非常不合禮儀的規範,不值得鼓勵。

實例研討 6-7　日本電車巡邏隊專抓年輕人不讓座

　　日本人禮節周到向來出名,但是現在日本人也感嘆世風日下,讓座似成消失美德。有橫濱民眾發起「微笑禮儀中隊」的組織,巡邏電車確保老弱婦孺都有位子坐。禮儀中隊的成員穿著鮮綠色制服,在各班列車巡邏,他們非官方組織,也沒有開罰的權力,只能採柔性勸導或教訓威嚇的方式,要年輕人懂點規矩。早稻田大學心理學教授家藤諦三認為,微笑禮儀中隊象徵「日本禮儀制度的崩壞,顯示出民眾對於基本禮節已經沒有自覺」。(2008年3月20日Upaper 台北捷運報)

　　看了上面的報導,不只是日本,在我們台灣又何嘗不是如此呢?在擁擠的公車或捷運車廂內,有些年輕人不是裝睡,就是將目光放在地上,或像是專心看書,就是不讓座給老弱婦孺。不過這兩年情況似乎頗有改善,大陸旅美作家就曾撰文提到搭乘台北捷運乘客井然有序,不僅讓博愛座空著,讓有需要的人上車可以有位子坐,甚至看到老弱婦孺上車,爭相讓座,他有感而發地讚賞台灣人的素質文明。

日本電車上的告示牌

車廂是個公共場所,講電話時千萬別當成自己家而高談闊論。

車廂是個公共場所,千萬別當成自己家,妨礙到他人,如果看到需要座位的老弱婦孺更應該讓座。

下雨天的濕雨傘,不要到處亂甩,現在很多捷運出入口都提供雨傘塑膠套可以自行取用。

請勿於捷運車廂內化妝。雖然這不是妨礙他人的事情,但畢竟這是公共場合,還是在家梳化好再出門。

搭乘大眾運輸如有攜帶大件行李時,千萬別影響到他人。

不可搶著進出車廂車門。

耳機聽音樂亦不能防礙他人。

資料來源:日本地鐵廣告。

實例研討 6-8　共擠紐約地鐵閘門　台灣女子銬進警局

　　2010年報載三名持台灣護照的女子到紐約觀光，在曼哈頓中城欲進入地鐵站時，一人因地鐵卡感應不良，就在另一名同伴刷卡時一起擠進，結果當場遭到便衣警察逮捕，警方以逃票及行為不檢等罪名送辦，該案交由法庭審理。

　　在紐約搭地鐵有很多規定，包括行車中不得跨越車廂，車廂內禁止吃東西，不可將隨身物品占據空位，不可坐在地鐵站的梯階上等。而當地鐵卡無法感應時，應當先通告地鐵站人員，若一時找不到人員，也不應直接進入，否則以逃票論處。

（2010年6月12日《中國時報》）

　　紐約的地鐵四通八達，如果沒有地鐵，真不知紐約的地面交通會成了什麼局面。紐約的地鐵是世界上歷史最悠久的地下運輸系統之一，1904年第一條地鐵啟用，到現在已超過一百多年了。大部分的地鐵站都在地下，只有較偏遠地區，地鐵站才會在陸地上出現。因此紐約的地鐵站入口都是在馬路人行道旁，一個ㄇ字型的綠色欄杆，在黑色標示牌上有站名及這站經過的地鐵路線，從樓梯走下去就是地鐵站，進入地鐵站後要注意曼哈頓的上城或下城，也就是UP TOWN或DOWN TOWN。和其他都市的大眾交通工具一樣，紐約地鐵也是以顏色區分，一共有二十六線，2010年7月，因為捷運局的虧損，關掉了使用率較少的M和V兩條線路，此路線與其他路線合併，多少對原使用者造成不便。地鐵線也分成快車（Express Service）和慢車（Local Service），快車只停大站，慢車每站皆停，而且有些線常因假日或夜間停駛，或只開到某一站，此時一定要注意站上貼的臨時小告示，當

紐約地鐵入口

然列車駕駛也會在車上廣播，可是一般外國人士很難完全聽懂，還是注意文字的告示來得安心。

　　紐約舊地鐵站很像早期台灣燒煤的火車站，不但沒電扶梯，也沒有電梯，地鐵站內黑黑舊舊，夏天更是悶熱到不行。當然，新的地鐵站建築漂亮，冷氣、指標、電扶梯、電梯一應俱全，雖然是百年的老地鐵，捷運局還是在不斷改進，幾年前老線路車廂沒有電子看板顯示列車到站資訊，現在已經可以在每節車廂看到，讓旅客方便不少。

老舊的紐約地鐵車站

五、搭乘飛機

　　搭乘飛機可以節省花費在路途的時間，到國外出差或是旅遊，都要搭乘飛機，飛機航班時間固定，載客量也有一定限制，所以事先要安排妥當，有些基本的搭乘禮節應該知道：

(一)購票訂位

1.購票與訂位不同，只做了一項並不一定上得了飛機。航空公司於班機起飛前二日，通常會清艙查核搭乘之旅客，因此乘客應勿忘主動用電話或網路確認機位。現在有些航空公司為服務旅客，航程較短、班次較多的航線，已有可免再確認（reconfirm）之服務了。

2.在2001年美國911事件之前，搭乘國際班機，旅客於起飛前二小時抵機場辦理報到劃位手續即可，自911事件以後，大部分的國家機場都規定旅客應於起飛前三小時抵達機場辦理報到手續。如果起飛前二十四小時至三小

出境檢查以維飛航安全

時用網路辦理報到（check in），應將報到確認單印出，帶至機場報到櫃檯辦理行李托運手續，可以節省時間。辦好check in手續後，到移民署關口（emigration）通過安全檢查及通關手續，安檢是飛安最重要的工作，因此各國都非常嚴格的檢查，以維護飛機的安全。

3.若有特殊飲食要求，如素食、不吃海鮮、不吃紅肉，或有其他身體及宗教因素考量等，應於確認機位時事先交待。機上飲酒要適量，餐具也不可任意帶走。

4.機艙等級：國際航線的飛機設有頭等艙、商務艙和經濟艙，頭等艙、商務艙座位較寬，可半躺下休息，供應的餐點會以西餐飯前酒、前菜、主菜、點心、飲料等之順序上菜，飲料及酒類均免費，並且在登機前可憑邀請卡使用貴賓候機室（VIP Room）休息，VIP室內有飲料、點心、書報、雜誌及電腦可以使用。經濟艙則只在機上供應餐點及正餐中之小酌酒類，其餘皆要另外付費。不同艙等上下飛機的順序亦不相同，大型飛機，頭等艙和商務艙旅客由不同的入口最後上飛機，下機時則最先下機。不同艙等不得任意換位，同等艙位如要換位，也要等飛機起飛後，繫安全帶指示燈熄滅後，方可為之。有些國外之國內線飛機不提供免費餐食，旅客若需要可付費購買餐食及飲料。

機場VIP室備有飲料、點心等供貴賓享用

頭等艙／商務艙與經濟艙分別由不同入口進入機艙

(二)行李

1.行李之重量、大小、件數視不同的國家有不同之限制，一般經濟艙每人不得
　超過20公斤，手提行李亦只限一件手提箱或手提包，重量不得逾7公斤。過
　去美國的國際航線可攜帶兩件行李，每件不得超過32公斤（70磅）。2008
　年4月15日起，華航、長榮北美線行李重量調降為23公斤。其他國外航空公
　司甚至規定國際線只能帶一件行李，而美國國內線航機則一件行李要收費
　二十五美元。行李大小規格也有一定的規範，旅客搭機要事先注意，否則要

付超重費，或是在機場打開行李重新裝箱，都是很麻煩的事情。

2.國際旅行入關要做申報，違反規定處罰嚴重。寵物不得私自攜帶，必須裝籠交付空運並辦理檢疫手續。

3.行李中嚴禁火藥及違禁品，如打火機、噴霧膠水等易燃物品，手提行李中亦不得帶武器、刀、剪刀等危險物品。自從2001年美國遭到恐怖組織攻擊的911事件爆發以來，恐怖組織的活動更加頻繁，各國機場對於搭飛機的旅客登機檢查更為嚴格。乘客禁止隨身攜帶上機的危險物品包括：

(1)易燃品：汽油、噴漆。

(2)高壓縮罐：殺蟲劑、潤滑劑、瓦斯罐、氧氣罐。

(3)腐蝕性物質：硫酸、鹽酸、水銀、氟化物。

(4)磁性物質：永久磁鐵、產生高磁場物質。

(5)火藥：TNT、引信、雷管、鞭炮、煙火等。

(6)強氧化劑：漂白粉（水、劑）、工業用雙氧水。

(7)放射性物質：鈾235、鈷60、氙等具游離輻射能量物質、核種。

(8)小型手提箱：具防盜鈴裝置公事包或電壓超過2伏特鋰電池。

(9)其他：刀（剪刀、指甲刀）、劍棍棒類、弓箭、防身噴霧器、電擊棒等具攻擊物品。

搭機時，液體飲料不能登機

禁止攜帶及託運上機之危險物品

（請勿於隨身或託運行李攜帶任何禁止及託運上機之危險物品，以免受罰）

爆炸性物品:爆竹	氣體：瓦斯罐	易燃液體：汽油、酒精

易燃之固體：火柴	氧化物：漂白劑	毒性物質：殺蟲劑

放射性物質	腐蝕性物質：鹽酸	強力磁鐵、未經絕緣保護之備用鋰電池

禁止攜帶但可託運之上機之物品

（如有任何刀類、利器等可作為攻擊性之物品，必需辦理行李託運交寄載運）

水果刀 、 剪刀	魚竿	瑞士刀	工具類	金屬餐刀叉子

機場的行李轉盤拿取行李

4.抵達目的地下機後，通過當地移民局關口檢查證照，發給入境許可，再至提取行李處找到班機行李轉盤，提取自己的行李，憑著貼在機票存根上的行李票出機場。

(三)飛機上的禮儀

1.登機時，務必迅速找到自己的座位坐定，扣好安全帶，不要占住走道，妨礙他人。

2.手提行李應放置於置物箱或座位下。下機拿取時要小心，不要掉落傷人。

3.隨身大衣可請空服員掛於後艙，或摺好置於座位上方之櫃子中。

4.在機上使用廁所或更衣室，要依序排隊並且不要久占，通常門上會標示有人（occupied）、無人（vacant），不要忘了要將門扣關好，使用完畢應清理維持清潔。

5.廁所內供乘客使用之香水、肥皂、衛生紙、面紙等機上供應品，不可帶走。但是座位前方椅背的袋子裡的清潔袋、免費旅遊雜誌，需要時可以帶走。菜單、機上說明書、書報架供閱讀的雜誌、報紙則不可帶走。

6.我國航空公司國內、國際線飛機均禁菸，國外航空公司的長程飛機上有時則分吸菸區和禁菸區，乘客應遵守其規定。

7.遵守機上安全規定，注意並配合指示燈做好要求事項。飛行中，警示號燈亮

起不得行走。

8.空服員的廣播,乘客應仔細聽,並予以配合。購買免稅商品時,不要影響空服員的正常作業。要空服員服務可按座位旁之呼叫鈕,不要大呼小叫或是直接碰觸空服員之身體,這些都是很不禮貌的行為。

9.機艙中之座位窄小,勿侵犯及妨礙他人,且勿高聲談話、玩鬧。攜帶孩童不要任其在機上嬉戲喧鬧,不僅危險也擾人安寧。用餐時要將椅背豎直,以免影響後座旅客用餐。不想用餐可提早告知空服員。

10.注意安全規則,且遵守公共道德。手機及其他無線電通訊工具、電子用品等會干擾飛行訊號,機上禁止使用。

11.搭長程飛機,穿著應輕鬆,可帶一件外套禦寒。尤其應穿著輕便舒適的鞋子,以免因久坐而引起腳部腫脹不適。如機上提供拖鞋可換上,讓腳舒服一些。機上也有枕頭、毛毯供旅客休息用。

12.上飛機,可依櫃檯廣播及螢幕顯示,依序登機,通常順序為頭等艙、商務艙、帶幼童及行動不便者,再次為經濟艙後排座位者,中段座位者,前段座位者。下機時則依座位前後順序魚貫下機。

13.飛機座位窗邊大,走道次之,中間最小。長途飛行可選走道座位以方便進出。

遵守機上禁止使用手機及其他無線電通訊工具、電子用品等之規定,以免影響飛航安全

實例研討
6-9

搭機准用手機，耳根不再清靜

2005年10月17日的《聯合報》轉載《紐約時報》一篇文章〈搭機准用手機，耳根不再清靜〉（Allowing Cellphones on Planes May End Disconnected Bliss）。美國民航局正重新評估禁止在空中打電話之規定，並開始研究開放的可能性。部分國際航空公司也逐步在飛機內引進上網服務。葡萄牙航空、英倫航空2006年在歐洲內陸航班提供大哥大服務。

2006年12月22日《中國時報》新聞，阿拉伯聯合大公國國營航空公司宣布，自2007年1月開始開放飛機上使用大哥大。澳洲航空公司也打算從2007年開始研究機上使用手機和PDA的技術。

雖然民航機上早就可以使用座椅背後的電話裝置打電話，但是通話費昂貴，除非必要旅客不會使用。事實上許多公務繁忙人士，常把搭機時間當作最好的休息安靜時間，因為終於可以有一個不受電子器材干擾的淨土，一個可以讓同事或老闆暫時不會干擾的空間。但是除非在航機上使用手機真的會影響飛航安全，否則在飛機上使用行動電話，可能已是不能避免的趨勢。

14.搭乘飛機需轉機才能抵達目的地時，在轉機機場注意電視螢幕之指示，或是依據工作人員指示抵達轉機登機門登機。

六、搭乘輪船

船舶是水運中非常重要的交通工具，不僅載人運貨，也是受歡迎的旅遊方式之一，不論搭乘何種船舶，搭船首要注意安全。船舶有小渡輪、可載人車之大渡輪、客貨輪、專門旅遊之郵輪等，搭乘豪華郵輪注意事項如下：

1.郵輪就如一家活動的豪華觀光飯店，因此在船上住宿生活的各項禮節與下榻觀光旅館相似。

可搭載二千位旅客之大型郵輪

2.船艙分幾種等級,位置愈高、視野愈好的等級也愈高,不要隨便逾越。

3.船上娛樂設施完備、活動安排豐富、餐飲多樣,旅客可以盡情利用享受,也可在甲板上或餐廳隨意與人交談,做些社交活動。

4.進入船上正式餐廳用餐,必須衣著整齊。

5.倘與船上官員同桌進餐,則船上官員即形同主人,必須候其到達坐定,始能點菜進餐。

6.除非應船長之邀請,否則不能任意坐在船長的餐桌用餐。

7.遇船長之歡迎正式宴會時,則必須穿禮服。因此搭乘豪華郵輪,男士應備西裝或小晚禮服,女士需備晚禮服以免屆時衣著失禮。

8.過去郵輪啟航首日及返航前日,通常皆允許旅客著便服用餐,因剛到顧及行李未打開,或要離開行李業已裝箱之故。現今旅遊為休閒活動,除非大宴會廳之正式餐會,否則服裝沒有嚴格規定。

9.對船上的服務生,如客房清潔工、餐廳侍者、調酒員等,需賞小費。

10.船上公共場所多,要注意安全及公共用具的清潔衛生。

 ## 第四節　公共場所的禮儀

公共場所範圍很廣，本節僅就與「行」相關的洗手間及公共地點的禮節分述如下：

一、洗手間的禮節

出門在外大概都需要用到公共的廁所，各國人民廁所使用不同，歐美人大多將衛生紙直接丟入馬桶沖掉，女性衛生用品則可丟入旁邊設置的小型密閉式垃圾桶；我們的習慣是將衛生紙和衛生用品都直接丟入垃圾桶，因此常使得女性廁所的垃圾桶形成恐怖的景象。如何宣導及教育民眾廁所的禮節、改善垃圾桶的密閉型式，是提升生活態度刻不容緩的課題。

城市公共廁所環境的清潔度是城市文明的指標之一，公廁又濕又髒，坐式馬桶座墊上留著腳踩的腳印，衛生紙亂丟，浪費大把衛生紙及擦手紙張，民眾上完廁所不洗手，或是將洗手台弄得到處都是水，雖然現在大多公廁都有專人隨時做清潔工作，但是若是使用者能像在家中使用廁所多注意一下，不僅減少工作人員的辛勞，也可表現國民的禮儀修養，城市的文明。

日本、台灣及中國大陸，公廁大多為蹲式，可以避免接觸馬桶座墊，可是年長者蹲下去會站不起來，或是頭昏無力，應該要使用坐式馬桶較為安全。此外歐美人士也

紐約市中心布萊恩公園的公廁，是紐約市被評比為第一名的公廁

不習慣使用蹲式廁所，所以公廁都會設計坐及蹲兩種形式，以方便使用者的選擇。

國外旅遊地區的公廁或活動廁所，常設有使用一次就轉一圈的座墊塑膠膜，不但有消毒液消毒，也可以讓使用者用新的座墊塑膠膜。當然現在許多公廁也置有墊在座墊上的紙墊，也是一個方便的做法。但最重要的還是國民使用廁所的衛生清潔習慣，才能真正提升國民禮儀的水準。以下就使用者應該遵守的禮節列舉如下：

(一)排隊

上洗手間應按規矩排隊，養成排一直線的習慣。遇有需付費洗手間應按規定付費，不要投機取巧，一人付費而多人進入使用。有些地方洗手間有專人為客人提供一些送衛生紙、毛巾等服務，可在洗手台旁之小碟上隨意放點小費，以示感謝。

(二)勿論隱私

廁所也算是一個公共場所，上廁所是一件隱私的事情，所以不要與友人隔室聊天，也應該避免在裡面談論他人是非及公務。

(三)維護清潔

總部設於新加坡的世界廁所組織（WTO），呼籲全球人類改進使用公共廁所的禮儀，包括廁後洗手、沖洗廁所要節約用水、不要忘記廁後沖水、使用廁所後要擦乾淨廁位、節省用衛生紙和擦手紙等，希望各國的公廁更能清潔宜人。

(四)廁所文化

如果稍加注意會覺得每個地方廁所的設計及設備都有其特色，它可代表一個國家的文化，或一個場所的水準，同時也能看出民眾的生活習慣和教養。

◆名稱

廁所的名稱有許多表示方式，常用的有以下數種：

1.盥洗室、廁所、洗手間是最通用的名稱。
2.rest room：這是最常看到的廁所名稱，我們可翻譯為化妝室，飯店、機場、公共場所幾乎都用rest room這個英文字。rest room原本除了廁所之外還有化妝台，講究的還放有沙發可供休息之用。

3.wash room：原則上這不是廁所的名稱，只能說是洗手的地方。

4.toilet：這指可供方便之用的廁所。

5.WC：全名為water closet，指洗手的櫃子，過去國人習慣以WC稱廁所，近年來不論國內外已很少被使用。

6.lavatory：盥洗室、洗手間，飛機上常用這名稱。

◆洗手間的標示

1.字型：男／女；Men／Women；Gentlemen／Ladies；He／She；Cow Boy／Cow Girl。

2.圖形：男士／女士人頭；禮帽（手杖）／高跟鞋；鬥牛士／吉普賽女郎；菸斗／女用皮包；古裝男士／古裝仕女；老漁翁／美人魚。

二、公共場所的禮節

2006年1月出版的《讀者文摘》登出了一篇文章，標題是「兩岸三地人士最討厭什麼？」，發現台灣、香港和中國大陸的受訪者最討厭的項目竟然大致相同，也許是因為同為華人，因此價值觀比較接近之原因。現在摘錄項目及最討厭的百分比如表6-1所示。

表6-1　兩岸三地人士最討厭事項之比較

項目	台灣（%）	香港（%）	中國大陸（%）
隨地亂丟垃圾	82.4	78.4	85.3
不守交通規則的司機	86.3	80.5	81.3
街上或公園內的狗糞便	84.5	81.1	79.6
隨地吐痰	90.7	94.5	90.8
插隊	90.2	88.8	84.1
在公眾場所吸菸	71.8	74.3	68.9
粗言穢語的人	78.6	66.4	86.8
不講究個人衛生	85.5	83.6	81.6
商店或餐廳的惡劣服務	88.7	86.8	91.5
電話推銷	58.3	73.6	60.2

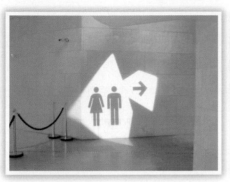

各種男 / 女廁所之標示

　　十項題目中，可以說九項都與禮儀修養有關，只有電話推銷與禮儀關係較不密切。而兩岸三地「極度討厭」的項目為「隨地吐痰」、「插隊」、「商店或餐廳的惡劣服務」三項。由此可看出作為一個現代國家應該要有現代國民的修養，教育國民對於禮儀的認知，要求切身實行養成生活習慣，唯有禮儀道德觀念深植全體國民的心中，才能改善社會風氣，提升國家形象。

實例研討 6-10　讓座

★徵求一個博愛座

　　2004年4月8日《聯合報》上的讀者投書，題目就叫做「徵求一個博愛座」，作者清早搭車沿途不少中學生、小學生及一般民眾上下車，但是車子總是保持著飽和狀態。中途到了一個小站，上來了一位白髮蒼蒼、蹣跚臃腫的老先生，接著就聽到了司機口中迸出了一句擲地有聲、令人動容的話語：「徵求一個博愛座！」，這時坐在博愛座上的年輕人想必如坐針氈趕快讓座吧！這位司機的作為真是令人敬佩。

★讓座趣聞

　　一位懷孕的女士搭乘捷運上下班，同站上車的小姐發現一個空位，特別用包包占著位子，然後排除萬難過來叫她過去坐，真是溫暖呀！

　　又有一次站在熟睡的阿兵哥的旁邊，居然有一位小姐走過來拍了阿兵哥一下，指著她說「讓座給她吧！」隨即離開了，留下一個尷尬的場景。

　　還有一次在公車上，碰到了行俠仗義之女士，對著坐在博愛座上身強體壯的男子說：「先生，你不識字嗎？這是博愛座，該讓這位女士坐了吧！」這男士緩緩起身還對這婦人白了一眼，要是說話的是位男士，說不定後續還要打上一架呢！

　　學生還是很有讓座的觀念，一次在滿座的公車上，學生之間推來擠去不好意思讓座，這時一位可愛的同學說話了：「她肚子裡可是國家未來的棟樑，所以我要讓座給她。」惹得車上一陣大笑。（2001年3月9日《自由時報》）

請讓座給老弱婦孺及行動不便者

★年輕人

假日非常擁擠的火車，一位年輕的媽媽帶著一雙年幼的兒女，小女兒因為車內又擠又沒位子，吵著瘦小的媽媽抱，媽媽吃力地硬撐著，也不見有人讓位給她們。好不容易過了幾站後，附近空出了兩個座位，一位女士示意這位媽媽趕快帶小孩過去就座，沒想到說時遲那時快，幾個年輕人迅速地將位子坐了去，那位可憐的媽媽只好無奈地看著想幫她找座位的好心的女士。（2001年3月13日《聯合報》）

其實現在很多的老弱婦孺都知道「讓座」的美德愈來愈淡薄了，所以萬不得已，都不會選在交通繁忙時段搭乘大眾交通運輸工具，否則自己受罪，好像還造成了他人之不便！曾幾何時，道德的淪喪到如此地步，是教育出了問題嗎？

不過自從開放大陸人士來台觀光旅遊以後，許多大陸遊客常在媒體發表文字，稱讚台北捷運的讓座美德，我們國人的禮貌又提升了一大步。

實例研討 6-11　　沒禮貌，罰紐約客變乖乖

　　據《紐約時報》新聞，紐約人沒禮貌，外隊來紐約比賽棒球，觀眾向場內丟東西，遊行時向市長開汽水，搭乘地鐵不讓座給孕婦，插隊面無愧色。

　　有鑑於紐約人的粗魯無禮、惡形惡狀，紐約市政府特頒行規範市民行為的法律，輔以重罰，使紐約成為立法規範「禮節」的模範城市，獲得各方高度肯定。

　　新法規範範圍甚廣，如搭地鐵時將兩腳放在座椅上，處五十美元之罰鍰；在戲院、音樂會、百老匯表演場地講手機，處五十美元罰款；公寓住戶必須負責清理牆壁上的塗鴉等。紐約市的犯罪率已經大幅降低，其他大城市紛紛向紐約取經，無形中紐約成為全美的標竿。前白宮公共關係秘書就說：「大多數人似乎忽略了常識及日常禮節，當局有必要立法加以規範，如果紐約帶頭做起，其他城市必定大受激勵。」（2006年4月17日《聯合報》）

　　新加坡在獨立以後，李光耀總理強力推行民眾的公共道德運動，所採用的重罰政策，使新加坡在很短的時間內成為著名的觀光花園城市及國際會議都市，可見要提升民眾的禮儀水準，適當的罰則還是有其功效的。

實例研討 6-12　　排隊文化

★廁所排隊

　　如廁反映了社會的秩序，也表現了文明與進步。旅行國外，女性朋友如廁排隊時，都入境隨俗的在廁所門口排成一行，哪一間使用者出來，排隊的人就依序進入使用，這不但是公平原則或是秩序問題，它還表現了一種人性的體貼，讓使用者因為某些因素需要較長時間如廁時，不必擔心排在你這間廁所門外等的人所給予的

壓力，「等門」或「被等門」都不是一種愉快的經驗。

　　國內使用廁所也會排隊，但大多是排在每間廁所前面，等待時常有一種不安的感覺，因為也許旁邊那間已經進去兩個人了，你這間還沒動靜，運氣怎麼這麼差呀！而且還會眼觀四方，看看是否有機會轉移目標到另一間也許可以快些，精神倍感壓力。不過近年來，也許國人出國旅遊見多識廣，許多公共場所的女廁也開始有排成一排的習慣，大家耐心等候，呈現安詳的氣氛。

　　不過這種如廁排隊習慣的養成，除了加強生活教育外，現場排隊的「領頭人」最為重要，只要「她」能開始站好位置，後面的人大概都知道怎麼一回事，乖乖排隊等候，偶爾也會有一兩個不知情者，只要輕聲提醒，也會馬上表示歉意的到後面排隊了。

★美式排隊文化

　　排隊不僅是禮貌，也是公平對待他人，尊重別人的權利，美國人的排隊文化無所不在，超市付帳、電影院購票、入場、速食店購餐、銀行郵局辦事，都見到長長的人龍，有時人多新開的櫃檯，也是按規矩服務隊伍下一位客人，大家耐心等候誰也沒有抱怨，因為按規矩來誰也沒話說。但是在台灣很多企業雖然移植了美式服務風格，但是新開櫃檯時，就看到隊伍一陣騷動，爭先湧到新開櫃檯，服務人員也裝作看不見，如果有消費者抱怨，就會引起紛爭，所以工作人員的訓練實在還有待加強。

★抽號碼排隊

　　說到排隊，台灣現在服務業實行一種非常人性化又公平的排隊制度，不論銀行、醫院、郵局、政府機構，舉凡需要排隊服務的地方，都設有抽號碼機，連夜市熱門攤位都有這種設備，「先來後到」大家都遵守這種秩序，而且抽了號碼之後，可以在等候區坐著等候，或是休息、看報、看書、上洗手間等，不必站在隊伍中痛苦等待，不敢離開片刻，真是排隊文化中最有效率的方式了。

★乘車排隊

　　法新社報導英國人抱怨就讀夏季語言學校的外籍學生不遵守排隊乘車的習慣，到站爭先恐後搶著上車，而英國人對不守秩序排隊者只有低聲抱怨，不會像有些國家會出現正義之士，大聲要插隊者排隊，太多的抱怨，使得公車公司要與語言學校合作提供排隊禮儀的教導。

　　國家的進步、社會的文明、國民的水準，反映在一般國民日常生活中呈現出來，這也要靠長期的教化，使民眾養成禮儀習慣，才能形成一個有秩序平和的社會。

★排隊保持距離

　　排隊時與前面的人保持適當距離，也不要好奇或熱心地探看別人的資料，甚至問東問西，侵犯別人的隱私。

　　許多需排隊的櫃檯，常要求下一位排隊者在一定距離黃線等待線之後，也就是這個道理吧！

公共場所遵守排隊文化

育的禮儀

7

第一節 「育」的範圍

「育」的範圍十分廣泛，日常生活的交友之道、應對進退、送往迎來、噓寒問暖、訪友探病，乃至送禮還禮、應酬酬酢、禮尚往來等，都是屬於育的範圍。

「育」的禮節涉及的範圍甚廣，介紹、拜訪、赴約、探病、送禮、交友、掛旗等都包含在內，有關「介紹」、「掛旗」、「排位」等將於另章敘述。

第二節 交友之道

人是群體生活的社群，除了親人、工作的同僚之外，關係最密切的就是朋友了，父母、子女是生下來就注定的，沒有選擇的權利；但是朋友是按自己意思交往的，因此能交到志同道合的朋友，又能適時給予規勸、相互增長見識是難能可貴的。

1. 「友直、友諒、友多聞」，孔老夫子的話語是禁得起時代的考驗，好的朋友，不僅增長自己的見識，也能規勸自己不當的作為，原諒自己的錯誤，所謂益友就是如此了。

2. 互益、誠實、不自私、具同情心、樂觀、忍讓、謙虛、正義、助人，不只是希望朋友有這些美德，自己也應如此對待朋友。

3. 「己所不欲，勿施於人」，說起來容易，但是要實行卻是很困難的，因為自私的心每個人多少都有，因此凡事要設身處地為對方設想，想一想是不是也希望朋友能真心對待自己呢！

4. 記住朋友的姓名、生日和他家人的情況，隨時致意問候或安慰。既然是朋友，一定要保持適當的關心，平時的往來聯絡是必要的。

5. 不要揭人隱諱、暴人之短，尊重他人。不一定是朋友之間，就是對一般人也不應揭人隱私，何況還是朋友呢？覺得某人缺點太多而不願與其為友，只要疏遠他、少接觸就好了。

6. 欣賞朋友的長處，讚美其優點。要想交到完全符合自己理想的朋友是不容易的，如果能從其長處、優點欣賞學習，彼此相處就容易多了。

7.多聽朋友的講話，少逞自己雄辯之才。「聽」是溝通最基本的原則，爭辯多
了，即使是朋友還是會傷感情的。

8.禮貌和笑容，是贏得友誼的利器。禮貌得到別人的尊重，笑容贏得人家的好
感，不妨多多運用。

9.批評要有分寸。雖說好朋友沒關係，但畢竟誰都不希望被人批評，適時、適
地、適量的點到為止，多說了不見得有用。

10.要能分辨是非曲直，要勇於認錯。明辨是非，自己有錯要承認，該改的要
改。

 ## 第三節　拜訪的禮節

親朋好友人際關係的維繫、工作的需要，彼此拜訪聯絡感情、溝通事務是有
其必要的。為了自己或公司的形象，注意禮儀是應有的認識，僅以一般拜訪及商務
拜訪說明如下：

一、一般拜訪

1.業務、朋友、就任、辭任等之拜訪，要注意先後、尊卑、長幼、男女之應對
進退之禮節。

2.事先預定拜訪時間，假日、清晨、夜晚、用膳時間皆不宜，否則不是打斷別
人工作、延誤原訂計畫，就是擾人休息或用餐，容易使人不快。

3.服裝儀容要適合拜訪的場合與對象，談話所需資料及內容要先預備妥當。

4.就座之位置、停留的時間要適宜。客廳中離門最遠、對著門的位置通常最
大，一般客人依主人安排就座。停留時間不要太長，半小時內是較適當的。

5.過去的禮儀習慣受拜訪者應該要親自回拜，但是隨著時代的變遷，「禮儀」
的要求漸漸簡化，而且通訊器材的進步，設備的普遍，受訪者可以用電話、
傳真（fax）、電子郵件（e-mail）或信函表示謝意，也不會被認為是失禮的
行為。

6.取消拜訪應及早通知。拜訪前一天最好再確認一下明天的約會，如果有重要
事故需改變約會應及早通知對方。

實例研討 7-1　臨時訪客

　　晚上十點半，玉琳正準備上床休息，忽然接到老闆電話，他們一車的人剛剛在餐廳用完晚飯，回程剛好會經過她家，要來喝茶，十分鐘後會到，弄得玉琳答應不是，不答應也不是。一身睡衣、一頭亂髮、一張素臉，這個樣子適合接待客人嗎？

　　拜訪他人事先應聯絡好，而且不要在別人用餐、休息、忙碌的時候去拜訪，何況晚上用完餐說不定喝了酒，一票人去別人家實在有些莽撞失禮，此時玉琳最好找個藉口，如有點頭痛正在休息等，表示不方便招待大家，明日再親自向大家致歉，相信對方會諒解的。

實例研討 7-2　到老師家作客

　　曾經在報紙上看到一篇文章描述，老師請學生到家中作客吃飯，忙了好久張羅吃的喝的，可是學生居然說喜歡吃披薩及麥當勞。到了老師家中也不稱呼家中長輩，甚至竊竊私語批評長相。老師家中臥室也不問一聲就進去品頭論足，完全沒有尊重別人隱私的觀念。吃完飯桌上留著滿桌的杯盤，客廳散著雜誌、CD。老師感慨是學校教育失敗還是家庭沒教好呢？

　　現在的孩子大都生活在優渥的環境中，學校教育也以升學為導向，學生根本難得接受到禮儀倫理的課程，家長看著孩子早出晚歸，辛苦唸書，在家中時間又少，如有不當行為、言語也不忍苛責，再者，社會公眾人物暴露在媒體的形象，亦不足成為孩子學習的表率，因而形成了孩子現在的模樣。這是誰的責任呢？

7.拜訪鄰居好友，應先行電話聯絡。朋友突然造訪固然令人驚喜，但是也可能別人家中正在清理或是正好有其他客人，臨時興起就貿然前往不免有些魯莽了。

8.即使自己家人帶朋友回家，也至少應在一小時前電話告知家人，以便有所準備。

9.除了工作需要，女士不適合單獨拜訪男士，避免不必要的誤會。

二、商務拜訪

1.個人形象塑造：要注意服裝、儀容之修飾。商務來往總是要給對方一個好印象，所以將自己裝扮得宜是很重要的，整齊清潔、適合當時場合的服裝打扮，是基本要求（有關「衣」的禮節請參考本書第四章〈衣的禮儀〉）。

2.蒐集對方資訊：公司資料，營運狀況，作業流程，主事者背景、職位、行事風格等等。不僅談事情時可以把握重點，也可以省去一些不必要的說明，節省雙方的時間。

3.時間安排：事先預約，出發前最好再確認一次，準時到達，選擇對方合適的時間拜訪，停留二十分鐘或視需要延長。

商務拜訪時先經櫃檯通報或登記，遞上名片告知來意

4. 檢查應該攜帶的物品、器材、文件：到了對方公司才發現少了東西，自己懊惱，人家也不高興。

5. 櫃檯通報：先經櫃檯通報或登記，遞上名片告知來意。

6. 等待時間：等候時勿亂逛、亂翻東西，如已等了十五分鐘以上，可找接待人員問一下情況。

7. 借用電話：需要借用電話時一定要先打聲招呼，並且不要在別人公司大聲用手機猛打電話。

8. 拜訪不遇：若要見之人不在，可留下名片及資料，預約下次拜訪時間。

9. 雜物放置：雨具、雜物應預先放好，最好能在正式見面前先到洗手間整理一下儀容。

10. 注意名片及資料遞送的禮節：原則上雙手齊胸遞上名片或資料，字要向著接受者。

11. 抽菸：不要抽菸，除非對方要抽，你可考慮作陪。

12. 告辭：告辭不要拖泥帶水，該帶的東西要記得拿，離去時不要忘了向櫃檯打聲招呼致謝。

雙手齊胸遞送名片

實例研討
7-3

商務旅行拜訪禮儀

1. 德國：德國人務實、重視時間觀念，準時最為重要，吃飯盤子裡留下食物被認為浪費，手插在口袋內與人交談是不敬的態度。

2. 法國：注重外表服飾，穿著適宜表示禮貌。

3. 英國：英國人注重傳統禮節，服裝儀容儀態在不同場合有不同的規範。喜歡有紀念性的禮物，送花避免百合花，有代表死亡之意思。

4. 俄羅斯：握手要脫下手套，其實在任何場合男士與人握手都應脫下手套。拜訪時致送小禮物，通常對方也會準備禮物回贈。

5. 阿拉伯回教國家：男性至上，少談論女性事宜。尊重一天祈禱五次教規。齋戒月白日不飲食，避免商務活動。左手被認為不潔，不用來吃東西、做手勢，拇指向上有冒犯之嫌。腳底對著他人是不禮貌的行為。酒、香水、豬肉及豬肉製品違背教義，不能當禮物致送。

6. 日本：注意送禮的禁忌，送花不送菊花，刀劍代表決裂。

7. 中國：中國人「6」意為「六六大順」，「8」音「發」是吉利的數字，「4」因為音同「死」，最不受歡迎。喜事送禮金都為雙數。黃白菊花不適合送人。

 ## 第四節　名片的使用

名片的使用機會很多，拜訪時、慶賀時、送禮時、引介時，或是做非正式邀請時，都常使用。現在分別舉例說明如下：

一、使用時機

(一)拜訪時

1.名片以右手齊胸高度遞上，左手應一起附上，字的方向應向著接受名片之人。

2.求見受訪者時，名片上書「敬懇延見」或「敬希延見」。

3.受訪人不在，可將留置之名片左上角內摺一角，表示親自來訪。受訪人與他人同住，應於名片上方寫上被訪人名字，以免弄錯。

(二)慶賀時

1.中式：右上角書對方姓名，自己名字下方寫敬賀。

2.西式：左上角書對方姓名，自己名字右下方寫敬賀。國際往來常用通用的法文縮寫字p.f.（pour felicitation）代表敬賀，使用時在名片左下角寫上p.f.或者可附上禮物一同致贈。

(三)引介時

1.介紹某人去拜見某人，附上自己的名片，寫上「茲介紹○○○前往拜訪，敬請延見」簡單幾字，加上簽名，由被介紹人攜往拜見。

2.西方介紹某人給別人時，可在自己名片左下角寫上法文縮寫字p.p.（pour presentation），然後將被介紹人名片附在後面送給對方。或是在自己名片上書「Introducing Mr.○○○」，並簽名交給被介紹人攜往拜見。

(四)其他

1.弔唁：名片上書「敬唁」或「敬表唁忱」。西式在名片左下角寫上法文小寫字母p.c.（pour condoleance）或英文with deepest sympathy。

2.致謝：名片上書「敬謝」。西式在名片左下角寫上法文縮寫字母p.r.（pour remerciement）。

3.辭行：名片上書「辭行」，或可加上有關語句數字。西式在名片左下角寫上

敬請笑納

法文縮寫字母p.p.c.（pour prendre conge）。

4.敬贈：在名片名字右下方寫上敬贈，也可在名片左邊空白處寫上「敬請笑納」、「敬請哂納」。西式通常不用縮寫字母，而是在名字上方寫上英文with the compliments of xxx或是寫上法文avec ses compliments。

5.祝福：如探病時，在名片上書「敬祝早日康復」，英文為Best wishes for your speedy recovery。

二、名片使用注意事項

名片使用時注意事項如下：

1.名片用在介紹時、拜訪時、送禮時或是一些社交場合使用，在一大群陌生人中、會議中或是吃飯中，送名片都是不妥的。

2.不可越過桌子將名片丟給對面的人，這是很粗魯的動作。

3.送名片時字體朝向收名片的人，眼光看著對方，右手拿著名片，左手附上，表示敬意。有些人名片遞給對方時，眼光已轉移至下一個目標，這是很沒誠意的。

4.接受他人名片時也要用雙手，眼睛注視名片並複誦對方名字，一方面表示慎重，另一方面加強自己的記憶力。接受了他人名片，不要馬上放入口袋，好像一點都不重視的樣子。

5.盡快記得名片上的名字和職稱，可以用關聯性的聯想力來幫助記憶，例如對

方的名字是「戚某某」就可以聯想到他是姓「戚繼光」的「戚」。

6.不要在上司、長輩之前先遞出自己的名片，顯得不懂禮貌。

 ## 第五節　探病的禮節

「生老病死」是人生都會經歷的過程，探訪生病的親朋好友、同事在所難免，但是不論赴醫院或是家中探視，都應遵守醫院規定及醫生的囑咐，不要造成醫院、病人、同房病患及家屬的困擾。以下為一些應遵守的探病禮儀：

1.探病時間：遵守醫院規定，應該避開休息時間，或是手術完、生產完最需要休養的時間。通常手術完後幾天最需要恢復體力，不要馬上去打擾，可致電其家人表示關心，等待三、四天後再去探望。

2.查明病房：事先問清楚病房號碼或是至醫院服務台查明病房。許多醫院規模很大，事先不弄清楚，手上又提了探病的物品，在偌大的建築物中東找西尋，浪費時間。

3.停留時間：以不超過十五分鐘為原則，以免影響病人休息。經常見到病房中訪客川流不息，使得病人身心俱疲，不能安心養病。

4.事先瞭解病情：應瞭解生病者的病情，不要失言刺激病患，甚至大談自己病史，惹人討厭。自己的情況和別人不盡相同，醫療的事留給醫生去做。

探病時應注意不影響病人休息

5. 不宜探病的情況：自己身體不適時不應探病，小孩儘量不帶去醫院探病。自己生病可能會傳染給別人，同時自己生病抵抗力弱，也許會感染了其他的疾病。小孩子年幼儘可能不帶去醫院，以免感染，常見醫院裡許多小朋友穿梭其間，國人這方面的觀念有待加強。

6. 談話慰問：探病時寒暄慰問切忌引起病人之傷感，應多鼓勵及安慰。不要談一些失敗的醫治案例，影響病人的治療信心。

7. 病房設備儀器：在病房輕聲交談，不要碰觸儀器或使用電子用品。有時在病房遇見熟人就在病房擺起龍門陣，不僅影響病人休息，也妨礙了其他病房的安寧。病房儀器都有設定，不可好奇觸碰，有問題應請護理人員處理。更不應該在病房旁若無人的打手機。

8. 同房病人：不要吵雜影響同房病人之安寧，對同房病人也不應該好奇問東問西，探人隱私，騷擾煩人。

9. 不要坐在病人床上，東西也不要放在病人床上：訪客坐在病床上說話動作，易使病床抖動而令病人不舒服。東西放在床上則會讓病人有壓迫感。

10. 病房坐的位置：不要走來走去或是隔著老遠講話，而使病人回話吃力，而且眼光要隨著說話人轉來轉去。

儘量不要帶小孩到醫院探病

11.穿著適當：不要過分裝扮，尤其不可擦濃郁的香水，以免刺激病人。走路
時會發出噪音的鞋子也最好少穿。

12.探病的人數：一次去太多人，一方面人多吵雜，一方面房間也可能容不
下。如同學同事人多同去，停留時間不可太久。

13.探病送禮：水果、滋養品、適當書籍雜誌、紅包等都是常送的禮品，送鮮
花應選擇不影響病人健康、不引起病人過敏為原則。補品、藥物應徵得醫
生同意。偏方密醫，涉及醫療行為的藥方醫術，不要隨便推薦給病人。有
些探病禁忌的禮品也要瞭解，如鳳梨產品台語是有「旺來」的意思，可是
探病就不能送了。

14.離去不說「再見」：中國人到醫院探病，離去時很忌諱說「再見」的。

15.遵守「醫護禮儀守則」：醫護人員診療、照顧病人，也應遵守醫護禮儀，
尊重病人隱私。

 ## 第六節　赴約的禮節

社交應酬在所難免，收到請柬邀約應注意的禮節如下：

1.必須守時：宜於約定時間到達，太早主人也許尚未準備妥當，太晚影響預定
的行程，自己等人時會著急、緊張、無奈，也同樣要想到別人的心情。

2.告辭時間要恰當：如有預定時間之約會如酒會、餐會等，應於時間結束時即
告辭，不要拖泥帶水，說了幾次「再見」還走不掉。

3.赴約人數：邀約對象是個人、攜眷或闔家，請帖必須寫清楚，赴約人數也如
請柬，多或少都會造成主人不便。不過如果是大型集會，如酒會、教堂觀
禮、園遊會等就不會有太大的影響。

4.取消赴約：倘因故不能參加，必須提早告知主人，失約是很失禮的行為。

5.準備禮物：赴約前，宜先查明約會之性質及應邀參加之人員，以便穿著合適
的服裝及準備適當的禮物。

6.服裝儀容：赴約時，應特別注意服裝儀容之要求，也就是衣的禮節最重要的
原則—「適當的場合穿合適的衣服」。

7.儘早回覆：有要求回覆之請柬，應儘早回覆。可以用來函準備的回帖或是傳
真、電子郵件、電話等回覆。

赴約時穿著合適的服裝,並準備適當的禮物

8.申謝:如自己係主賓,事後應向主人申謝,以示禮貌。

9.赴約時間:大型的約會有些應準時,如宴會、音樂會、歌劇等;有些可彈性抵達及離開,如酒會、茶會等可晚到二十分鐘,也可提早離開;如爲主賓應該準時赴約。

 ## 第七節　送往迎來

繁忙的工商社會,人們對於送往迎來已不是那麼重視,但是同事、同學、好友之間,還是有一份情誼,大都會有適當的行動表示。

1.對於自己的上司、長輩,或平輩但交情深厚者,可親自迎送。

2.對於地位比自己低之同事或親友,可派代表迎送。

3.由於國際機場離市區遠,一般人無論服務公職或在民間機關上班,乃至經營自己之事業,多無法輕易離開趕赴機場迎送。除非絕對必要,否則不妨用電話表示送行或歡迎之意。

4.被迎送之對象如係婦女個人,則男士宜攜女眷前往,如係貴賓,可攜花致送表示歡迎。

5.如係設宴送行或接風,則送行的場合應避免對方啓程的前一日,以免耽誤別

　　人整理行囊或過於勞累；如係接風，則不宜拖太久，讓賓客早些休息，調整時差，恢復疲勞。

6.如係同學、同事、朋友將負笈外國，與其大吃大喝餞行，不如酌送「程儀」，較為實惠。

7.送行的場合，不妨考慮贈送適用的、有紀念性、便於攜帶的紀念品。

8.元首出國訪問或是國賓來訪之迎送，應按國際外交禮儀辦理。

第八節　國際人士往來

　　不論是因私人理由或工作因素，常有與國際人士來往的機會，為了增進友誼，或是溝通方便，避免產生誤會，應有基本國際禮儀的認識，如果不甚瞭解，可多蒐集資料，多觀察學習，參加國際活動時可仿效別人行為作為參考。

1.瞭解客人的宗教習俗與禁忌：例如中國人不能將筷子插在飯碗的飯上；在印度，進入廟宇或住宅要脫鞋，要用右手拿食物或敬茶，不用牛皮製品；泰國人不能用手去觸摸別人頭部，不能將鞋底對著別人；西洋人忌諱13這個數字則是大家都知道的。

2.使用共同語言：有外賓場合宜使用共同語言，如要使用自己的語言，也要向外賓致歉，講完最好簡單向其解釋說明。

3.談話內容：不要說些攻訐本國政府的言論或不宜外洩之機密，或是發表對該國不當的批評及言論。

4.形象風度：注意自己的儀態，說話遣詞用字文雅，速度不要太快，以免對方聽得吃力或是產生誤解。

5.尊重隱私：不談及隱私，不揭人之短，不炫己之長。

6.禮貌：注意要有禮貌，不專橫，多注意及聆聽人家的談話。

7.貴賓或特定人士：如外國人係貴賓或特定人士，則應事先瞭解其身分，準備會談之資料內容，裨利交談。

8.自尊自信：不卑不亢，自尊自愛，尊重而後自重。

 第九節　餽贈禮儀

　　自古以來人們就用「贈禮」來表示祝賀、友誼、感謝、慰問、愛情等意思，國賓、政府官員互訪會以相互贈禮表示友好關係，民間國際場合也會彼此互贈禮物，一般民眾日常生活中也少不了「禮尚往來」的行為。

　　送禮的禮品可以反映一個國家文化、工業、技術的發展，也可以表現當地的風俗習慣，以及送禮人與收禮人之間的友誼程度，當然在現實生活中難免有一些藉著收受禮品來進行敲詐、勒索、賄賂等不法行為，這是對贈禮的不當運用，應該要避免這種行為。

一、送禮原則

1. 受禮對象：應瞭解受禮人的嗜好和實際需要，受禮人的習慣、宗教信仰、國情。送打火機給不抽菸的人，送牛皮製品給印度人，都是很不切實際的。
2. 禮品的分量：應與送禮的對象、場合和自己的身分、能力相匹配。過於貴重的禮品對方難以接受，甚至引起誤會，太輕薄顯得寒酸，贈送禮品必須具有意義和實用。

送禮時機及禮品種類與價值要合宜

3.送禮時機：送禮要把握時效，過早易忘，過遲失禮。大部分送禮都是事前或當時，很少情形是事後送的。尤其喪事是不可以補送的，喜事則可以事後補送。

4.禮尚往來：回禮可視不同情況，有的需要即時還禮，大部分的情形不一定是馬上回，可以先以電話、信函、卡片或當面致謝，有適當時機再行回禮較為自然。回禮最好配合所收禮品的分量適度回禮。收到實用的禮品，有機會可在和對方見面時配戴，送禮者一定會非常高興的。

二、送禮注意事項

1.送金錢、支票的場合要慎重：雖然金錢可能最為實用，但是對象及場合亦要考量。送現金紙鈔要新，並且用信封裝好，上書祝賀或其他適當詞句，左下方簽下自己姓名送出。

2.禮品包裝：禮品必須加以美化包裝，在包裝前應注意撕去價錢標籤。包裝前不要忘了檢查禮品有無破損或瑕疵。

3.具名送禮：除自己親自面遞的禮品外，託人轉交的禮品應貼上自己的名片，或寫上自己的姓名，有時收到太多禮品，受禮人不知送禮人是誰，徒增困擾。

4.送花場合：必須弄清花籃與花圈在意義上的區別。喜事、喪事絕不能弄錯，各種花種及顏色所代表的意義也最好瞭解清楚（表7-1至表7-4）。

送花時須注意場合與時機，最好能瞭解各種花所代表的意義

表7-1　贈花禮儀

事由／對象	注意事項
誌慶	賀開幕或喬遷宜選用鮮花或觀葉植物，鮮花可美化環境、增加氣氛，觀葉植物可於會後用來美化環境、淨化室內空氣；如劍蘭、玫瑰、盆栽、盆景等，表示隆重之意。
結婚	成家乃人生三大事之一，這樣喜氣洋洋的日子，當然就要送色彩鮮豔亮麗、浪漫有情調的花卉最適合；例如表愛意的玫瑰、代表新婚的火鶴以及象徵百年好合的百合等等，可增進浪漫氣氛，表示甜蜜。
生產	看著兒女呱呱落地，最高興的就是父母了。母親從懷孕到生產的辛苦，尤其令人佩服，所以在送花時最好挑選色澤高貴及香味淡雅者較佳，例如：代表母愛的康乃馨、表示偉大的海芋等。以送色澤淡雅而富清香的花種（不可濃香）為宜，表示溫暖、清新、偉大。
生日	對於每一個人而言，生日是一個非常重要的日子，送誕生花最為貼切。另外玫瑰、雛菊、蘭花也適宜，表示永遠的祝福。
探病	探病送花宜選用顏色淡雅、香味較淡的花，以粉色系及橙色系者較佳。例如：象徵活力泉源的向日葵、表示偉大的海芋等等，劍蘭、玫瑰、蘭花亦皆宜，祝福病人能早日康復。若是百合類的花宜事先將花粉摘除，以免花粉散落，引起病人過敏或不良反應。 送花給長期臥病的病人，不宜送盆景（耐久），避免讓人誤會您不希望他早日康復。
喪事	弔唁喪禮，適合用白玫瑰、白蓮花或素花等，象徵惋惜懷念之情。
情人節	情人節不需要送貴重的禮物，只要一束示愛的玫瑰花、鬱金香或香水百合，便能使你倆感情盡在不言中。
母親節	母親節除了康乃馨以外，玫瑰、百合亦是不錯的選擇。
長輩	送花給個性保守的長輩要避免選用黃色或白色的花，尤其整束都是白色或黃色的花。
上司	下屬送花給上司，不論異性或同性，勿亂送玫瑰花，以避免上司誤會你對他有愛意，反而不自在。
朋友	平日多觀察您的朋友最喜歡什麼花和什麼顏色的花，最討厭什麼花和什麼顏色的花，如此方能投其所好、避其所惡。
男性	送花給男性，不宜送康乃馨，因易引起誤會是指他「婆婆媽媽」或「娘娘腔」。

表7-2　星座花語

牡羊座（03/21-04/20）	星辰花、雛菊、滿天星（熱心、耐心）
金牛座（04/21-05/21）	黃玫瑰、康乃馨、金慧星（溫柔、踏實）
雙子座（05/22-06/21）	紫玫瑰、卡斯比亞、羊齒蕨（神秘、魅力）
巨蟹座（06/22-07/22）	百合、夜來香（感性、柔和）
獅子座（07/23-08/22）	粉玫瑰、向日葵、禪菊、熊草（高貴、不凡）
處女座（08/23-09/23）	波斯菊、黃鈴蘭、白石斛蘭（脫俗、潔淨）
天秤座（09/24-10/23）	非洲菊、火鶴花、海芋（自由、爽朗）
天蠍座（10/24-11/22）	嘉德利亞蘭、紅竹、文竹（熱情、非凡）
射手座（11/23-12/21）	瑪格麗特、素心蘭（活潑、開朗）
魔羯座（12/22-01/20）	紫色鬱金香、紫丁香（堅強、積極）
水瓶座（01/21-02/19）	蝴蝶蘭、蕾絲花（智慧、理性）
雙魚座（02/20-03/20）	愛麗絲、香水百合（浪漫、開放）

表7-3　各種花語

罌粟花	多謝	白山茶	真情	蓮花	默戀
羽扇豆	空想	白頭翁	淡薄	太陽花	神秘
紅玫瑰	相愛	百合	百年好合	姬百合	快樂、榮譽
鬱金香	愛之寓言	康乃馨	親情、思念	向日葵	愛慕、崇拜
紫羅蘭	永恆之美	夜來香	危險快樂	風信子	競賽、恆心
雞冠花	愛美矯情	海芋	宏偉的美	天堂鳥	為愛打扮
紫丁香	羞怯	金盞花	離別、迷戀	翠菊	擔心
愛麗絲	穩重	波斯菊	永遠快樂	菊花	真愛、高潔
石斛蘭	任性美人	萬壽菊	吉祥	非洲菊	神秘、崇高之美
大理花	感謝	石竹	純潔的愛	蝴蝶蘭	幸福漸近
文心蘭	隱藏的愛	劍蘭	用心、堅固	小蒼蘭	純真、無邪
金針花	歡樂、忘憂	火鶴花	新婚、熱情	牽牛花	愛情永固
桔梗	不變的愛	水仙	高節自信、尊敬	飛燕草	關愛
滿天星	喜悅、愛憐	瑪格麗特	情人的愛	金魚草	好管閒事
孤挺花	喋喋不休	蕾絲花	惹人愛憐	星辰花	勿忘我

表7-4　結婚週年紀念名稱

結婚一週年	紙婚	Paper Wedding
結婚二週年	布婚、棉布婚	Calico Wedding; Cotton Wedding
結婚三週年	羊布婚、皮婚	Muslin Wedding; Leather Wedding
結婚四週年	絲婚	Silk Wedding
結婚五週年	木婚	Wood Wedding
結婚六週年	鐵婚	Iron Wedding
結婚七週年	銅婚、毛婚	Copper Wedding; Woolen Wedding
結婚八週年	電器婚	Electric Appliance Wedding
結婚九週年	陶器婚	Pottery Wedding
結婚十週年	錫婚	Tin Wedding
結婚十一週年	鋼婚	Steel Wedding
結婚十二週年	麻婚	Linen Wedding
結婚十三週年	花邊婚	Lace Wedding
結婚十四週年	象牙婚	Ivory Wedding
結婚十五週年	水晶婚	Crystal Wedding
結婚二十週年	瓷婚	China Wedding
結婚二十五週年	銀婚	Silver Wedding
結婚三十週年	珍珠婚	Pearl Wedding
結婚三十五週年	珊瑚婚、碧玉婚	Coral Wedding; Jade Wedding
結婚四十週年	紅寶石婚	Ruby Wedding
結婚四十五週年	藍寶石婚	Sapphire Wedding
結婚五十週年	金婚	Golden Wedding
結婚五十五週年	翠玉婚	Emerald Wedding
結婚六十週年	鑽石婚	Diamond Wedding

5.食物類禮品：如探病送水果或食品，要注意其保存期限及是否新鮮，而且要問清楚病人是否能夠食用，或醫生是否允許病人食用，否則將徒負自己的心意。

6.禁忌：各國各地的禁忌需注意，可問熟悉當地國情的同事、當地使領館、親朋好友、該國商人或向其幕僚打聽，甚至上網查詢。例如中國人不送扇子、傘，因與「散」同音，不送鐘，因與「送終」同音；拉丁美洲人不送手帕，代表眼淚；不送刀劍，代表破裂；日本人探病不送有根的盆花，那意味著病生根了不易痊癒。

7.非物質的禮物：有時對某些對象最好的禮物不是物質的形式，而是真心的讚美，充滿誠意的問候、電話、短簡或是適時提供必須的幫助，也是會讓受禮人感動的。

三、禮品種類與性質

(一)禮品種類

1.具有代表本國文化的物品：如土產、食品、地區風格產品。不過對外國受禮人應考慮是否能接受食物的禮品或是能否帶進其國家，同時還要注意禮品保存期限。

2.能代表本國工業或技術進步形象的產品：如電子產品、著名品牌產品等。

3.具有紀念性的產品：如紀念牌、特別製作的字畫、印章等。

4.具實用性的禮品：如自己公司產品、日用品等。

5.具食用性的禮品：如代表當地風味的食品，最好送本國人士，而且注意有效期限。

6.具榮譽性的禮品：如紀念旗、紀念球、紀念牌、紀念章等。

7.代表團體的紀念品：如錦旗、匾額等，送這類禮品因可供展示，較有意義。

贈送食用性的禮品須注意有效期限

8.金錢：包括現金、禮券、支票等，致送的對象和性質要恰當。

9.花類：鮮花、盆景、插花、人造花等。

(二)禮品性質

1.推廣用禮品：英文稱為advertising specialty、promotional product，多在公務時贈送有關人士使用。禮品上都有機構名稱、地址、電話、網址等機構資訊，有廣告宣傳之效，亦稱為公關用品。

2.活動用禮品：英文稱為giveaway，用在開幕特賣會、展覽會、發表會等活動時，贈送來賓的紀念品。

3.禮物：通稱為gift，公司送給特定人士的禮物，價格較推廣用禮品或活動用禮品為高。

   (1)特定禮物（corporate gift，business gift）：機構送給特定人士如股東、忠實顧客、員工、相關廠商、貴賓等，表示感謝的禮品。

   (2)私人禮物（personal gift）：以私人名義贈送特定人士之禮品，其費用可能由個人支付，也可能由機構公關費用支付。

4.紀念品（souvenir）：具有紀念意義的紀念品，價值種類不一，有小到明信片、鎖匙環、茶杯，大到琉璃、水晶、金銀類製品都有。這類紀念品可以送

具有紀念意義的各種紀念品

禮，也可以出售方式供人購買。

(三)贈送鮮花

送人鮮花是現在最常用的送禮方式，網路訂購發達以後，許多因為距離的原因無法送禮的因素，都可藉著網路訂購及時將鮮花送到受禮人手中。鮮花種類繁多，五顏六色，還有一些送花數量的習慣，如何不違反習俗和禁忌，是送花時要注意的。一般送花應從三方面考量：

1. 種類：不同的民族、生活習慣對各種花的定義不同，白色劍蘭、黃白菊花國人是不隨便送人的；有刺的玫瑰、有子的芭樂、番茄是不能用來祭拜的；圓仔花、雞冠花不上神桌。日本人荷花代表死亡，是不能拿來送人的。總之，除了中國對花的解讀有不同的意義外，到了國際場合也要瞭解花的不同意義，否則引起誤會就失去了送花的美意。

2. 顏色：鮮花萬紫千紅、五彩繽紛、美不勝收，但是送人時花的顏色就有不同的解讀，如紅色代表喜氣，一般好事時用紅色花都為人喜愛的；白色鮮花西洋人認為代表純潔，常用在結婚用花，國人卻會認為有些不安。

3. 數量：中國人認為「好事成雙」，什麼都要雙數才吉利；西方人則講究單數。不過在花藝創作時主要花材倒是都習慣用單數的，因排列起來較有層次、造型表現美觀。

各種美麗的鮮花代表著不同的花語，傳達出豐富的情意

實例研討
7-4 　總統的禮物

　　我國政府規定：總統府送給賓客的禮物，或是正副總統收到賓客的禮物，依規定都要登記入冊列管。總統府第三局按「禮品管理辦法」處理。一年清理一次，有些送國史館、歷史博物館等機構陳列展覽，有些則由總統、副總統自行帶回。

　　美國政府則有硬性規定，總統獲贈的禮物超過一百美元，就屬於國家財產，總統不能帶回家，如果卸任想將某項禮品帶回家紀念，要補足差額才能帶回。我國至今尚無這方面的規定。

　　美國官方及民間為了所屬工作人員，都訂有收受禮品價格上限之規定，避免公器私用，或是會有賄賂之弊端發生。

Note...

樂的禮儀

8

休閒娛樂是提升生活品質必要的活動，它能調劑忙碌的生活步調，增加人生的樂趣。而「樂」的活動大都在公共場合，在群體活動中，尊重紀律，維護環境，維護形象，都涉及到「樂」的禮儀。

第一節　「樂」的範圍

休閒娛樂的範圍包括參加舞會、園遊會，欣賞電影、音樂會、戲劇表演、芭蕾舞、雜技，爬山、郊遊踏青、出國旅遊，參觀美術館、博物館、動物園和各種體育活動等。

公共場合中最容易看出一個人的禮節修養，禮儀合度的人不但受人尊敬，也到處受人歡迎。公共場所的範圍很廣，舉凡街道上、汽車上、各種會議場所、各種娛樂場所、商店、教堂、公園、圖書館、博物館等都屬之，這些人多的地方，更需要大家遵守公共道德，才能維持公共秩序。

良好的禮儀絕對不是做表面功夫，而是要靠平時不斷地注意、不斷地改進，才能養成良好的生活習慣，從而一舉一動都能自然表現合宜的禮節，爲他人所尊重。

第二節　音樂會、戲劇欣賞的禮節

豐衣足食以後，人們就會希望提升生活的品質、滿足自己的興趣、豐富生活的內容，因此欣賞音樂、戲劇表演，就成了調劑生活、培養氣質、增加生活情趣所不可缺少的活動，但是對於禮節的要求，對於表演者的尊重，是要一起提升的。有關的禮儀說明如下：

1.憑票入場：一人一票，憑票入場，對號入座。可按規定購年票、季票或是優待票等。
2.遵守兒童入場之規定：除了節目表上註明可以攜帶兒童觀賞之節目外，否則不得攜帶110公分以下兒童進入演出場所，一方面有些節目兒童不宜，一方面有些節目兒童看不懂，可能會吵鬧或不耐煩。
3.購買節目簡介：進場後可至服務台購買節目簡介，瞭解演出詳細內容，增加觀賞樂趣。

欣賞音樂會時須注意相關禮節，以免影響演出的節奏

實例研討 8-1

欣賞音樂會、戲劇表演「衣」的禮節

　　一位自視品味不俗的女士參團到歐洲旅行，一晚自費前往觀賞某著名歌劇表演，結果卻是非常掃興，原因出在她向來自信能行遍天下的高級套裝，沒想到到了劇院使她成了格格不入的醜小鴨。近鄰的日本不少深諳旅行之道的女性，對各種場合的服裝都已有相當的認識，但是大部分的國人卻是大而化之，甚至總是以牛仔褲闖通關。（取材自2000年12月11日《中國時報》）

　　國人旅行總以為是休閒行為，因此如果遇有較正式場合，服裝上就有些格格不入，不僅凸顯我們不懂禮貌，對主人或是對與會者都是失禮的行為。去聽隆重的音樂會或觀賞歌劇，歐洲人都有盛裝打扮的習慣，如果要入境隨俗當然可以著晚禮服去參與盛會，不著盛裝至少要服裝整齊，不要像在國內從來就沒有這種服裝禮儀的要求，其實服裝整齊是對表演者的尊重，也可以襯托出整個場面的隆重和華麗。下次出國開會或旅行，不妨先打聽清楚是否有需要穿著禮服的場合，及早準備，免得到了國外懊惱不已。

4.衣物放置：進入戲院走道前脫下外套、帽子，可放在椅背或腿上，不要妨礙他人視線；有時也可寄存在衣帽間。

5.覓位就座：有帶位員時女士先行，無則男士先行找位，女士先入座，男士隨後入座。節目未開始前，後來之觀眾，已就座之男士應站起來讓別人進入就座，女士則不必起立，縮腿讓觀眾自前面通過入座，如節目已經開始，則都不必站起來讓路。

6.電子用品：隨身帶的手機、鬧錶等電子用品，應關機或調為無聲振動。

7.座位尊卑：劇院座位有分區分段，不能逾越，應按所持之戲票就座。如非視線關係，男士應坐走道，包廂座則女士、貴賓、年長者坐前座。

8.遵守錄音及攝影之規定：非經許可，不得攜錄音機及攝影機入場。表演中不能照相，照相應於終場時為之。

9.入座離席：必須準時入座，在節目演出中萬不得已不得離席，應在節目告一段落休息空檔離席。

10.中場休息：整個表演大都有約十五分鐘中場休息，每半場約四十五分鐘。也有中場不休息的表演，演出前都會說明。中場休息時，休息區供應飲料，需付費使用。

11.飲食規定：不得攜帶食物、飲料入場，或有吸菸、嚼食口香糖等行為。

12.服裝：衣著必須整齊，國外有些首演或演出酒會，貴賓有穿禮服之規定。

劇院中場休息區咖啡座

13.勿於演出中喧鬧或走動：不僅影響表演、妨礙別人觀賞，更表現自己不懂禮貌。座位距離較遠，可自帶或租用觀劇望遠鏡使用。

14.Bravo是表演完畢喝采「好極了」的意思，Encore是「再來一次」、「再奏一曲」的意思。加演與否要看演出者的個人意願，在其心情、體力都有意願之下，演出者都會適時滿足聽眾要求，但是觀眾卻不可強人所難，認為加演是演出者的責任。

15.動物不得入場：不得攜帶寵物入內。

16.公共道德：務必保持清潔，愛護公物，遵守公共道德。

17.入場時間：重大演出於演出前三十分鐘入座，而於演出前三分鐘閉門不得進入，遲到觀眾要等節目告一段落由服務人員帶領進場，或是中場休息時才能進入就座。

18.瞭解獻花及鼓掌之禮節：歌劇、音樂會通常不得在演出中整首曲目或組曲尚未完結時鼓掌叫好，或向舞台擲花，或在中場上台獻花，以免影響演出者的情緒或是打亂了演出的節奏。舞台劇、喜劇、雜技表演，適當鼓掌叫好，有互動的效果。

19.觀眾須知：國內大型表演場所都會在票券註明「觀眾須知」，可作為參考（表8-1）。

觀賞表演鼓掌的時機要適當

觀　眾　須　知

（一）請衣著整齊，每人一票，憑票入場。

（二）持票人務請遵守本中心規定，如有干擾演出秩序之行為，本中心得請其離場或由監護人帶領離場。

（三）除兒童節目外，年齡未滿七歲之兒童，請勿入場。

（四）持優待票者，請憑票及證件入場，未持證件者，應補足差額並另繳手續費。

（五）觀眾席內嚴禁吸煙及進食，並不得攜帶危險物品及飲料、食物等入場。

（六）節目演出中嚴禁錄音、錄影或拍照，以免影響演出及其他觀眾權益。

（七）節目開演後，請勿任意更換座位、離席或交談。如因特殊狀況必須離席，請避免發聲或干擾他人之動作，以免影響演出之進行。

（八）欣賞音樂性節目之演出，請在每首曲目全部演奏結束後再行鼓掌，以免失禮。

（九）**遲到觀眾**

戲劇院－請至大廳收看電視轉播，俟演出告一段落，經服務人員指引後，或於中場休息時再行入座。

音樂廳－請至大廳收看電視轉播，俟演奏曲目告一段落，經服務人員指引後入座。

實驗劇場－經服務人員指引入座。

演奏廳－請至休息區收看電視轉播，俟演奏曲目告一段落，經服務人員指引後入座。

（十）**獻花注意事項**

戲劇院－基於舞台安全性之考量，觀眾不得由觀眾席逕上舞台獻花，請將花束交由本中心服務人員代為轉送。

音樂廳及演奏廳－觀眾可經由本中心服務人員指引上舞台獻花後，儘速離開。

如致贈花籃，戲劇院、音樂廳請置於一樓迴廊；實驗劇場、演奏廳請置於入口處。

（十一）**簽名注意事項**

戲劇院及音樂廳觀眾請於演出結束後，至本中心地面層演職員出入口等候。演奏廳之觀眾請至中心地下層演職員出入口等候。

（十二）為尊重藝術創作，請遵守劇場有關節目演出之各項規定。

（十三）違反本中心各項規定，經勸阻仍未改善者，本中心人員得依權責按相關規定處理。

（十四）本中心保留更改部份節目內容之權利，倘本中心認定有關變動業已影響觀眾權益者，將依相關規定辦理退票。

（十五）本中心如遇天災等不可抗力或不可歸責之因素取消節目演出時，有關受理退票之相關事宜，依本中心臨時公告處理。

（十六）觀眾可持本中心地下停車場計時卡及節目票券，以新台幣60元停車一次。

表8-1　表演場所的觀眾須知

資料來源：國家音樂廳

欣賞音樂會鼓掌時機不可不知

第二屆國際音樂節港都演出時，觀眾在樂章與樂章之間熱情鼓掌，讓大提琴家張正傑「心驚膽顫」，擔心不該有的鼓掌場面再度出現，可能讓演出者非常尷尬，特舉辦一場音樂教育講座，教導民眾欣賞音樂會的基本禮儀。（摘錄自2000年5月28日《中國時報》）

國人對西洋古典音樂不是很熟悉，聽音樂會時為了禮貌或是對表演者表示鼓勵，常在整個曲子樂章與樂章之間停下來時鼓掌，事實上應該在整個曲子表演完了才鼓掌，否則會影響下面樂章的表演。

通常如果對曲子不是很熟悉，可在入場時購買節目簡介，事先瞭解曲目對照欣賞，就可知道哪裡是結束。再不然就是等指揮轉身或演奏、演唱者鞠躬時鼓掌，當然不要搶先，跟著懂得的人後面鼓掌是最保險的方法。

強制搜查包包，引來民眾反彈

台北市小巨蛋演出「雪狼湖」時，因禁止攜帶外食，強制搜查包包，引來不少民眾反彈。（2005年12月17日《聯合報》）

其實作為一個現代公民，對於前往劇院觀賞正式表演不得飲食應該都有這種常識和禮儀的認知，只是要用搜查的方式確實有些嚴重了。

國內之國家劇院、國家音樂廳、國父紀念館、社教館、中山堂及大型表演場所，都有禁止攜帶外食之規定，如果帶有外食會請觀眾在大廳用完再入場，演出前也會廣播提醒觀眾不能飲食、不可拍照及請關手機等事項，給演出者應有的尊重。

通常在入場時需要接受檢查之情況，大都是國家元首級貴賓蒞臨觀賞，由安全單位進行安全檢測工作。此外，美國自從2001年紐約世貿雙子星大樓遭遇911恐

怖攻擊事件後，參觀許多公共場所（例如博物館、美術館、各種紀念堂等）都要接受安全檢查，甚至去紐約洋基球場觀賞棒球賽，入場時也要接受安檢，攜帶大型包包會要求暫時存放在寄物處，或是另裝在所提供的透明塑膠袋中帶入場中。

實例研討 8-4　　雨衣滿場抖　瞬間靜下來

　　世界三大男高音之一帕華洛帝之世紀告別演唱會，12月14日晚在台中體育場寒風細雨中開唱，觀眾發抖、忍凍聆賞，但是沒有人抱怨，近距離聆賞天籟美聲讓他們感動。

　　滿場穿雨衣聽音樂會的盛況「極為壯觀」，兩萬觀眾聚集一起，抖著雨衣上的雨水，可是當巨星一開唱，全場霎時間靜了下來，「觀眾真的太有水準了」。（2003年12月15日《聯合報》）

　　這則新聞使我們覺得台灣的民眾在欣賞音樂盛會時，禮儀的修養成熟了，這也是過去數十年來經濟的改善，民眾有能力提升生活品質，經常參與音樂欣賞活動，慢慢地養成了應有的聆賞態度和欣賞水準。

　　帕華洛帝已於2007年9月6日因胰臟癌逝世，享年七十一歲。

實例研討 8-5　　給表演者掌聲——請起立

　　柏林愛樂交響樂團來台演出，帶給民眾世界級的饗宴，戶外轉播更是盛況空前。表演結束時，場外民眾無不起立鼓掌，而音樂廳內之觀眾卻未見起立為這個世界級的表演團體致意，作者深感意外。（2005年11月19日《中國時報》）

　　對歐美國家而言，休閒娛樂是生活中重要的一部分，所以有機會及能力時，

會經常欣賞音樂、戲劇表演，調劑身心。對於表演者辛苦的演出也習慣給予掌聲鼓勵，對於傑出的演出更是熱情起立忘情鼓掌，全場歡呼，感動莫名，"Bravo"之聲此起彼落，給予演出者最大的讚美及支持。

國人也許民族性較為保守拘束，所以不習慣在公共場合大聲歡呼，有時雖然對演出者的表演肯定，也不願帶頭做些熱情的動作。不過近年來，國人參與音樂活動的人口越來越多，欣賞的能力及禮儀修養也逐漸有國際水準，在國際級的音樂戲劇表演中，常有起立致敬的表現。

 ## 第三節　欣賞電影的禮節

看電影是非常大眾化的娛樂，電影院也算是公共場所，所以應遵守禮節，不要影響他人的權利，破壞自己的形象。以下數項提供參考：

1. 遵守分級制度：嚴格遵守電影的分級制度，越級看了不宜觀看的影片對身心都有不良影響。
2. 購票對號入座：欣賞電影必須購票進場，對號入座，遵守電影院清場的規定。
3. 排隊購票入場：影片放映開始前入座，人多排隊購票入場。
4. 就座姿態：坐姿不應妨礙他人，避免騷擾鄰座。
5. 飲食：電影院內吃零食應以不影響觀賞為原則，並應保持環境清潔，不得隨意丟棄票根、紙屑、口香糖渣及其他垃圾，製造髒亂。
6. 輕聲細語：電影放映中必須肅靜，交談務必輕聲；請關閉手機或調為無聲振動；並避免走動，影響別人視線。
7. 不得吸菸：切勿在電影院中吸菸，製造空氣汙染。
8. 感冒勿入：倘患感冒、咳嗽、氣管炎等疾病，應避免進入電影院。
9. 遲到入場：倘遲到入場時燈光已暗，應等候帶位員帶位。
10. 影片互動：影片放映途中，引起共鳴、鼓掌、大笑無可厚非，但是若個人不當隨意鼓掌或吹口哨叫好，可能會引起公憤。

 ## 第四節　社交舞會的禮節

　　舞會是一項社交活動，年輕人藉此聯誼交友，社會人士因不同目的而舉辦各種舞會。茲僅就舞會的種類及參加舞會的禮節說明如下：

一、舞會的種類

　　舞會可分為下列幾種：

1. 茶舞（tea dance）：通常是下午茶時的舞會。
2. 餐舞（dinner dance）：用餐連同舞會一起舉行。
3. 餐後舞（after dinner dance）：不含用餐的舞會。
4. 大型舞會（ball）：這類舞會較為正式，與會客人攜伴穿著禮服，或與酒會或餐會合併舉行，並有樂隊伴奏。
5. 主題舞會（theme）：設計一個特別主題，參加者都應按此主題刻意打扮參加，表現舞會的樂趣。
6. 化妝舞會（fancy dress dancing）：各著奇裝異服，打扮自己喜歡的造型，很

阿拉伯之夜主題舞會

有戲劇效果。

7.面具舞會（masquerade）：與會者皆穿禮服，但以面具蒙面，各顯神秘，藏住自己的廬山眞面目。

二、舞會的禮儀

舞會也是社交往來的一種活動，有一定的禮儀規範。年輕人的流行舞會，雖無嚴格的規定，但是仍應注意一些個人參加活動的禮儀。

1.邀請參加舞會，請帖應於兩週前發出。

2.舞伴的邀請與安排應事先邀約，不要臨時任意占用他人的舞伴。

3.參加舞會時，除正式舞會或性質較隆重者外，一般舞會可遲到或早退，不算失禮。

4.舞會主賓的介紹，通常都是由主人介紹給與會的賓客。

5.舞會由男主人與女主賓和女主人與男主賓開舞，若無主賓，則由男女主人開舞，或是由年長、位高者開舞。

6.邀請女賓跳舞，應徵求其同意，有伴者也要其男伴同意。

7.入舞池，女士先行，男士隨後。舞畢，男士應送女士回座位。

8.第一與最後一支舞應與自己的女伴共舞。

9.服裝整齊，正式的舞會請帖上都會註明服裝規定。

 ## 第五節　俱樂部的禮節

各個行業團體或是各類興趣人士，因為工作需要或是興趣而集合組織各種類型的俱樂部，甚至有些將俱樂部當作企業經營，招收會員，提供場所與服務。因為俱樂部是個公眾使用的場所，就應該遵守規定使用：

1.俱樂部大都採會員制，會員憑會員證進入，證件不應隨便轉借他人使用。

2.以公司名義加入為會員之會員證，按規定使用。

3.遵守各個俱樂部使用規則。

4.會員邀請親友到俱樂部聚會，必須先向俱樂部申請邀請函或邀請卡，列上親

要善用與愛惜俱樂部的設施

友姓名,親友再憑函或卡進入俱樂部。

5.俱樂部內的設施如要收費或必須憑票進場,應遵守規定。

6.有些俱樂部對進入餐廳用餐之服裝有特別規定,入內應按規定穿著。

7.在俱樂部圖書室閱讀,必須遵守一般圖書館之規定,保持肅靜,不得隨便與人搭訕交談。

8.一般俱樂部均有庭院設施,切忌採花折木,注意公共道德。

9.攜帶兒童進入俱樂部,必須留意兒童安全,在某些場所不得喧譁吵鬧。

10.俱樂部的設施不要占著位置而不使用,或把SPA當游泳池用,要愛惜俱樂部的設施。

第六節　運動的禮節

運動可能是為了健康、樂趣,或是參加比賽,除了場地的使用要遵守規則外,自己的運動禮儀修養,以及觀眾觀賞比賽的素養,都是要不斷注意培養的,以下數點提供參考:

一、一般運動禮儀

1. 各種運動場地不同，應著合適的服裝、鞋子，並遵守各種場地的使用規則。
2. 遵守各項運動規則。運動大都為群體活動，遵守規則，依照順序，彼此禮讓，表現良好的風度。
3. 瞭解自身健康情況，選擇合適的運動。
4. 選擇合適的運動服裝，寬鬆、棉質、可吸汗、舒適為佳。
5. 注意公共衛生，不要將病菌帶入公共運動場所，也要注意不要被別人傳染疾病。
6. 比賽要有風度，遵守比賽規則及裁判的判決，參加比賽要認真，敷衍或放棄比賽不僅不尊重比賽，也是不尊重觀眾的行為。
7. 觀眾觀賽也要有風度及公德心。看比賽不要影響選手的心情，大聲講話、隨便使用閃光相機照相或是旁若無人地打行動電話，都會影響運動員的情緒。
8. 保持場地乾淨。運動完應清理乾淨後再進入用餐地點或休息大廳。
9. 野外登山、郊遊應將垃圾帶回丟棄在適當垃圾收集地點，不要製造髒亂、破壞自然環境。

二、高爾夫的禮儀

(一)打高爾夫球禮儀

1. 打高爾夫球要穿有領的襯衫、運動衫、T恤，無鬆緊帶之休閒褲，或長度在膝蓋之短褲，穿釘鞋擊球。
2. 高爾夫球場上揮桿的技巧固然重要，打球的禮儀更是風度的表現，如果打球速度落後應讓同組成員先行通過。
3. 四小時完成十八洞是標準速度，太慢會影響同伴時間。
4. 沙坑要從最接近球之處進入，並從進入方向退出。
5. 打完一洞儘快離開果嶺。
6. 後組人數少或同組速度太慢，落後一洞，則應禮讓後組先行。
7. 打完球後，應清理乾淨再進入俱樂部餐廳。

打高爾夫球時要穿著適當的服裝

實例研討 8-6　台北國際馬拉松比賽

　　每年一次的ING集團台北國際馬拉松比賽，12月定期在台北舉行。2005年比賽舉行時，新聞報導對於駕駛人的粗暴行為深感遺憾。雖然主辦單位花費新台幣一千萬元鉅資宣導交通管制措施，警方與志工亦疲於奔命，而比賽沿途的交通安全問題，依舊是十萬名選手的夢魘，也是ING台北國際馬拉松唯一美中不足之處。而部分汽、機車駕駛人的粗暴行為，「狂按喇叭」、「罵三字經」、「衝撞選手」的粗魯動作，不僅破壞比賽秩序、危害選手安全，更讓台灣形象蕩然無存。

　　ING也在荷蘭阿姆斯特丹舉辦國際馬拉松比賽，他們將比賽起跑時間訂在上午十一時，選手不必調整正常作息時間去適應過早的比賽時間，因為當地的民眾不會為了短時間的交通不便，對工作人員或選手做些不禮貌的舉動。

　　台北國際馬拉松是亞洲最大規模的馬拉松比賽，每年都有眾多的國外選手參加，是台灣難得才有的國際表演舞台，這更是推銷城市、提升國際形象最好的機會，而部分駕駛人卻不能忍受一年一次只有一個上午交通稍有不便的情況，還要辱

罵選手，挑釁執法人員，真是令人痛心。台北國際馬拉松每年還會繼續舉行，希望台北市的駕駛人都能發揮愛心，忍耐短暫的交通管制時間，表現現代國家的國民禮儀水準。

2009年9月5日至15日聽障奧運期間，台北市政府在比賽場館附近的道路，對搶快、超車、違停、亂鳴喇叭或是搶過路口不讓行人者，嚴加取締，重罰一千二百元至三千六百元，為了保護耳朵聽不到的來自一百零一個國家四千多位參賽選手的安全。

美國櫻花季小型馬拉松比賽

實例研討 8-7　觀賽禮儀

1999年11月約翰走路高球菁英賽在台灣桃園鴻禧球場舉行，這是一場高水準的世界級賽會，可是我們的觀眾卻一再不遵守球場禮儀，不是手機響了大聲講話，就是用閃光燈的相機對著選手拍照，穿著涼鞋或高跟鞋進入球場，帶著不足十二歲的小孩堅持進場，各大通訊媒體把高球名將「老虎伍茲」抱怨觀眾看球的吵雜、照相等影響其比賽成績的不滿傳遍世界，讓外賓留著遺憾離去。比賽辦得是很成功，但是我們的民眾觀看運動比賽的禮儀卻是失敗了。

廣州亞運，媒體記者入場觀賞國際象棋比賽，手機響起，被裁判罰款二千元人民幣。

(二)觀眾看球禮儀

1.看比賽輕聲細語,手機在比賽場地應關機或調為振動。

2.不要在球道附近流連,影響選手擊球,甚至可能發生被球打到的危險。

3.不穿涼鞋、高跟鞋及不適宜服裝進場看球。

4.在比賽進行時不要對著球員攝影。

實例研討 8-8 　紐約洋基棒球場

　　2005年我國棒球好手「王建民」終於代表紐約洋基隊站上了投手板,而且一路打來成績斐然,國人與有榮焉。洋基球場可容六萬人觀眾,以美國人對棒球的狂熱,一到有球賽的日子,地鐵每一班都擠得要透不過氣來,球場四周的麥當勞飲食店及販賣周邊商品的小販生意興隆。球場常常座無虛席,現場觀看比賽的臨場感,很能激起觀眾沸騰的情緒。

　　美國人喜好棒球可能和其民族性活潑、不愛受太多拘束有關,因為如果有事可以晚一點到球場,不想看了也可以早早離開。球賽期間可以吃披薩、熱狗、爆米花,喝著隨處叫賣的小販提供的啤酒、可樂,還可以隨著啦啦隊做一些加油喝采的動作,好不熱鬧。最有趣的是控音的工作人員在大螢幕上捕捉到的精采球員及觀眾畫面,如果是主場球場螢幕上還會加一些帶動唱畫面讓觀眾配合,替主隊加油,炒熱氣氛。無拘無束,真是男女老少都能參與觀看的運動比賽。

紐約洋基棒球場與「王建民」球迷

三、游泳的禮儀

1.應穿著泳衣及泳帽進入泳池游泳。

2.泳畢換好衣服後，不可到泳池畔洗腳穿鞋，失禮又引人厭惡。

3.使用更衣室需排隊，使用完畢應收拾乾淨。

4.垃圾清理後丟入垃圾桶，無垃圾桶則應帶走，保持場地清潔。

四、保齡球禮儀

保齡球有一定的規則和禮儀，從事此項運動應該遵守，不要失禮，對自己不好，更可能對別人造成傷害。

1.應穿保齡球專用鞋子打球，且不要在走道以外的地方亂跑，以免磨損鞋底，打球容易受傷。穿普通鞋子會磨損走道，不能穿著打球。

2.在置球檯取球時，應等球完全停止以雙手自球溝兩邊拿起，避免手被撞傷。

3.不要將手指直接放入球孔中將球拿起，保齡球很重，容易將手指弄傷。

4.記住自己選定之保齡球編號，不要使用別人的球打球。

5.不要在走道放置或塗灑石灰粉，可能會使不熟悉球道者受傷。

6.禮讓旁邊已走上球道者先擲球。

7.不要因興奮而過度嬉鬧或大聲喊叫，影響他人打球。

8.在休息區不要用力擺動保齡球，以免砸到人。

9.不要超越走道和球道間之犯規線，以免油脂帶到走道容易滑倒。

10.小心飲料不要滴在休息區的地板上，鞋子沾到水容易滑倒。

第七節　旅遊的禮儀

國人旅遊風氣很盛，購買力更是受到各國的歡迎，可是卻未能受到旅遊地相對的尊重。最主要的原因是國人的國際禮儀修養太為缺乏，總以為「只要我喜歡有什麼不可以」，完全忘了「尊重」的基本禮節。

　　海外旅遊一定要遵守當地的法律規定，許多習俗應該要入境隨俗，遵守公共道德，注意安全。團體旅遊更要嚴守團體紀律，不要造成自己和團體的困擾。因此作為現代的遊客，更要懂得各種場合的應對進退之道，才能享受旅行的樂趣。何況旅行是一種很好的學習機會，俗語說「讀萬卷書，行萬里路」就是這個道理。現在針對食、衣、住、行的旅遊禮儀注意事項分述如下：

一、食的方面

　　出外旅遊特別是國外旅遊，飲食習慣不一定與國內相同，但是飲食的禮節有一定的規範，不懂食的禮節，不僅破壞餐廳的氣氛和秩序，也使國際人士對我們產生非常不好的印象，甚至有隔離用餐的不平等待遇發生，真是影響國人的形象。用餐時應注意的事項如下：

1.用餐時，不論中餐或西餐，都應保持安靜。
2.注意飲食衛生，因為水土及環境的更換，很容易引起腸胃不適，要特別小心。隨身可帶一些整腸藥物以備不時之需。
3.學習用餐禮儀，中餐、西餐，甚至當地食物的用餐方法，都可學習，豐富旅行經驗。
4.自助餐取用適量，不要一下就將自己喜歡的食物拿了一大盤，別人只能望盤

莫斯科古典裝飾的杜蘭朵餐廳

興嘆了。取食時不要將冷食和熱食放在同一盤中食用，不合西餐禮儀，也影響食物的味道。

5.吃自助餐吃飽喝足之餘，不要再打包食物帶走，有礙觀瞻。

6.吃不只是吃飽，也是一種享受，可體會不同的生活情趣。有些特別的風味餐，代表當地的風俗習慣，嘗試一下也是旅遊的一種樂趣。

二、衣的方面

1.旅遊衣物以輕鬆自在、簡單舒適、好整理為主。

2.對於旅遊地的氣候資料要瞭解清楚，準備適當的服裝裝備。

3.如果旅途中有正式拜訪或是宴會，應該準備適當服裝，如西裝、套裝、禮服等，以免屆時失禮，自己也很尷尬。

4.不要穿著睡衣、光著腳丫在旅館走道間來來去去地串門子。

5.西方人士，除非是純粹休閒旅遊地，否則晚餐都是梳洗穿戴整齊才進入餐廳用餐。

6.在許多因宗教禮俗有特別規定的地方要遵守其規定，如不可著無袖上衣或短裙、短褲進清真寺，入寺要脫鞋等伊斯蘭教的規定都要遵守。

三、住的方面

1.旅遊投宿，如住在親戚或朋友家，要有作客的禮貌，不過大部分人旅遊都是住旅館，更有機會展現禮儀的修養。

2.記得拿印有旅館地址、電話、位置圖的名片，外出時以備不時之需。

3.注意安全措施、逃生通道位置及方向。不可在房間煮食，用電燒水要注意電壓的不同。禁菸客房不可抽菸，非禁菸客房要注意安全。

4.住旅館遇到該付小費的情況，如搬運行李、房間清潔、房內用餐或其他特別的服務，都應付給小費。

5.房間內有些物品是免費提供的，可以自由使用，如免費旅遊資料、紙筆、茶包、咖啡包、浴室內的盥洗用品（如牙刷、牙膏、小包裝肥皂、洗髮精）等。

6.小冰箱內的東西大都是要付費的，此外，千萬不要順手牽羊，將房間的東西帶走，貽笑大方，真的喜歡可向飯店洽購。

浴室使用完畢應保持清潔，洗淨之衣物要晾在浴室

7.使用浴室要保持清潔，大小毛巾有不同的用途，腳踏墊的毛巾是放在地上的。洗衣要晾在浴室內。

8.電話、電視付費的方式要瞭解清楚，有時購買電話卡使用樓下大廳的公用電話會省許多費用。

9.貴重或重要物品可存放在房間或旅館的保險箱，但是要記得密碼，並且不要掉了鑰匙，否則將增加許多麻煩，甚至要賠償保險箱的費用。

10.購物包裝紙要清理好。在房間吃了東西要收拾乾淨，包好丟入垃圾桶，不要增加打掃人員的困擾，有些食物會留下滿房怪味，更要注意處理。

11.不要呼朋引伴在房間高聲談笑，或是在房間內打麻將、賭博、喝酒、猜拳，擾人安寧。

12.離開旅館check out之前，務必仔細檢查房間，不要遺漏自己的東西，影響既定行程。

13.旅館大廳是公共場所，應小聲言談，不可喧譁。大廳座椅不要長時間霸占，也給別人有休息的機會。

四、行的方面

1. 團體旅遊首重團體紀律，尊重他人權利，講究公平原則。

2. 記住遊覽車的外型、顏色、牌照號碼的數字及開車時間，以免耽誤團體行程。

3. 多天旅遊之長途車程，可配合座位輪換制就座，每天按一定的規則輪換一次，以示公平。禮讓年長行動不便或身體不適的團員坐在前座等，都是「行」應有的禮貌。

4. 車上飲食應保持清潔，許多國外遊覽車甚至不准帶杯裝飲料上車，避免潑灑弄髒車子；使用車上廁所注意衛生。

5. 出門在外，彼此互助禮讓和諧，使大家有一個愉快的旅程，留下一個美好的記憶。

6. 遵守搭乘飛機的禮儀，要注意搭機時間的把握，安全的考量，轉機的配合，海關、移民局的檢查手續的辦理等。

7. 導遊解說時不應大聲說話，應給予適當的尊重。

8. 出外旅行安全第一，不論飛機、汽車、輪船、行走都要注意安全。採取自助旅行者，要有充分的準備，租車、開車小心為上。快快樂樂出門，平平安安回家。

9. 其他應注意事項，已在「行」的禮儀中談過，在此就不贅述。

導覽解說時，應給予尊重，不應大聲說話

搭機禮儀──飛機上失禮的行為

1. 愛換位置：對有特別素食餐的旅客，空服員送餐造成困擾。
2. 酒醉擾鄰：機上喝酒過量，騷擾鄰座旅客甚至空服員。
3. 跨艙占位：到頭等艙空位搶座、搶報紙、喝酒。
4. 脫鞋襪：脫鞋襪，腳放在前座，引起糾紛。
5. 親熱行為：做出「過分」的舉止，有礙觀瞻。

實例研討 8-9　注意禮儀，別讓外國人看不起

　　居住在香港的上海人王女士去歐洲觀光，在阿姆斯特丹坐船遊運河，遇到來自上海的旅行團，「未見其人，先聞其聲」，聽到熟悉的家鄉話頗感親切。船啟動以後，一幫上海男士匆匆地走到船頭照相，因為船頭不能站立，船長用英語再三請他們回座，他們卻置若罔聞。船長一臉無奈，只好一手掌舵，一手去拉他們離開。雖然在西方國家用手去觸碰他人被認為是不禮貌的行為。船上靜坐著的其他國家的旅客，有的搖頭，有的皺眉，王女士真為自己的同胞感到慚愧。（2005年8月透視中國網路新聞）

　　中國自從改革開放以來，經濟突飛猛進，人民出國旅遊的機會也多了起來，而中國旅客的形象不佳，不瞭解禮儀、不尊重他國宗教民俗文化，因此常常受到其他國家歧視。例如在餐廳大聲喧譁，影響別的客人用餐情緒，而遭隔離用餐。在旅館房間抽菸、在公共場所大聲講手機、用餐不懂西餐禮儀等，都是使得中國人在外國旅行不受尊重甚至受汙辱的原因。反觀台灣二十多年前開放民眾出國觀光旅遊時的情況，也是受到了同樣的待遇，直到現在一些不遵守國際禮儀的行為還是存在，禮儀的習慣養成，確實是要經過長時間的教育和培養的。

 ## 第八節　參觀博物館、美術館等公共場所的禮儀

參觀藝術館、美術館、博物館等藝術文化公共場所尤其要有禮儀的修養，遵守觀賞參觀的規定，人多需排隊買票時要守秩序，參觀時，不能碰觸的物品就不要亂碰，該小聲講話時就不可大聲嚷嚷。以下禮儀事項提供參考：

1. 進入參觀必須購買門票或憑證或免費進場。
2. 記住不要擋在路口或繁忙的通道，保持走道暢通。
3. 必須遵守會館所訂的規則。雨傘、髒的鞋子要處理好再進入，不得在館內丟紙屑或垃圾，保持清潔。
4. 必須保持肅靜，少用手機打電話。帶小朋友校外教學參觀，老師要教導參觀的禮儀和規矩。
5. 不得攜帶手提物品進場，包括照相機、隨身聽、食品等。大型背包可寄放在寄物處。
6. 進入博物館、美術館後，不得觸摸展出品，如畫、化石、玉石、古物等，除非有「歡迎動手」的標示。
7. 許多科學展覽館可以動手實際操作，應按說明步驟運作，愛惜公物。
8. 在博物館、美術館內絕對禁止使用閃光燈，也要遵守攝影規定。
9. 必須在指定範圍內參觀，不得踰越禁止線。

埃及開羅博物館

美國紐約大都會博物館

10.不得在博物館內吃零食、抽菸、喝飲料。一般都會有餐飲服務部，可在此用餐，餐後如再要進入館內可憑票根進出。

11.如攜兒童入內參觀，必須妥為照顧兒童，不得喧鬧、任意奔跑或爬上爬下，不僅影響他人參觀，也容易發生危險。

12.倘患有重感冒、嚴重咳嗽，則不宜進入參觀。

13.愛護公物，保持公共設施的清潔和完好，更不可順手牽羊、偷取公物，或是將圖書中某頁撕下帶走。

14.尊重解說員或導遊之解釋介紹，不應隨意干擾。

15.可租用適合語言的錄音機導覽帶，幫助瞭解。最好先做一點功課，更能有所收穫。

16.注意休館日期，以免白跑一趟。除了國定假日外，通常星期一都定為休館日。

17.圖書館參考書籍用完應歸還原位或交館員歸位。閱覽書報雜誌後要放好，不要和過期的刊物混在一起。利用圖書館溫書時勿用物品占位，以免影響他人權益。

紐約圖書館的告示牌

實例研討
8-10　　觀展禮儀

　　紙風車劇團耗費巨資打造了「恐龍藝術探索館」，展出兩個星期，因部分參觀民眾的公德心和參觀禮貌實在太差，大小恐龍斷頭斷腳，「死傷累累」，讓館方連修復都來不及，只好做出「DON'T TOUCH，別摸我」的禁制令。

　　紙風車劇團表示，對於民眾的熱情參與，劇團方面非常感動，但是工作人員修復恐龍的速度，遠比不上民眾「砍殺」的程度，因此現在只能祭出禁止觸摸的禁令，希望民眾愛惜展品，「不要再讓恐龍受傷了」。（2010年4月16日《中時電子報》）

　　小朋友天真好動，不知道輕重，騎著、搖著恐龍，把他們當遊樂園的玩具來玩樂，無可厚非，可是做家長的應該要負起教導的責任，規矩是從小教起才能養成良好的習慣。

世界級玻璃大師Chihuly在紐約植物園展示作品

 第九節　教堂禮儀

　　教堂、廟宇是宗教神聖殿堂，平時進入態度應虔誠肅穆，遵守規定，例如進入回教、印度教寺廟應脫鞋。舉行宗教儀式時應保持安靜，對於不同的宗教信仰都應予以尊重。不同的宗教有不同的禮儀，以下僅就教堂禮儀簡述如下：

1. 進入教堂態度虔誠莊重，尊重不同的宗教殿宇。
2. 教堂聚會盡可能準時到達，遲到應安靜選擇靠後面位置就座。
3. 服裝整齊，男士脫帽進入。
4. 女士不要濃妝豔抹，不要用味道強烈的香水。
5. 早到可坐中間位置，晚到應面向祭壇通過別人就座，並輕聲說對不起。
6. 儀式中遇熟人點頭微笑，寒暄應在儀式結束後在教堂外為之。
7. 儀式中傳紙條、耳語、做某些示意姿勢等都是不禮貌的行為。
8. 除非不得已否則不要中途離開，如要離開應選擇方便座位，離開時安靜離去。
9. 儀式結束時不要擋著門或走道，保持通道暢通。

回教清真寺

莫斯科紅場的東正教教堂

 ## 第十節　其他公共場所的禮儀

　　人們有許多時間都是在公共場合活動，眾人共同使用許多公共設施，在同一地點做類似的事情，因此如何不妨礙他人，是個人禮儀的基本修養。

　　2006年10月《讀者文摘》針對亞洲人在台、港、中國、星、馬、泰、韓、菲、印尼等地以「惹人討厭排行榜」為題訪問三千六百餘人，受訪者依照「極度討厭」、「很討厭」、「一般」、「不在意」四個選項，填選日常生活最令人討厭之事項，調查發現，亞洲地區的人普遍認為吐痰、插隊、不守交通規則、滿地狗大便是嚴重影響生活品質、令人高度厭惡的事情。此外，商店服務態度差、亂丟垃圾、個人衛生差、口出穢言、鄰居噪音、公共場所抽菸等也是在最討厭排行榜十名之內。如果以台、港、中三地華人地區之資料，港台兩地嫌惡排行前三名依次為吐痰、插隊、服務態度差；而中國大陸之排名則是服務態度差、吐痰、滿地垃圾。可能在大陸地區隨地吐痰的習慣還沒有全面改善，民眾也不認為這和禮儀修養有太大的關連，這和港台兩地的認知有些差距。不過總體而言，不論哪個國家或地區的人民，儘管種族、宗教、習俗都有不同，可是對於禮儀修養的要求卻都是一樣的標準。

　　公共場所是最需要注意禮儀的地方，所謂公共場合如道路上、行走時、街上、醫院、公園等，而需遵守的禮儀如下：

1. 避免在公共場合使自己成為惹人注目的人物，或是大聲講話談笑而惹人側目。
2. 不要擋在路中間，妨礙他人行走，應靠邊站。
3. 搭乘電扶梯時，手持雨傘、手杖要小心，不要絆倒別人；且須緊握扶手，站穩踏階，以免發生危險。
4. 不要在馬路上大聲與別人打招呼，引人側目。
5. 不要在過馬路時或擁擠的人群中叫別人，以免發生危險及妨礙交通。
6. 公共場合不談家裡私事或指名道姓談論別人。
7. 咳嗽、打噴嚏、打呵欠應掩口。
8. 當街飲食應看場合；簡易補妝要快速完成，複雜整妝應在私人場合為之。
9. 開門、關門動作要輕；人多場合循序漸進，不要插隊。

10.遵守吸菸及不准進入之規定；使用洗手間要保持清潔。

11.不取笑或作弄身心不同情況的人。

12.公共場合控制脾氣，不應當眾叱責服務人員。

13.公共場所不要衣衫不整、奇裝異服。

14.在公園不可摘取花木；帶寵物要清理排泄物，並注意寵物不要傷害到別人。

15.到動物園參觀要愛護動物，不敲打櫥窗、玻璃驚嚇動物，不餵食食物或丟東西傷害動物。

泡湯須知

1.入浴前先沖洗身體，再用溫泉水自腳由下向上暖身。
2.入溫泉池後，開始只泡到胸口高度，慢慢再泡到全身。
3.入池泡十五分鐘起身休息五、六分鐘再泡，一天不要超過三次。
4.心悸、頭暈時，起身離開、休息或是停止泡湯。
5.年長者避免一人單獨泡湯。
6.避開高溫的溫泉出水口區域。
7.泡湯前多補充水分，泡湯前後不要暴飲暴食，也不要空腹泡湯。
8.疲倦酒後不要泡湯，容易引起腦部貧血或休克。

泡湯

實例研討 8-11 民主第一課——尊重別人

在公車上一名小男孩又叫又鬧，吵得其他乘客有如五雷轟頂，小男孩的母親凶他說：「不要吵了，再吵司機阿伯就把你趕下去。」或是在圖書館聽到父母對子女說：「在圖書館不能吃東西，否則你會被叔叔罵。」很多父母不去教育下一代在什麼場合該有什麼自律，反而把責任完全往他人身上推。（2000年12月12日《聯合報》）

在旅遊風景區看到小孩亂丟垃圾，這大概是看到家長開車隨手將果皮、飲料罐丟出窗外學來的；在參觀海生館時，解說員不斷地提醒小朋友不要將池中活的海星、貝類抓出水面玩耍，但是仍有小朋友不聽勸告，可是也不見家長告誡小孩子不可做傷害動物的事情，凡此種種，真是讓人感嘆我們的教育是不是出問題了！

禮儀的基本認識就是：享受自己的權利，不能侵犯他人的權利；行使自己的自由，也要尊重他人的自由。我們的民主教育還在實驗階段，侵犯了他人的權利還認為是理所當然，家長教育小孩如此，將來小孩長大了是不是也依樣畫葫蘆呢？

實例研討 8-12 只要我喜歡有什麼不可以

文化中心是一個充滿文藝氣息的場所，看展覽、畫展、表演、聽演講的地方，這天在樓梯上坐著一群年輕學生，有人口裡叼著菸，使得整個走廊瀰漫著濃濃的菸味，直到工作人員前來制止才熄滅，可是工作人員一離開他們又點了一支，完全無視他人的存在，俗語說「敬人者人恆敬之」，這種只要我喜歡有什麼不可以的行為怎能使人們尊重呢？

在公共場合最容易看出民眾的水準及公德心的表現，圖書館裡民眾還來的書經常缺頁或是遭到蹂躪破損；看完的書籍雜誌不放回原位；使用影印機不先將要印

的資料準備好，而霸占影印機許久；表演廳看表演經常手機此起彼落；畫展、攝影等藝術展覽開幕茶會，總是杯盤到處亂丟，這樣的行為怎能成為有文化的國家呀！文化藝術的水準需要大眾共同來遵守和維護，文化資源也要大家一起來珍惜，社會國家才能進步，成為一個禮儀之邦。

＊　　　＊　　　＊

2000年4月安麗盃女子花式撞球賽在台北舉行，球迷踴躍為本國選手加油。但是當外國選手失誤時，卻見球迷也鼓掌叫好，這就有些欠缺風度，也表現了國人對於觀賞運動比賽應有的禮儀有待加強。試想如果我們的選手在外國比賽也受到這樣的對待，對選手是多麼難堪的事呀！雖然選手在場上爭勝負，情緒緊繃，觀眾看比賽應該儘量保持欣賞的態度，控制過分的激情。

＊　　　＊　　　＊

陪同友人到故宮博物院參觀，遇到一群活潑的小朋友來故宮校外教學，只見小朋友也許出來太高興了，三五成群高聲談笑，甚至拿著相機用閃光燈照相，嚴重影響一般參觀者的權益，卻不見老師出來維持秩序，還好解說員馬上制止並要小朋友安靜聽講。學校的校外教學不只是安排到某處參觀而已，參觀前的禮節及參觀的規矩教育、學習的心態等都應做好規劃，使參觀活動的實務教學與學校的理論教材能結合，真正達到教學的效益。

許多展覽品或模型是允許碰觸或操作的，但是動手操作要小心愛護，家長、老師也要教導小朋友愛惜公物的觀念。一些不能碰觸、玩耍或是騎坐的地方，就不可觸摸或是在上面休息玩耍。

國際禮儀

9

- 國際禮儀的範圍
- 國際禮儀掛旗規範事項
- 國際禮儀排位順序
- 會見、會談、訂約、結盟
- 國際禮儀文書
- 國際餐宴

 第一節　國際禮儀的範圍

　　國與國、政府與政府、一般人民來往、國際會議、官員互訪、締約結盟、談判、文件往來、民間經濟文化藝術體育交流等等的規範，官方的稱為外交禮儀，民間的稱為國際禮儀。

　　每個國家會因為政治體制、文化、宗教之不同，而有不同的禮儀規定。因此如何表現平等、尊重、友好的態度，就是國際禮儀所要注意的事項。

 第二節　國際禮儀掛旗規範事項

　　國旗代表國家，懸掛時絕對應予尊重。本國國旗與他國的國旗同時懸掛時或是與其他旗懸掛時，都有一定規範，應該遵照辦理。掛外國旗時不僅不能將國旗弄錯，國旗的上下方向也要正確，以免對他國「失禮」，引起誤會。

一、國旗懸掛方式

　　國旗代表國家，是一個國家的象徵和標誌，應絕對加以尊重和保護，在國際交往中如何懸掛國旗是國際禮儀重要的事項。國旗不應碰到地面，褪色之國旗私下燒掉。升降國旗時應起立致敬，軍職人員應按規定舉手敬禮。有關國旗掛旗的規定有下列數種方式：

(一)門首

　　節日國旗掛在門楣左上方，旗桿與門楣成三十度。如果用兩面國旗時，可交叉懸掛於門楣上或是並列於大門兩旁。

(二)禮堂集會場所

　　國旗掛典禮台牆上中央，國旗在上國父遺像在下。國旗應與地平行，若掛在牆上應平坦，與其他旗在一起時國旗在右邊。

(三)室外

日出升起，日落降下，升旗時旗子的方向不要上下左右顛倒。晚上只有在特殊節目時掛旗。

(四)半旗

致哀時下半旗，應先升到頂再降約旗桿三分之一或適當高度之處，降旗時先升至頂再降下。有些國家致哀時不降半旗，而是國旗上方繫上黑紗表示哀悼。1999年9月21日凌晨一時四十七分台灣中部發生七點三級大地震，傷亡慘重，死亡人數達兩千零七十人，政府宣布1999年9月23日至25日全國降半旗三天，以示哀悼。美國911恐怖攻擊事件發生後，美國白宮前降半旗以示悼念。

921大地震時全國降半旗三天

美國911事件後，白宮前降半旗致哀

http://www.flickr.com/photos/usnationalarchives/sets/72157627484182135/detail/

二、國旗與外國旗

國旗與外國之國旗放在一起時，掛旗的原則如下：

(一)尊右原則

我國古代以左爲尊，現在中外風尚均爲「尊右」，掛旗時以旗之本身位置面對人衆爲準。國旗與外國之國旗並用時，以右爲尊，方向以旗子本身面向爲準，也就是觀衆的左邊。旗子的大小及旗桿的長短應相同，國旗在其他國家國旗之右邊。

(二)置中原則

如果有很多國家的國旗在一條橫線上時，則國旗最右邊。如果有很多國家的旗子在一條直線上時，則國旗在最前端。國旗不能倒掛，某些國家的國旗因圖案或文字的關係，正反容易弄錯，更應該小心。有些國家的國旗因設計的關係，不能豎掛，否則圖案不正，也要當心。

國旗與來訪國旗並列時，地主國國旗在右

歡迎國外貴賓來訪海報，地主國國旗應在右邊，本圖爲錯誤示範

(三)英文字母順序

同時懸掛多國國旗時，以國家名稱之英文或法文字母首字為序，依次排列，惟地主國國旗應居首位，即排列於所有國家國旗之最右方，亦即觀眾面對時之左方。

(四)交叉掛旗

國旗與其他國家國旗交叉懸掛時，國旗在右，旗桿在其他國家國旗旗桿之上。

(五)禮賓車掛旗

本國國旗在車之右前方，來訪國國旗在左，也就是駕駛座這邊，但是也有些國家是以駕駛員右方置來訪國國旗。

(六)國外掛國旗

在駐在國或僑居國需要掛國旗場合，應於正面或正面兩側分懸兩國國旗，駐在國國旗在右，我國國旗在左。在室外場合亦同。

國旗與外國國旗交叉時，國旗在右，旗桿在上

(七)藍、白、紅三色布

　　各國布置使用藍、白、紅三色布時，應按照藍、白、紅之次序排列，橫置時，藍色在上，直置時，藍色居右。

三、國旗與其他旗子

1.國旗與二面或數面非國旗在一起時，國旗在中央，旗桿並比其他旗桿高一點，旗面也稍大。國旗與其他旗幟平行並列時，國旗居右，且旗面稍大，旗桿稍高。
2.萬國旗：國旗在最前，其他按國名英文字母順序排列。
3.在國外懸掛國旗：地主國國旗在右，本國國旗在左。
4.訂約結盟桌上置旗：我國的慣例是地主國國旗在右，來訪者國旗在左，座位則地主國坐左，來訪者坐右。外國為了清楚賓主方向，賓客國旗及座位都在右方，地主國在左方，建議民間採用這種方式較佳，否則國旗與簽約者不在同一方向容易產生簽約者是哪一國代表之誤解。

國旗與其他旗子並列時，國旗在中央

加拿大貴賓來台參加特展的旗幟排列方式

四、國際會議置旗

1. 主辦國國旗居末，其他國家按國名英文字母順序依序排列。國際間人都採行這種「字母排序」原則。

2. 主辦國國旗居末，其他國家按參加該國際會議組織先後順序排列。

3. 會議桌的旗子則主席國的國旗放中間，其他國按英文字母順序，或按參加該國際會議組織先後順序，從右向左順序置旗並就座。

4. 有些國際會議舉辦時，不掛與會者各國國旗，而是掛各國該組織之會旗，這時會旗排列的順序大都是以各國組織參加該國際組織的入會先後為原則。

5. 聯合國會員國國旗排列的順序是以該國國名之英文字母順序為標準。但是在聯合國每年開大會時，則抽出英文二十六個字母之一個，該年各會員國的座位順序就自該抽出之字母為始之國家開始依序排位。

聯合國大門口之各會員國國旗按國名之英文字母順序排列

五、國歌

1.本國國歌：奏本國國歌時，全體國民都應肅立致敬。有些國家如美國規定，
奏國歌時國民右手置於胸前致敬。
2.外國國歌：奏外國國歌時，雖來自不同的國家也應起立，表示適度的禮儀與
尊重。

第三節　國際禮儀排位順序

　　禮賓的排位順序，是國際來往中對出席活動的國家官員團體及個人，按禮儀
規定或是國際慣例排列先後就座順序，排位的順序是地主國對各國貴賓所給予的禮
遇，也代表各國主權平等的地位。

　　因此國際的場合排位就有了一些規則和慣例，例如國際會議通常使用圓桌，
沒有高下之分，不會有某一人是主席，或是某一人高高在上、獨霸會議桌的一方之
感覺，有使與會者大家地位平等之意。橢圓形、方形、長方形也可以有這種效果。
如果是對談式或是談判式的會議，有兩位主席或首席代表，則一定用長方形的桌
子，雙方代表各坐一邊，各方主席坐中間。如三國代表商談，則排成三角形，四國

代表則排成四方形。除了排桌子形狀很傷腦筋外，每一方的代表坐上檯面的人數也需相同，否則又會引起軒然大波了。

民間舉辦活動，對於參與活動的國際人士，如有規定或慣例按規定及慣例排位，也可以以活動的主要目的來安排主賓的位置，不必像國際外交禮節那麼堅持原則，不過主席或主人一定是坐中間位置。

排位的順序雖然有一定的國際慣例，但是各國仍因政府體制、宗教信仰等之不同而有不同之做法。一般常依據的方式有二：

一、一般的排位順序

(一)英文字母順序

在國際場合按參加國家國名英文字母順序排列，這種方式最為普遍，如各種國際會議、體育活動等。

聯合國大會的席次也是如此，不過為了避免一些國家總是占據前面的位置，所以每年大會都抽籤決定本年大會席次由哪一個英文字母開始，這樣各國都有機會排在前面了。此外在國際活動中，地主國或主辦國都排在最後，就像四年一次的奧運會，主辦地主國一定在入場儀式時最後進場，但是地主國如為主席則坐中間。

聯合國安理會之圓形會議桌

(二)參加組織時間的先後

很多國際活動是按該國參加該國際會議組織先後順序來安排席位,地主國在最後,主席則坐中間。

有些國際活動是按該國通知主辦單位組成代表團的日期為排位的依據,也有些是按代表團抵達活動地點的時間為標準,此外還有是以參加國決定派遣代表團參加活動答覆時間為依據。不論採用哪一種方式,主辦國都應在邀請函中說明清楚,以免誤會,茲體事大。

(三)身分職位高低

官方的活動主要依據身分與職務的高低安排順序,如國家元首、副元首、總理、副總理、部長、大臣等,通常是以各國提的正式名單或正式通知為依據。但是由於各國體制不同,官銜職務不盡一致,就要根據各國的規定,參考相當的級別和官銜來安排了。

美國官員的排位順序為:總統、副總統、眾議院議長、最高法院院長、前總統、國務卿、聯合國秘書長、外國大使、前總統遺孀、最高法院法官、內閣閣員等。

在實際工作中,國際活動常常不能只按一種方式來排位,而是考慮各樣因素用幾種方法交叉排定位置,如國家關係密切、對此國際活動貢獻卓著、參加者的威望資歷受到尊重等,都應考慮排位在前面。有時也將同一地區、同一宗教信仰、語言相通、風俗習慣相近或是業務性質有關的人士排坐在一起。

(四)皇室大典排位

歐洲皇室舉行就職、結婚、喪禮等大典,會以同是君主立憲國家的皇族貴賓或是宗教大老排在高位,民主國家的領袖不一定排在高位。

總之,國際禮儀排位工作,應該要全盤考慮周到,細心、精緻、耐心、不厭其煩地擬訂多種方案,應付各種可能發生的情況,避免引起不必要的誤解和麻煩。

二、其他排位

(一)我國政府的排位順序

　　1.政府官員：按憲法中總統、副總統、五院院長、各部會首長……規定之順序
　　　排位。

　　2.中外官員：中外官員一起時，其排位順序為總統、副總統、各國駐華使節
　　　（通常依呈遞國書之先後順序排位）、五院院長及副院長、最高法院院長、
　　　五院各部會首長及政務委員、本國現任大使、各國駐華公使、參謀總長、總
　　　統府秘書長及參軍長、其他特任官員等。

(二)其他排位

　　1.國際會議：會議桌座位，主辦國或主席坐中間，上、下屆主辦國坐左右兩
　　　旁，其他國家按英文字母順序或按參加該國際會議組織先後順序就座。在
　　　2001年以前的亞太經濟合作會議（APEC）都是按參加國英文字母順序安排
　　　座位，但是2001年10月20日泰國主辦的APEC各國領袖會議，則打破慣例
　　　用其他的公式安排座位，讓出席的各國領袖增加互動的機會。自此以後，
　　　APEC每年主辦國都主導著安排座位的掌控權。

　　2.民間國際往來：原則上遵循國際禮儀規範執行，也可依公司或個人關係親疏
　　　程度來安排座位。

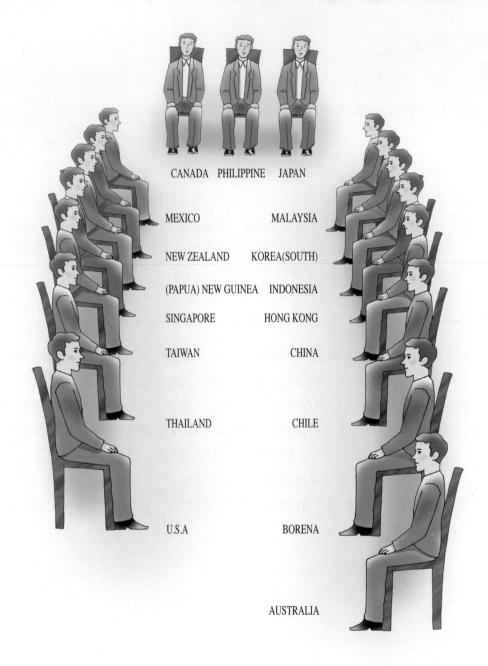

CANADA PHILIPPINE JAPAN

MEXICO   MALAYSIA

NEW ZEALAND   KOREA(SOUTH)

(PAPUA) NEW GUINEA INDONESIA

SINGAPORE   HONG KONG

TAIWAN   CHINA

THAILAND   CHILE

U.S.A   BORENA

AUSTRALIA

國際會議排位方式

1996年APEC國際會議在菲律賓舉行，菲律賓為主辦國，故坐中間，日本為上屆主辦國，加拿大為下屆主辦國，分別坐在兩旁。其他則按國名英文字母順序排位。

 # 第四節　會見、會談、訂約、結盟

　　國際交流官方或是民間都有會見、會談、訂約、結盟等情事，政府之間一定會以外交禮儀行事，而民間來往以私人情誼為重，雖然不會完全照著辦理，但是重要場合或是儀式仍然以國際禮儀規範作為參考。僅分別說明如下：

(一)會見

　　國際往來主人接見客人或召見身分較低的人士，客人拜會主人或是拜見地位較高之人士，都有一定的禮節。政治外交會見，其座位安排一般客人坐主人右邊，翻譯及記錄人員坐主賓和主人後面，其他主賓及主人陪同人員分坐兩旁。

(二)會談

　　會談是就某些共同關心的問題交換意見，內容較為正式，有時會有幾次的會談之安排。雙邊會談用長方桌，賓主相對而坐，主談者坐中間，若有小國旗則置於各國主談者前面，通常主人背門而坐，賓客面向正門，翻譯人員安排坐主談人右側或後方，記錄人員坐後方，其他陪同會談人員按禮賓規定依序就座。多邊會談座位可安排圓形或四方形，三邊會談也可將桌子安排成三角形。

雙邊會談時採用長方桌，雙方相對而坐

雙方定約結盟，來訪國的國旗及座位皆安排在右方，地
主國的國旗及座位皆安排在左方

(三)訂約、結盟

與其他國訂約、結盟，桌上右方置來訪國國旗，來訪國代表亦坐右邊座位，左邊置地主國國旗，地主國代表坐左邊座位。合約書採「輪流」原則，也就是每一代表國所持有之合約上簽字於首位，來訪國或其他國則依其國名英文字母順序簽於其後。

 # 第五節　國際禮儀文書

文書是處理公務的依據和紀錄，外交上要遵守外交禮儀，一般公務文書往來也應遵守文書處理的程序來辦理。

文書的製作要合乎規範，內容要正確完整，遣詞用字要明確，還要把握時機，發出之前以規定用紙製作，並要詳細核對，沒有錯誤才能用印封發寄出。

除了公務上的文書之外，屬於禮儀方面的文書還有賀函賀電、感謝函電、邀請函電、慰問函電、唁函唁電、授權書、委任書及其他有關的通知、備忘錄等文書。

國際往來的文書製作時，外國國名要用全名，不可以簡稱稱呼，有關人員的職稱姓名也應用全稱，有特殊頭銜者稱呼要合乎禮儀規範，如閣下、殿下等，正式文書蓋關防有一定的位置，中式的關防蓋在「年」「月」上，也就是所謂的「壓年蓋月」的蓋法。

 第六節　國際餐宴

　　國際間往來常舉辦宴會及餐會，尤其要注意各國飲食、宗教之禁忌。例如猶太人不吃蝦子、豬肉，食物就應避免這類菜餚，否則會被認爲有故意羞辱對方的意思。非洲國家認爲「水母」是軟弱沒骨氣的象徵。2005年4月，政府在高雄宴請非洲幾位駐華使節，因爲使用有水母圖案的餐具，發生憤而離席的事件，所以國際外交宴客應特別注意。

一、國際外交宴客安排

1. 性質：宴請國家國王、元首（chief of state）的宴會稱國宴（state banquet），宴請政府首長（head of government）的宴會稱爲正式宴會（official banquet）。
2. 時間：晚上七點半開始，主人七點十五分等候迎賓。
3. 賓客：主客外，可由主客決定某些陪客，主人再搭配適當人數。
4. 菜色：以主賓爲主，以前用過的菜色要記錄，避免重複。分量要比預定人數超過，避免不夠顯得小氣。

2013年駐美大使館雙橡園國慶酒會

5.酒：

(1)飯前酒：客人到達後，送上飲料、酒、可樂等。

(2)席上酒：用餐時之配酒，西餐用白、紅葡萄酒，中餐用陳年紹興或各地名酒。

(3)飯後酒：晚餐九點結束，飯後可至客廳喝咖啡、白蘭地，聊天社交一番，約九點四十五分結束送客。

6.布置：桌次、席次安排要合乎禮儀及情況，儘量不要臨時調換座位，餐桌布置放上花飾（centerpiece）、座位牌。

7.營造氣氛：周到的專業服務人員，製造愉快話題、歡樂氣氛，達到賓主盡歡的效果。

8.其他事項：國是訪問（state visit），接受21響禮炮（21-gun salute）迎接；官式訪問（official visit），接受19響禮炮（19-gun salute）迎接。

二、國際外交宴客下列菜色不要上桌

1.不方便食用的食物：如螃蟹、帶殼之蝦、蝦仁鍋巴、整條魚等，以免吃相狼狽或弄髒衣服。

2.保育類動物：魚翅、海參、燕窩等。

3.可當寵物飼養的動物：乳鴿、田雞等。

不要使用整條魚宴請國際賓客

4.貴賓之文化禁忌食物：伊斯蘭國家民眾不吃豬肉；非洲國家水母代表軟弱，
　　不能在餐具上顯現。食物儘量避免違反賓客宗教文化禁忌。

三、國宴

　　所謂「國宴」就是國家元首款待正式來訪的友邦元首的宴會，通常是以隆重
的晚宴方式在總統府舉行。基本上全世界的國宴程序都大同小異。

　　國宴的程序如下：

1.來賓抵達宴會場所，享用飯前酒。
2.來訪元首伉儷由該國外交部長陪同至會客室，與本國總統伉儷及外交部長見
　　面茶敘。
3.賓客由禮賓人員安排至會客室，由禮賓司長唱名介紹向兩位元首伉儷致意。
4.兩位元首在崇戎樂及武官引導下步入國宴廳，全體賓客起立鼓掌歡迎，演奏
　　來訪國國歌。
5.餐宴開始，席間安排娛樂節目助興。
6.最後一道菜吃完，甜點、水果之前，本國總統致詞，外國元首發表演說。
7.兩國元首侍衛長至元首後方立正，餐會結束，全體起立演奏本國國歌。
8.總統陪同外國元首到大門口握別。

總統暨夫人以國宴款待史瓦濟蘭王國國王恩史瓦帝三世
陛下暨王妃殿下

實例研討 9-1　國際禮儀舉例

★澳門回歸

　　繼1997年7月1日香港回歸中國後，澳門也在2000年回歸中國，在1999年12月19日晚間移交典禮中，20日零時整中國五星旗升起，澳門主權正式回歸中國，結束了葡萄牙對澳門將近四百五十年的殖民統治歷史。（1999年12月20日《聯合報》）

　　1999年12月19日澳門由葡萄牙政府移交中國政府的儀式中，典禮台後面向觀眾牆面右邊掛的是中國的國旗，左邊掛的是葡萄牙的國旗，因為國旗代表國家，按國際禮儀規範右邊為大，地主國的國旗應在右邊，兩國國旗旗面一樣大。典禮台前右邊一高一低的兩支旗桿，中國的五星旗在典禮台靠中間，旗桿較高、旗面較大，而澳門特區的旗幟在左，旗桿較短、旗面較小。

主權移交　澳門易幟

★元首到訪接機禮儀

依照外交慣例，友邦元首到訪都是由外交部長接機，但是如果情況特殊，亦可由國家元首或副元首接機，並以軍禮歡迎。

總統府以軍禮歡迎友邦元首儀式通常在中正紀念堂舉行。軍禮是對友邦元首最隆重的歡迎儀式，施放21響禮炮歡迎，並演奏兩國國歌、檢閱三軍儀隊。參加人員應有五院院長、政府各部會首長等。

2005年10月中國國家主席胡錦濤訪問英國，由女王伊莉莎白二世的女兒安妮公主與夫婿代表接機，女王在白金漢宮前以隆重的皇家閱兵儀式歡迎到訪。英國以極高禮遇歡迎中國國家主席，除閱兵儀式外，還安排住在王宮內，以國宴款待，主要道路也懸掛中英兩國國旗，倫敦主要建築及地標，妝點象徵中國的紅色燈光。

★國際外交語言

法國總統席哈克3月23日參加歐洲聯盟高峰會議時，因為一名法國工商業界領袖塞里耶向與會的二十五國政府首長用「英語發言」，席哈克率領代表團離席，直到塞里耶停止發言才回到座位。（2006年3月26日《聯合報》）

法國官員出席任何國際會議都說法語，法國一直想提升法國語文在世界的地位，但難擋英文成為世界國際語言的趨勢，就連法文本身也愈來愈多的英文字了。過去歐盟作新聞簡報時提問者全用法文，現在卻是英文掛帥。二十世紀前法文為主要「國際語言」的地位已為英文所取代了。

★美加外交人員受禮規定

先進國家對於駐外官員都訂有嚴格詳盡的飲宴送禮規範。美國政府明文規定嚴禁下屬送禮給上司。派駐海外官員接收駐在國各界饋贈的禮物以不超過美金一百元為限，且必須申報。事實上美國駐外官員收到的禮物都須捐出作為慈善用途或員工內部活動時抽獎獎品，收到食物則放到辦公室供大家享用，所謂一百美元的額度是指超過的話連收都不能收。駐外官員宴會時出席之官員不能比客人多，加拿大不論收禮或請客也是一樣的規定。（2006年2月23日《自由時報》）

　　曾經報載蔣孝嚴先生在任外交部長時,接受外賓贈送的禮物都會在外交部年終尾牙宴會時捐出作為同仁的摸彩獎品,實在是一個很好的典範。

★巴拿馬運河移交

　　美國在1903年協助巴拿馬脫離哥倫比亞獨立,同時取得開挖運河和運河區的所有權,巴拿馬運河在1904年通航。直到1977年巴拿馬才與美國前總統卡特簽署運河條約,巴拿馬在1999年收回運河及運河區的主權。

　　1999年12月14日,美國移交巴拿馬運河管轄權的儀式中,美軍掌旗行進時,巴拿馬地主國國旗在中間,美國國旗在巴拿馬旗之右邊,因為運河已移交給巴拿馬了。1999年12月31日巴拿馬正式接管運河所有權及管轄權。

巴拿馬運河移交

國際貴賓接待

10

- 邀請函製發
- 準備的資源
- 蒐集訪客的資訊
- 行程安排
- 提供訪客資料
- 接待人員

隨著國際間交往的頻繁，各國領袖的互訪，政府官員公務出訪，社會知名人士、企業家之間相互活動等都大量增加，這些訪問不論國家之國際事物、友好訪問、考察研究、企業來往或是國際會議等各項活動，都使政府與民間團體或是企業需要經常接待來自其他國家的重要貴賓，如何做好接待的工作是「禮儀」必要的課題。

國際訪客如貴為國賓或政府重要官員，接待單位會以外交禮儀規範來辦理。一般民間來訪貴賓則遵行國際禮儀來接待，雖然接待的方式不像外交禮儀要求得那麼正式，不能有所疏忽，以免貽笑國際、影響邦誼，但是接待的過程仍應有一定的禮儀規範，主辦人員更應有專業的禮儀素養。關於貴賓接待有關事項分別說明如下。

第一節　邀請函製發

國際貴賓來訪，都會有正式的書面文件邀請以示慎重；民間團體重要賓客來訪，也會有書信來往表示歡迎。有些因為出國簽證等手續更需要正式的邀請函才能辦理，所以邀請單位要及早製作邀請函件，方便被邀請人準備各項事項。

一、官方邀請函

國際重要官員來訪，都要經過雙方事先協商約定訪問事項，有時是雙方先口頭約定訪問，有時訪問是因為「回訪」的需要，甚至有時是來訪者主動表示意願。不論是哪一種情形，訪問一經確定，都應以書面邀請函正式提出邀請，受邀者接到邀請函後應即時答覆，地主國也可積極準備辦理有關訪問接待事宜。

邀請函內容除了歡迎來訪之外，文件內尚應註明受邀者的身分、職務、訪問性質、訪問的日期、時間及其他有關事項。

二、民間往來邀請

國際民間團體活動，如參加會議、教育考察或是國與國間進行文化、藝術、體育的比賽或交流訪問活動，也都需要正式書面的邀請函件。商業上的往來雖不一定需要正式的邀請函，但是在雙方往來的信函中，也都會提到來訪及接待等相關事

○○○國○○市
○○市市長○○○先生
敬愛的市長先生：
　　我非常高興收到您○年○月○日的來信。您對於 ○○市和
○○市建立更為密切和友好的關係的建議，我深表贊同。○○
市熱烈歡迎您明年三月的訪問，我深信透過您的來訪，必將促
進兩市之間的相互瞭解和友誼。
　　我們期待著很快能和您見面。

　　　　　　　　　　　　　○○市市長（簽名）
　　　　　　　　　　　　　○○年○○月○○日

宜。有些國家一般人民出國要經過政府核准，或是牽涉到旅費補助、申請簽證等問
題，更是需要正式的書面邀請函才能辦理出國及請假手續。

 第二節　準備的資源

　　國際貴賓來訪，不論官方或是民間團體邀請都是一件重要的事。因此一旦貴
賓確定來訪，行程接待單位就要積極準備，尤其要與有關單位協調，請求支援有關
的人力、物力、財力，以便做好接待的工作。

一、人力

　　安排身分、職位適當的高級主管接機及宴請貴賓，安排隨行翻譯人員、司
機、攝影、安全人員、聯絡人員、統籌接待計畫負責人等。

二、物力

　　交通工具及車輛安排，行動電話、相機、攝影機、禮品以及各項會議相關場
地、物品的準備，安排及預定餐宴地點。

三、財力

　　編列預算，通常接待貴賓的費用，國際通行的做法是來訪者的旅費由其自己負擔，抵達地主國後之食宿、交通等費用，則由地主國機構招待。商業上往來，外賓通常自行負擔食宿、交通等費用，地主國公司僅負擔接待及設宴款待等費用。

第三節　蒐集訪客的資訊

　　為了善盡主人的職責，希望貴賓能夠有賓至如歸的感覺，所以事先瞭解來訪者及同行者的資料就有其必要性，蒐集資料可以從以前的來訪紀錄中得到最有參考價值的資料，如果是首次來訪，也要依據其風俗、習慣、宗教信仰等，利用各種管道瞭解情況，做好接待的準備。

實例研討 10-1　部長用心，外賓盡興

　　前外交部長胡志強先生在部長任內，每逢重要外賓來華前，禮賓司循例都得由司長面報整個接待流程與節目安排，胡部長對每一個細節都會一一核對，並面授機宜。除了重視外賓飲食習慣，仔細端詳菜單安排正式餐會外，也會安排不穿西裝的輕鬆餐會，甚至卡拉OK之夜休閒活動。胡部長也會及時為熱帶來訪的島國總統購置禦寒的風衣，凡此種種都可以看出一位優秀的外交人員對「禮賓」工作的專業。其實簡單來說，就是要用心在這件事上，再加上臨場的反應、實務經驗的累積，就可以成為一位稱職的接待人員了。（取材自1999年11月19日《聯合報》）

1.個人及同行者資料：貴賓之簡歷、照片、背景、年齡、身體情況的瞭解，如不良於行、有慢性疾病等，是否需要交通工具的配合或是要輪椅代步，找出過去資料作為參考。同行者之人數、身分及有關資料亦應儘量先做瞭解，以便配合。徵詢行程安排之意見，注意提醒來訪者與同行者的護照簽證期限，否則臨時不能成行，一切準備都會打亂了。

2.重要外賓之禮遇通關，可於兩星期前提出申請，抵達時可由禮遇關口進入，減少貴賓排隊等待的時間。接待人員提早申辦機場臨時通行證，屆時可至空橋門口接送貴賓。

3.瞭解貴賓宗教信仰、飲食習慣及愛好、特殊活動等的配合和安排。

4.訪客來自地區、生活方式和習慣的瞭解，如氣候、環境、禁忌、疾病衛生情況，甚至對於時間的觀念等，以便安排時儘量配合。

5.訪客特殊行李，出關申請或大型車輛運送的安排。

6.貴賓特殊嗜好或收集樂趣，例如是否有指定參觀地點，或是否要購買某些特別物品。

實例研討 10-2 回教禮俗

　　報載2010年10月伊朗三名足球隊員乘機抵達德黑蘭機場，因為親吻一名女性球迷的手和臉頰，違反該國回教嚴格的禮儀法規，被警方拘留及起訴，如果罪名成立，將面臨鞭刑或監禁的處罰。

　　其實2003年，伊朗也有過類似事件，一名女演員在頒獎典禮上親吻一名電影導演，被判處鞭刑七十四下，但獲緩期執行。

　　2010年11月，美國總統歐巴馬夫人米歇爾在印尼訪問時，因與一名伊斯蘭教的部長握手照片上了媒體，而引起印尼人的指謫。其實握手是現在打招呼最普通的禮節，國際場合更是最常見的互動方式，只是男性和女性握手時要注意應有的禮貌，輕握指尖，隨即放開。不過入境隨俗，回教國家男女不得碰觸對方，最好還是要給予尊重。

7.自由活動時間安排，例如是否有親友要拜訪。

8.瞭解回程日期、機位及班機安排、確認。使用專機或私人飛機亦應協助作業程序之安排。

9.如果對於國際貴賓來自地區不甚瞭解，可向該國駐地主國的使領館或辦事處尋求協助，或者可向在當地的商務人員取得需要的資訊。

 ## 第四節　行程安排

貴賓訪問期間，除了公務行程安排是最重要的活動之外，也會在洽公之餘安排一些旅遊行程配合調劑，尤其有眷屬同行時更需考慮其需要。行程安排要注意遠道訪客旅途勞累、時差調適等問題，是否要保留一點休息時間調適。行程安排要點如下：

一、訪問目的

行程的安排，首先要以訪問的目的和性質作為考量重點，其次配合來訪者的意願及其在受訪地的特別關係來作適當安排，例如要拜訪哪些重要人士或是哪些人

來台參加國際會議的貴賓

要來拜訪他、以前去過哪些地方、來訪者精神及體力的限度、隨行人員及眷屬活動的安排等等。

二、參訪機構

貴賓參訪機構應事先安排，應用正式文書確定，內容應包含：收電者姓名、電話、傳眞、電子信箱；發電者姓名、電話、傳眞、電子信箱；發函日期；文件頁數；聯絡事項；訪問人員名單（國家、姓名、職銜）；訪問日期、時間；接待事項；回函確認。

三、節目安排

訪客行程安排鬆緊要適當，活動太少，有冷落客人之嫌，活動太多，使訪客累得精疲力盡。要能恰到好處，除了事先資訊蒐集詳實、準備工作周到、經驗豐富之外，隨時調整原有的安排，臨場的機動應變，才是接待工作的最重大考驗。

四、行程安排注意事項

行程安排注意事項如下：

1. 訪問期間交通工具安排與確認，不論要坐火車、高鐵或是搭乘飛機，都要預先做好安排。
2. 往中南部如只離開一天，時間短，可保留台北旅館房間，時間長，可辦理退房（check out），回來可換另一家旅館，可節省旅館費，又可體驗不同生活圈之生態環境。
3. 主要地區參觀遊覽外，亦可安排定點活動，如參觀夜市、玉市、陶瓷工藝館、美術館、博物館，欣賞戲劇表演等。
4. 旅遊地點的旺季要注意交通時間之控制，場所的安全性也要列入考量。
5. 白天、晚上都有活動時，要保留一點緩衝時間，使貴賓可以稍作休息、換衣、梳洗後再參加晚上活動。
6. 「參觀」通俗飲食，如夜市小吃，注意衛生，招待吃仍以正式餐廳爲妥。

記者招待會接待處

7.訪問地點的接待或旅館之接待安排，歡迎貴賓的方式，都要事先做好安排並演練。

8.安排休閒活動、打球、運動等事先聯絡場地和用品的準備。

9.貴賓之平安保險辦理事宜。

10.記者會安排或新聞發布事宜的安排。

第五節　提供訪客資料

　　貴賓來訪雖然事先經過詳細的聯絡規劃，無數文件的往返，但是在正式抵達後，應該儘快送上一份最新完整的行程表、訪客日程表及有關資料，讓來賓瞭解整個行程以便配合。

1.行程表：本次活動整個節目的計畫表，來訪之前應提供一份詳細行程計畫表，並作最後的確認。抵達之後也還要將行程表附上，如有修訂亦應儘快更換最新的行程表。每一次更新了的表格，都應加上製作日期，以免弄不清楚哪一份是最新的行程。

2.貴賓之日程表：每一日的節目製表提供參考，表內項目有：活動項目、日期、時間、地點、電話、接送方式、接待人、製表日期等。

貴賓來訪歡迎晚宴

3.拜訪名單：來訪期間要拜訪的賓客或是要來拜訪貴賓的訪客名單，列表提供參考，如有變動要做更新。拜訪名單中應包括日期、時間、地點、接送方式、拜訪人、其他與會重要賓客、攜帶物品（如資料、紀念品、交換物品）等。

4.來訪期間參加活動的通知、邀請函或宴會的請帖、每場餐會主要參加者名單等。

5.旅遊資料：

　(1)住宿旅館的地址、電話、位置圖。

　(2)市區、市郊遊覽圖和資料。

　(3)觀光手冊（最好有地圖及圖片）。

6.各重要及緊急查詢電話表：接待單位重要人員電話、醫療單位電話、使領館或辦事處電話等。

7.受訪機構之各項簡介及說明資料等。

 第六節　接待人員

貴賓來訪，接待人員的工作最為吃重，也是影響賓客印象最重要的因素。接待人員不僅要有專業的訓練，還要有豐富的實際經驗，才能做好完美的接待工作，

尤其是接待過程中許多臨時情況，是否能夠應對得宜、處理得當，是接待人員的最大考驗。擔任接待人員應加注意事項如下：

1. 貴賓身分特殊，需要安全人員、警察人員、交通管制人員等的配合，應及早商請有關單位或專業保全人員協助。
2. 如需安排翻譯人員，要及早聯絡經驗豐富、口譯技巧高超的專業人員，並且給予充裕的時間準備。
3. 預先向機構申請費用並提早預借，準備現金、簽帳卡、零錢以備接待時使用。
4. 攜帶隨身常用藥物，如胃藥、止痛藥、OK繃、綠油精等。不過身體不適還是應請專業醫生診治為妥。如為大型團體來訪，可請醫生及護士隨團照應。
5. 配合主辦部門安排正式會議、簽約、歡迎會、酒會、餐會、記者會等。如需準備來訪國國旗、國歌或樂曲應預早準備，並瞭解如何演奏和國旗放置的方式，貴賓訪問期間與有關人員保持密切聯繫。
6. 配合民俗安排活動，如龍舟競賽、放天燈、中秋賞月、元宵燈會等，增加對於本國文化民俗的瞭解。
7. 致贈貴賓紀念品，禮品的選擇要考慮攜帶是否方便，致送的場合如何安排。貴賓訪問活動的照相冊、剪報簿，在離華時致送是最有意義的紀念品。
8. 接待貴賓的規格，主人的身分、地位，宴會的規模，住房及交通工具安排，都要適合貴賓的地位。

安排民俗活動——放天燈

9.適當安排公司高級主管輪流接待訪客，一方面分散接待的辛勞，又可使公司主管與貴賓接觸溝通，建立人際關係。

10.安排旅館注意事項：特別留意貴賓及陪同人員需要的房間數及房間類型。

  (1)預訂鮮花、水果、飲料、糖果、酒、報紙等充實房間服務。

  (2)快速辦理住房（check in）手續，送貴賓到房間並檢查房間是否理想，是否需要補充設備。

  (3)重要物品提醒存放於保險箱（safety box）。

  (4)在旅館大廳（lobby）接送及等待訪客，除了第一次陪同進入房間瞭解房間是否適合外，原則上以後都在大廳等待賓客。

  (5)離開應先辦好結帳（check out）手續，不要讓訪客在大廳等候太久。

  (6)行李可能增加，要事先做好運送安排。

  (7)如須旅館準備國旗及來訪國國旗放置室內或室外，應及早聯繫，不能弄錯以免失禮。

11.休閒活動安排：不論打球、看戲或是其他娛樂活動，要事先接洽場地、購票，並安排適當陪同人員。

12.眷屬特別活動安排：眷屬不一定與貴賓一起活動，可配合興趣安排合適的節目，如購物、參觀博物館、欣賞藝術文化表演等。

13.接待人員服裝、儀容、應對態度都應合宜，對於行進間、會客室、會議室、餐席安排等的禮儀都應有所瞭解。

接待人員服裝儀容應合宜

14.提早安排禮遇通關，禮遇通關有國賓禮遇由國賓門進出，特別禮遇由公務門進出，一般禮遇由公務專用櫃檯進出。接待單位按貴賓身分提早與有關單位協調聯絡。

　(1)禮遇通關的種類：

　　‧國賓禮遇：由國賓門進出，包含國家元首、副元首、總理、首相或同級職等官階之貴賓及其隨行人員和眷屬，以及應政府邀請需予國賓禮遇之貴賓及其隨行人員和眷屬。

　　‧特別禮遇：由公務門進出，包含外國駐華大使、公使、特使、部長、省（州）長、直轄市長或相當職等官員及其同行和眷屬，以及應政府邀請需予特別禮遇之貴賓及其隨行人員和眷屬。

　　‧一般禮遇：由公務專用櫃檯進出，包含應政府邀請來訪之重要貴賓或會議人員及其同行和眷屬。

　(2)禮遇通關協調單位：外交部領事事務局或相關部會、內政部入出境管理局、航空警察局、財政部台北、高雄等各海關稽查組、交通部觀光局、民用航空局各航空站。

15.接送飛機注意事項：

　(1)核對班機抵達時間、班次。

　(2)準備標示歡迎牌，如有女士可準備鮮花致送。

　(3)協助行李出機場，安排乘車順序，請邀訪單位地位相當人員接機。

　(4)遵守坐車、行進間的禮節，使用多部車時，編製行車座次表，方便接機人員安排。事先問明行李件數及是否需要另外安排行李車。

　(5)確認（confirm）離去機位，交待特別飲食要求，如素食、不吃牛肉、不吃海鮮等。核對飛機正確起飛時間，確實掌握抵達機場時間。

　(6)送機時，櫃檯辦理報到手續，選擇適當座位，並可安排貴賓至航空公司貴賓室休息候機。

16.去電問候旅途平安：貴賓離去後一兩日可去電問候，表示關心。

17.結算帳目：收集單據及證明，結算帳目，並將資料整理製作報告結案歸檔。

實例研討 10-3　官方貴賓與民間身分貴賓接待不同

　　來訪貴賓具有政府官方代表身分，如總統、總理、部會重要首長、議會議長等，都要按國家正式外交禮儀安排，如國家總統在位時出國訪問，在國內有歡送儀式，各國駐當地使節及政府文武官員都要列隊歡送，到了訪問的國家也有儀隊、樂隊正式歡迎儀式，並舉行國宴、安排正式會談等大型隆重的各項活動。

　　但是總統卸任後，就是一介平民百姓，再出國訪問已不具有政府官方身分，所以就不可能再有正式的儀樂隊的檢閱、歡迎國宴、會談等等國際外交禮儀的安排了。可是因為其過去的地位、社會背景以及現在的身分、地位和影響力，接待單位也會以接待重要貴賓的禮儀做適當的安排，例如快速禮遇通關，座車、住房的等級安排，與元首會面、餐會等，接待的過程不涉及外交方面的平等對等問題，而是遵守一般的國際禮儀規範，並且儘量以誠懇、友好、熱情的態度來表示歡迎之意。

Note...

介紹的禮儀及名片管理

11

- ▪ 介紹的時機
- ▪ 稱呼的方式
- ▪ 介紹之順序
- ▪ 介紹的方式
- ▪ 打招呼的方式
- ▪ 名片管理

　　「介紹」是人際交往時勢必會碰到的狀況，國際來往官員互訪，透過介紹的過程，可以增加瞭解認識，作為國際合作的基礎。民間人士經過介紹相互認識，可以結交新朋友、打開人際關係、拓展商機等。介紹的方式可以用介紹信或是介紹人的名片，以間接方式去拜訪要認識的人，更多的方式是在社交場合，透過自我介紹或是第三者的介紹而相互認識。以下僅就「介紹」有關的禮節說明如下。

第一節　介紹的時機

　　兩個原本不相識的人，在某個場合見面，會自我介紹互相認識，某些場合，主人或是認識雙方的人，會介紹對方彼此相識，何時介紹或是何時不適宜介紹，要有正確的判斷，以下數點提供參考：

1.新客入室時，主人應先介紹新客姓名，再循序介紹先到之來賓與新客認識。

2.大型宴會中，主人可僅就近身者為來賓介紹，小型宴會則主人應為所有來賓一一介紹。

3.在酒會、茶會或園遊會等場合，兩人相遇，可以互相自我介紹，主人勢將無暇為客人作逐一介紹之服務。但專為介紹某人而設之酒會，其介紹之工作自應由主人努力達成。

「介紹」是人際交往時勢必會碰到的狀況，因此須瞭解相關之禮節

4.女主人與來賓不認識之時，來賓可先作自我介紹。

5.正式晚宴，男士必須知道隔鄰女士姓名，若彼此不認識，男士應先作自我介紹。

6.女士進門時，男士通常都起立致敬歡迎，惟於公共場合時，男士不必於每一陌生女士進門時頻頻起立。

7.男士不必因自己女秘書或屬下女職員進門而起立；但講究禮貌者仍然會起立致意。

8.考慮別人的立場，避免因為不適宜的介紹造成對方有不方便、不愉快、不體貼的感覺。

9.不適合介紹之時機：

(1)正在行進間，不宜喚住他人作介紹。

(2)不宜為正在談話者作介紹。

(3)不必為新來者與將離去者作介紹。

 實例研討 11-1 冒失的客人

　　某機構總經理，個頭不高，長相又不是很有威嚴，穿著亦非每日西裝革履。一日客人來訪，總經理正在客廳與公司副總及一位部門主管商談事情，秘書小姐告知客人來訪，總經理就請秘書直接帶客人進來。沒想到這位從未見過總經理的冒失客人，一進客廳，就直衝著三人中長相最體面的副總經理伸手握手，嘴裡還說著「久仰大名，無緣拜見」的客套話，真是一個尷尬的場面。

　　雖然介紹的禮節是將賓客介紹給主人，不過難免會碰到這種等不及別人介紹的訪客，所以部屬就要特別當心，在人多的場合，客人一到，立刻稱呼主管的職稱，將客人介紹給主管，再介紹給其他在場的人，這樣就可避免出現擦槍走火的事了。

　　介紹時要將被介紹人的背景資料弄清楚，要介紹的人較多時，更要在對方的資料上註明特點，以免介紹時張冠李戴、手足失措，如果真的犯了錯誤，應該立刻誠懇地道歉，消除誤會。

(4)看展覽、觀賞節目及擁擠場合時也不宜作介紹。

(5)在病房不宜介紹，如久留可彼此自我介紹，或是一同離去時在病房外自我介紹。

 ## 第二節　稱呼的方式

不論何種情況作介紹，都會涉及如何稱呼對方，東方人和西洋人姓名的寫法不同，中國人、日本人、韓國人、越南人等都是姓（family name或last name）寫在前面，名字（given name或first name）寫在後面，而西洋人卻是習慣姓寫在名字的後面，如英、美、法、西班牙、阿拉伯、俄羅斯等國都是如此，因此在介紹稱呼或是拿到名片時就要注意了。此外西方人還有父子、祖孫同名的習慣，如美國第三十五任總統約翰‧甘迺迪（John F. Kennedy）的兒子名字也叫約翰‧甘迺迪（John F. Kennedy Jr.），2001年就任的美國第四十三任總統喬治‧布希（George Walker Bush Jr.）和他的父親美國第四十一任總統老布希（George Herbert Walker Bush）也是同名，都叫喬治（George），因為父子同名為了稱呼方便，就會在兒子的姓名之後加上Junior簡稱Jr.，以示區別，也就是我們所謂的「小的」、「年輕的」的意思。

社交上常用到的稱呼方式有以下數種：

一、先生、太太、小姐、女士（Mr, Mrs, Miss, Ms.）

這是最普通的稱呼，適用於一般的男士和女士，通常稱呼時可在稱呼後加上對方的姓和名，如Mr. David Wang，或是只加上姓，如Mr. Wang，但是若只用名，如Mr. David則較不禮貌。

西方人婦女結婚後習慣都冠夫姓，用自己的名但是不用娘家的姓，如夫婦一起稱呼是Mr. & Mrs. David Wang，如太太單獨則稱呼Mrs. Mary Wang，這與我國是有些不同的。我國現代婦女結婚一般都不冠夫姓，尤其在外工作的婦女，不論年輕或年長都習慣用「小姐」稱呼，即使冠了夫姓也只是在自己的姓和名之前加上夫家的「姓」而已，如張美麗嫁給了王先生，名字就成了「王張美麗」了。

至於Ms.我們稱為女士，現在非常通用，尤其對於年紀稍長又不知其婚姻狀況

的女性，用女士（Ms.）稱呼是很恰當的。

二、先生、夫人（Sir, Madam）

對地位較高、年齡稍長者的尊稱，男士稱Sir，女士稱Madam，如稱呼自己的教授、師長、長官等，稱呼時可不帶姓名直接稱呼Sir或Madam。書信時，稱呼女士、太太、小姐全用大寫字母MADAM。

三、閣下（Excellency, Honorable）

對地位崇高的官方人士的尊稱，如總統、總理、部長、大使、主席等，對女士也可以稱閣下。如當面可稱呼Your Excellency，不過美國人較習慣用Your Highness。對上將、中將、少將軍職稱General；對上校、中校稱Colonel；對大使、公使稱Mr. Ambassador或Mr. Minister。

四、陛下、殿下或貴族的稱謂

歐洲王室的國王、王后稱「陛下」（Majesty），王子、公主、親王稱「殿下」（Royal Highness），對有爵位的貴族可稱「某某勛爵」（Lord ○○○），對他們的妻女稱「某某夫人、某某小姐或女勛爵」（Lady ○○○）。

五、一般軍公教商界的職稱和頭銜稱呼

在我國的習慣是在姓名後或是姓之後直接加上職稱或頭銜稱呼之，如某某將軍、某某總經理、某某立法委員、某某博士，有時在場只有一位這種身分的人時，則直接稱

歐洲王室有特定稱呼

其職稱而不加姓名，但是西方規矩如為行政官銜，稱呼時都不加官銜而稱某某先生，接下來介紹時才說明其職務，不是像我們的習慣稱呼「某某局長」、「某某部長」。對於退休之高階主管，通常仍以其最後之「職稱」稱呼之。

六、只稱名不稱姓

很多外國人為了表示親切，希望別人只叫他的名字，而不要連名帶姓一起叫，同樣地，為了表示友好，也對別人只稱其名，不過初次見面還是應該用禮貌的稱呼，彼此稍熟悉以後再直呼名字較妥。

 # 第三節　介紹之順序

工作、社交、國際場合，應該儘量遵守禮儀要求，做好介紹的工作，介紹有先後之別，一般的順序如下：

1. 將男士介紹給女士相見，為一般原則。被介紹之女士可不必起立，惟女士與年長或位尊者，如總統、主教、大使、參議員等相見時，則必須將女士介紹給位尊與年長者，女士並起立致意，方屬合禮。例如：

介紹時通常是將男士先介紹給女士

Mrs. Curtis, May I present Mr. Pratt?

Mrs. Chen, I'd like you to meet my son, Walt.

Dr. Pratt, May I introduce you to Mrs. Curtis?

2.將位低者介紹給位高者，這是最常遵循的方式。例如介紹訪客給總經理，會如此介紹：「王總經理，這位是大方公司的業務經理李○○先生。李經理，這位是本公司王○○總經理。」

3.將年少者介紹給年長者。尤其是不容易判斷雙方情況的時候，就以年齡爲依據。例如：

Professor Yeh, I'd like you to meet my niece Linda.

Aunt Mary, this is Bob Jones.

4.將未婚者介紹給已婚者，當然有時也要將年齡及職位因素列入考慮。例如：

Mrs. Curtis, May I present Miss Brown?

5.將賓客介紹給主人。例如：

Mr. Wang, this is Mr. Lee. Mr. Lee, this is our manager, David Wang.

6.將個人介紹給團體。例如：

Miss Hsu, I'd like you to meet the class '2A'.

7.將較不有名或較不重要者介紹給較重要者。例如：

Bishop Ku, May I present Miss Collinton?

 # 第四節　介紹的方式

介紹有自我介紹、介紹一般人、介紹團體等不同的情況，分別說明如下：

一、自我介紹

不相識的兩人自我介紹時：

1.自道姓名而轉詢對方姓名。聲音清楚，聲量大小適中。

2.男士起立握手爲禮，女士點頭爲禮。

3.握手先後順序，在公務場合取決於職務、身分，在一般社交場合不清楚情況下，則取決於年齡、性別、結婚與否。

4.握手快速、握緊、誠懇、注視對方、面帶微笑。

5.女士被介紹給年長或高職位者或年長女士或主賓時，應起立致意。

6.女士亦可與男士握手爲禮，但是男士應輕握女士指尖隨即放開。

7.男士握手應脫手套。

8.有些地區以擁抱親頰爲禮，可入境隨俗。

於不同場合自我介紹時，須注意職務、身分、年齡、性別等細節

英女王訪美握手禮儀

 常用自我介紹詞

中文：我是○○公司○○○，這是我的名片，請多指教。

　　　我是○○○，○○公司○○部門，請問貴姓大名。

英文：a. May I introduce myself？My name is David Wang.

　　　b. My name is Mike Johnson, the hostess Mrs. Smith's son-in-law. May I have your name?

　　　c. I am Mrs. John Kendricks.

　　　　How do you do? Mrs. Kendricks, I am James Smith.

　　　d. It's my pleasure to meet you. My name is John Wang, Chinese Consul General. May I know your name?

　　　e. 有關介紹的英文語句：

　　　　· I am so glad to meet you.

　　　　· I've heard so much about you, Mrs. Cater.

　　　　· My brother has so often talked of you.

　　　　· It's been a great pleasure to meet you.

　　　　· I enjoyed our talk very much.

　　　　· I am glad to have met you.

二、介紹一般人

以介紹人或主人的身分，介紹不相識者彼此認識時：

1. 賓客介紹給主人。也就是先稱呼主人之姓名，再將客人之姓名介紹給主人。

2. 在一般社交環境作介紹，先稱呼有名的人、分量較重的人、貴賓、女士、年長者。

3. 男士介紹給女士，除非對方男士是教會高階神職人員、高僧、皇室成員、總統或年長者等。

4.聲音要雙方都聽得清楚。介紹雙方時，雙方的姓、公司、職務要弄清楚，把握介紹的重點。

三、介紹團體

將團體介紹給主人或介紹團體給一般人時：

1.要先作自我介紹，使大家都認識介紹人。

2.聲音要使大家都聽得到。

3.接待團體時，最好穿制服或穿鮮豔明亮一點的衣服，使目標顯眼。

4.考慮要周到，團體中之男女老少都要兼顧。

5.團體過大，將團體的主要成員或負責人介紹給主人。

6.對團員不甚熟悉時，請領隊或是負責人擔任介紹團員的工作。

 實例研討 11-3　**常用介紹詞舉例**

中文：校長，這位是○○公司王○○總經理。王總經理，這位是本校校長葉○○博士。

英文：‧ Mr. President, I have the honor to present Mr. Chang.

‧ Your Royal Highness, may I present Mrs. Kent?

‧ Mr. Lee, I have the pleasure to introduce to you Mr. Wang.

‧ Mr. Chang, I want you to meet my wife Linda.

‧ Mr. Thomas, may I present you to my wife?

‧ Mr. Thomas, I'd like to introduce you to my wife.

‧ Mary, this is Ted Barrett.(Mr. Barrett)

 # 第五節　打招呼的方式

　　人們相見，熟識之人彼此問好，不認識之人有時也會友善地點頭微笑或問好，表現禮貌。如果經由介紹認識就會用某些方式打招呼，如握手、擁抱、親頰等。以下介紹各種打招呼的方式：

1. 握手禮：握手是國際間大多數國家人們見面和告別時常用的禮節。握手也有感謝、慰問、祝賀之意。握手時約一步之距離。男士之間握手有力，時間可以久些，可上下稍微搖動表示熱情。位低或年少者應等位尊或年長者主動伸手後，才與之握手。主人應先向賓客握手。男士與女士握手應由女方先伸手再握，但是年長、職高者不在此限，男士與女士握手不可握太久或太重，只輕握一下女士指尖即可。男士握手前應脫下手套或帽子，軍人戴帽應先行舉手禮再握手。對於長官或長者不應先伸手請握手。握手時雙目注視對方微笑致意，不要與對方握手時眼光已看到另一個人去了。

2. 鞠躬禮：鞠躬是中國人、日本人、韓國人等的傳統禮節，雖然說方式深淺稍有不同，但都是表示尊敬之意。例如下級向上級、晚輩向長輩、學生向老師致敬，服務人員對顧客鞠躬表示歡迎及謝意，表演者向觀眾鞠躬感謝。歐美

西洋握手禮

人士對上級或同級之間也行鞠躬禮。

3. 合十禮：雙手胸前合十，掌尖鼻尖平視，是表示敬意和謝意的禮節。信奉佛教的人士都喜歡以這種禮節表示敬意，對方也可以合十禮還禮。

4. 擁抱親頰禮：見面親頰雖為歐美人士打招呼的方式之一，特別是中東伊斯蘭教國家及中南美洲拉丁語系地區，表示友誼、祝賀、感謝或是隆重的迎賓場合，常用擁抱親頰方式表現熱情和歡迎之意。但是也要視地區、民族文化差異而定，東方人較不習慣肢體直接接觸，故很少用這種方式打招呼，但是有時到了別的國家也只好入鄉隨俗。擁抱親頰時兩人相對而立，右手扶在對方左後肩上，左手扶在對方右後腰，兩人頭及上半身由左相互擁抱親頰，親頰禮大都是左右各輕啄一下，也有左右來回親三下的，親頰只是動作，並不是真的以唇親吻對方的臉頰。

　　一般來說見面親頰是南歐拉丁民族的作風，如法國、義大利、西班牙等地經常在公眾場合看到人們相擁親頰作為打招呼的方式。可是在日爾曼民族的德國人、盎格魯薩克遜的英國人，人與人之間會保持適當的距離，見面問好是以點頭或是握手方式表現，如非近親好友，相擁親頰是被視為莽撞無禮的行為。

5. 吻手禮：中世紀的歐洲上層社會，男士見女士都行吻手禮，女士先伸手作下垂狀，男士親一下女士手背，現今這種吻手禮的禮節已較少見了。

6. 舉手禮：軍人見面行舉手禮，世界各國都用之。行舉手禮時，右手手指伸直併

法國總統對小布希總統夫人羅拉吻手禮

攏，指尖觸帽檐右側，右臂與肩平，雙目注視對方，對方答禮後將手放下。

7.點頭禮：平輩或平級之間點頭示敬，行進間或遠距離也不必停留，點個頭或是脫帽舉右手致意，是一種最普遍打招呼方式。

平輩間可行點頭禮，行進間也不需停留

實例研討 11-4　希臘總理親吻，引發土耳其抨擊

　　據中央社外電，希臘總理卡拉曼尼斯為到訪的土耳其回教總理艾爾段夫婦送行時，依國際禮節親吻了艾爾段夫人兩頰，引發土耳其輿論軒然大波。

　　1987年以來土耳其總理首次踏上希臘土地作歷史性的訪問，希臘在訪問期間謹守客人回教習俗，國宴沒有任何含酒精的酒品及飲料，也遵守回教異性握手的禮節，兩國領袖相談甚歡，但是卻沒想到在送行的場合擁抱了披戴回教頭巾的艾爾段夫人兩頰，鏡頭傳回土耳其後，引起軒然大波，群起抨擊希臘官方不知禮數，指控希臘蓄意羞辱土耳其。（2004年5月17日《人間福報》）

　　國際間往來有許多宗教、禮俗、國情上的差異，故彼此來往時，務必事先蒐集禮儀資訊，否則乘興而去，敗興而回，無功而返，確實是很遺憾之事。

8.跪拜禮：中國的古老禮節，晚輩向長輩致敬、致賀、拜謝、拜師等都行跪拜禮，現今只在特定的場合用得多些。君主政體，臣民亦向君主行跪拜之禮，現今還有一些國家使用著。

9.拱手禮：也就是我們常見的作揖禮，兩手握拳，右手抱左手，拱手齊眉，上下搖動數下行禮。更盛重時拱手並鞠躬，所謂「打恭作揖」，有萬事拜託之意。

 第六節　名片管理

名片英文稱爲visiting card、calling card，名片不論處理公務或從事社交活動，都是經常要使用到的必備品，有關名片使用及管理的方法分述如下：

一、名片的使用

(一)致送名片

致送名片時的注意事項如下：

1.印刷字體朝對方。

2.手不可壓在字體上。

3.眼看對方雙手，右手拿名片，左手附著在胸部高度遞上。

4.遞名片時，應同時唸一遍自己的名字。

(二)接受名片

接受名片時的注意事項如下：

1.雙手伸出在胸部高度接受對方名片。

2.要對對方名片表示興趣。

3.收對方名片時，也應複誦對方名字，以示禮貌，並加深記憶。

4.不可把玩對方名片或隨手亂放。

5.還在交談中，名片應用左手持住。

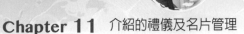

收對方名片時應複誦對方名字，以示禮貌，並加深記憶

6.外國人常用單手遞交名片。

(三)交換名片

交換名片時的注意事項如下：

1.年輕者遞名片給年長者。
2.男士先給女士。
3.非官方人士給官方人士。
4.公司人員先給顧客。

(四)名片使用場合

1.贈送禮物：名片上寫上簡短賀詞附在禮物上。
2.探望病人：探望未見，留置名片，並寫上「祝早日康復」，代表親自探視。
3.訪客留言：拜訪未遇，在留下的名片上寫上幾句話道明來意。
4.喜事祝賀：友人喜事，未能親自祝賀，寫上數字於名片寄去或附上禮品，表示祝賀之意。
5.代替請柬：非正式聚會，可在名片上書時間、地點或性質來邀約聚會。
6.請託辦事：自己沒空，在名片上寫上託辦之事，請代辦人帶去代為辦理。

7.回敬答謝：代替謝函，如在名片寫上「承蒙祝賀並致贈厚禮謹致謝忱」、「承蒙親自探望謹此致謝」，答謝送禮人或拜訪人。

8.其他：國際外交場合，如祝賀、感謝、介紹、辭行、慰問、弔唁等亦可適當使用名片表示禮貌。二十世紀前，法文是世界流行的語言，通常在名片左下角寫上幾個表示一定意思的法文小寫字母，例如：

(1) p.f.（pour felicitation）代表敬賀之意。

(2) p.r.（pour remerciement）代表致謝。

(3) p.p.（pour presentation）代表介紹某人給你認識。

(4) p.p.c.（pour prendre conge）代表向某人辭行。

(5) p.c.（pour condoleance）代表弔唁慰問之意。

(6) p.f.n.a.（pour feliciter lenouvel an）恭賀新禧之意。

(7) n.b.（nota bene）請注意名片之附言。

二、名片管理

名片管理時應注意以下幾點：

1.名片要做分類管理：按檔案及資料管理的分類方法分類管理，名片分類方法有職業別、地區別、姓氏筆畫或注音；外文名片按姓的英文字母順序等，不過在工作上大都用「職業別」配合時間或姓氏筆劃管理名片。

2.加註參考事項：日期、地點、簡單事由、特徵等，增加記憶，需要時不會完全忘了在哪或是為什麼事見過面。

3.名片排列方式：常往來公司名片分類在前，時間近的名片排列在前，同一間公司名片排在一起，高職位或業務常往來者名片排在前，跨多項行業者名片可另做名片卡放不同類別中，方便查尋。

4.名片清理：名片亦如檔案管理一樣要常清理，不論名片是用傳統名片盒或名片簿管理，或是用電子名片管理，都要在一段時間將重複名片、過時名片、無用名片取出另行處理，或是銷毀、刪除，或是另設「舊名片檔」，減少資料數量，使用時亦較容易尋找。

說話的藝術

12

語言是人類傳遞訊息、增進瞭解、建立關係、減少爭端、消除誤會的主要溝通工具，語言更是人們表達自己思想的主要方式。

不論是工作或日常生活中都需藉由語言的技巧來表達意見，因為說話不當、一時疏忽或是缺乏訓練，發生了許多錯誤及誤會，導致人際關係的失敗，這也是常有之事。社交場合談話時不僅要注意態度與措詞，還要適時、適地、適人，更要顧及內容是否恰當。掌握說話的藝術，不僅有利結交新朋友、建立關係，也能維繫舊朋友的友誼，擴展自己的人際關係。

西方有位哲學家曾經說過：「世界上有一半的人有話要說而說不出，其餘的人無任何話需要說，卻是說個不停。」因此不要認為自己是個不善交談、言詞笨拙的人，就永遠上不了檯面，殊不知一個自以為很健談、對任何話題都似乎是個權威的人，那討厭的聲音一傳到那裡就使大家人見人怕了。所以不必成為一個口若懸河、喋喋不休、愛說話的人，而是要成為一個談吐不俗、悅人悅己、受歡迎的聰明談話者。要成為一個高明的談話者，除了聲音、語調、姿態要經過練習改進外，如何使談話的內涵有一定水準，當然就要從增強自己的知識著手，多讀書、多看報、提升文化素質，才能表現談話言之有物、措詞適當的真功夫。

 ## 第一節　說話的原則

語言是溝通的橋樑，說話時運用的語詞合宜與否，以及說話的態度、語調高低、聲音大小、肢體語言的運用，都會產生截然不同的結果。不同國家民情也有不同的語言表達方式，中國人見面老是問「吃過了沒有？」、「要到哪去呀？」，西方人見面絕不會這麼打招呼，他們一定是說「你好！」、「早安！」、「午安！」、「晚安！」。說話時要注意的一些原則包括：

1. 說話要誠懇：發自內心的真誠與表現出來的外在行為，才能真正的顯現誠懇的態度。所以說話時，語言、態度、眼神、表情等的表現都要誠懇，否則還不如一個善意的微笑，更能贏得別人的好感。
2. 態度要謙虛有禮貌：多用謙遜禮貌的語言與人交談，表現虛懷若谷、有修養、有歷練的風度。
3. 說話要客觀：避免爭執，「我」字少用，以「我們」來替代。如果自己有錯要勇於認錯道歉。

實例研討
12-1 　製造幽默氣氛

　　幽默風趣是促進良好人際關係的利器，在社交場合、在生活中、在家庭裡都少不了它，幽默性格或許來自天生，但是如果存心製造也可以有很好的效果。美國前總統雷根常在電視機前表現他的幽默。有一次雷根的秘書為他準備了一個二十分鐘演講稿，他看完了之後說：「稿子寫得很好，但能否刪成十七分鐘？」秘書說：「可是那場演講給總統的時間是二十分鐘呀？」雷根回答：「我知道，不過你得留三分鐘讓我講個笑話。」（摘錄自1999年11月8日《聯合報》）

　　雷根的幽默是非常有名的，在他任職總統期間曾遭到槍擊意外，送到醫院要動手術前，醫生要他放心，手術不會有問題，雷根回答說：「當然，我知道你不是民主黨員。」因為雷根是共和黨推出當選的總統。

　　幽默要有分寸，曾在報紙上看到一則投書說：「同事一天三餐外，還加上點心、宵夜，有人就說：『您好福氣，吃得這麼多，又能擁有這麼好的身材。』只見她說：『我幫地震災民多吃了一點，哈哈哈！』」這真是一個可怕的例子，拿別人的不幸開玩笑還自認為是「幽默」。

　　西洋人的幽默感細胞似乎比東方人多些，政治人物又比平常人有表現幽默的機會，幽默用詞要高雅而有格調，即便是挖苦也能高來高去，輕鬆又能達到幽默的最高境界。

美國前總統雷根（**Ronald Reagan**）

說話的音調、音量、速度要恰當,把握說話的主題與重點

4. 聲音要適度:音調高低、講話速度、音量都要恰當,避免鼻音、尖聲、咬字不清,敘述事情要條理分明、簡單明白。

5. 把握說話的主題與重點:不要冗長、無味、吞吞吐吐、說重複的語句,舞文弄墨、賣弄學問惹人厭煩。說話要言之有物,言之成理,順理成章,才能達到說話的效果。

6. 要有機智、幽默感:幽默說來容易,要做到恰到好處卻是很不容易的。有這天分,好好發揮,若能講句具有哲理的句子,說段笑話,氣氛輕鬆又能表現自己的深度;若沒有機智幽默的本能,則多做培養練習也可以獲得改善。

7. 真誠讚美:不要吝嗇多給人家讚美,態度要客氣真誠。虛偽過分的讚美不如恰如其分的稱讚來得真誠。俗話說「好話多說」應該就是這個道理。

8. 尊重隱私:不要在他人面前道人長短,不要探人隱私,每個人多少都有些不希望別人知道的事,如果不是影響公務或是侵犯他人的權利,應加以適當尊重。

9. 適時、適地、適人:適當的時機、地點,容易為當事人理解的語言表達,就是一位好的說話者。社交場合適宜談一般性的話題,如運動、健康、旅遊、食物、嗜好、流行風尚等,不傷大雅,每個人都可加入討論。

10.「想」著說話:會說話的人「想」著說,不會說話的人「搶」著說,愛說話的人並不一定是會說話的人。「病從口入,禍從口出」,「一言既出,駟馬難追」,就是提醒我們說話要「想」著說。

11. 說話「停、看、聽」：不熟悉的場合、不瞭解的狀況、不熟悉的話題，不要急著發言，想一下再說。看一下留給別人什麼樣的印象，修正自己的談話。傾聽是溝通的第一步，有興致的聽眾是最受歡迎的。

12. 方言的使用要視情況：公開說話的場合，若是大家都聽得懂某種語言，當然可以使用該語言談話，親切，溝通亦方便。但是如在場有人聽不懂，則應使用共同聽得懂的語言。

13. 面部表情：皺眉、歪嘴、摸耳、搔頭、咬嘴脣都是不好的習慣。

14. 聆聽是溝通的第一步：人群溝通，每個人性格不同，除了說話得體之外，傾聽他人之意見是溝通的第一要件。不要自己滔滔不絕，不給別人回話的機會。

15. 批評原則：雖然批評不如恭維的言語動聽，但是對於部屬、晚輩、摯友，還是會給予一些建議批評，期望能夠因此改正缺點，有所進步，所謂「良藥苦口利於病，忠言逆耳利於行」、「贈人以言重於珠玉，傷人以言甚於劍戟」，因此，批評時的語言態度是對方能否接納的關鍵，不可不慎！

   (1) 讚美和批評適當運用，見面或結束前，稍微稱許對方的成就，多給予鼓勵，緩和緊張的氣氛。

   (2) 少說諷刺的話，多說尊重的話；少說命令的話，多說商量的話。

   (3) 不要將個人的情緒因素牽涉進去，因為不僅不能解決問題，並且惡化人際關係。

聆聽是溝通的第一步

(4)不要挖瘡疤，不相關的事不要舊事重提。

(5)對事不對人，不要小題大作，無關緊要的作為，徒然浪費時間。

(6)重點點到為止，保留一點餘地。

 第二節　不當的話題

說話要有內容，要有意義，不當的話題惹人厭煩，浪費彼此的時間，例如：

1.不要一開始就談論自己的事，滔滔不絕使人不耐。

2.有爭議的話題、政治立場、不合品味的話題，不要在一般性談話中拿來做話題。

3.不要討論別人的私事、財務、婚姻或是追問東西的價錢。

4.老生常談、過時主題、個人不幸，這種話題會使人覺得無趣，浪費大家時間。

實例研討 12-2　　哈佛任期第二短的校長

　　外電報導，上任五年來爭議不斷的美國哈佛大學校長薩默思，在即將面臨第二次不信任投票時刻，宣布辭職。薩默思與自主性極強的哈佛教職員扞格不斷。尤其是2005年1月在一項經濟學會議的演說中指出，女性在理工領域表現傑出者較少，可能是與是否有意願完全獻身於高要求的事業，以及兩性間生物上的差異有關。此一被視為歧視女性的談話，引起軒然大波。終於導致薩默思在2006年6月30日卸任校長職務。（2006年2月23日《蘋果日報》）

　　儘管薩默思是著名的經濟學家，二十八歲就獲聘為哈佛史上最年輕的終身教授，做過美國的財政部長，雖然辭職的因素並非只是發言不當，但是公開歧視女性的言論，卻是導致薩默思離職最主要的導火線。

5.不要要求別人去聽你的蹩腳詩句,找知音要看情況才去發揮。

6.不要過分坦率,信口開河得罪了人可能自己都還不知道。

7.不要議論別人的短處,揭人瘡疤,俗話說「莫議人之短,莫道己之長」,應適當讚美別人的長處。

 ## 第三節　肢體語言

　　說話時的肢體動作不僅能使對方容易瞭解說話者的意思,增加語言的說服力,也可以表現說話者的優雅儀態,善於說話的人都會配合適當的肢體語言,表現說話的魅力。肢體語言的表達應注意以下事項:

1.與別人交談時,注意坐姿、站姿,不可東依西靠或腿腳姿勢不雅。

2.與別人交談時,應面帶微笑,眼光注視對方,而非東張西望、心不在焉,或旁若無人地講起手機。

3.要發表言論時,身體應挺直,表現正式,用強而有力的語調表達自己的意見。

4.無論握手、揮手都應強而有力,與女士握手輕握指尖後立即放開。

5.手勢恰當,動作不要太大,舉手投足活動範圍,不可妨礙他人。

與別人交談時,應面帶微笑,眼光注視對方

實例研討 12-3　打招呼

　　早年農業社會三代同堂，大家族共同生活，小孩起床必須向長輩一一請安。如今的小家庭制度，每天早上大人說盡好話才能把小孩叫醒，卻換來嘟著嘴、沒好臉色的表情，一個個都是小少爺、小姑奶奶。（摘錄自1999年10月30日《中國時報》）

　　教育要自小教起，現在一般家庭沒早起請安的規矩，但是每天跟家人第一次見面，總要叫人問好，可是現在很多家庭每天起床就是緊張忙碌生活的開始，「趕」「趕」「趕」幾乎是大人及小孩每天固定例行的模式，哪還有時間注意禮貌的教育問題，更不要說在外面公共場合跟鄰居、社區管理員、打掃的工人打招呼問好了。長大成人自然也沒有習慣跟同事、親友主動問候關心了。因此平時應養成小孩子問候、寒暄的習慣，訓練孩子和別人溝通的能力，增加人際關係的機會。

　　社會進步並不表示道德、禮儀規範可以一併捨棄，物質文明生活條件進步，許多古老的禮儀會隨著時代而改變，但是一些人與人之間相處的倫理法則，是維繫社會祥和、家庭和樂、國家安定的要素，一個進步的社會是要精神文明和物質文明同時一起進步的。

實例研討 12-4　不問對方收入

　　在國外自助旅行，常常會和某些人非常投緣，一路結伴旅行多天，但一起聊天時話題再多也絕不會有問人家收入多少的時刻，收入不但是個人最高機密，也是個人隱私，不問人家收入多少是最基本的修養。（取材自1999年10月14日《自由時報》）

好奇心太重，喜歡問東問西、打破沙鍋問到底的人，都是不受歡迎的談話對象，別人不想說的事，不要去提起，諸如家務事、公務機密、不光彩的過去，又比如純屬個人的私事，如薪水、年齡、身材、個人隱私等。

社交場合談話的話題，天南地北，談天說地，端視對象及背景而定，只要把握不涉及隱私，不惡意批評，不顯揚自己，適當的恭維，給他人表現的機會，大體上都不會失禮。一般的談話題材，可以選擇食物、運動、旅遊、流行時尚、嗜好、健康、文化藝術等主題發揮，一方面不怕沒有話說，另一方面不會引起不愉快的場面。

 ## 第四節　聆聽者應有的禮節

大家都知道，溝通的第一要件就是「聆聽」，要與他人來往，以說話的方式最直接，也最容易達到溝通的效果，但是有些說話者，往往只顧自己說個不停，不給他人說話的餘地，不僅溝通不良，也成為不受大家歡迎的說話者。聆聽的禮節簡述如下：

1.要耳到、口到、心到。
2.要用欣賞及感激的心態聽對方講話。
3.選擇打斷談話的時機，不要任意打斷別人的談話或勉強加入別人的談話。
4.不懂不要裝懂，應勇於發問，才能發揮「聽」的功能。
5.在台下聽講時，尊重台上的演講者，不應與他人交談。
6.中途離席的時機與情況要把握恰當，盡量不要影響會場的秩序。

聽講時保持安靜，尊重台上主講人

第五節　語言溝通

不論何時與人相處都會發生溝通的問題，人際溝通首先就是語言溝通的技巧。所以有些說話的方式是應該注意的：

1.不要太自我中心：以自己的觀點強勢要他人聽從，攻擊性的口氣，常常使一件合理的事情發生抗拒否定的結果。

2.開了「門」也要開了「心」：口口聲聲能接受不同的意見，事實上心中早就有自己的主意，「門」開了，「心」卻是閉鎖著。

3.異中求同：個人有不同的意見是很正常的事，在溝通的時候，口氣、語調不要傷害對方，找出相同之處予以肯定，不同之處圓融溝通，異中求同取得共識。

4.與主管溝通：與主管相處最為主管詬病的就是「配合度低」，這裡面包含說話、肢體語言的表達，即使能力再強被冠上「配合度低」這個評語，就很難獲得主管賞識了。所以與主管語言上溝通時應該多注意以下技巧：

(1)先說Yes再說No，同意他的看法，也願意全力以赴（Oh Yes代替Oh No）。

(2)肯定後，提出困難處，願意接受挑戰（Challenge代替Difficult）。

(3)強調自己會努力盡力去做（I will do my best代替I will try my best）。

(4)預留後路，困難度已先說明，雖不能達成任務，但是努力的態度是會獲得肯定的。

 第六節　演講技巧

　　許多演講家常自誇的一句話：「天下沒有不好的演講題目，只有講得不好的演講人。」天生會演講的人少之又少，絕大多數都是靠後天不斷訓練、努力，累積經驗，才能有爐火純青的技巧。一般言之，要做一個成功的演講人，可從以下幾點著手：

1.慎選題目：吸引人來聽演講的原因，一個是演講人個人的魅力，另一個就是題目的吸引力了，所以題目要訂得直接、清楚，引起聽眾的興趣，當然選擇自己專業及熟悉領域的題目做演講是最為重要的。

2.好的開始是成功的一半：給聽眾的第一印象是很重要的，好戲在後頭這句話是不能用在演講中的，應該要將精華部分拿出來打頭陣，有時也可用一個真實故事、一次自己的經驗、某位名人的話或是最新的資訊做開場白。

要做一個成功的演講人，必須經過不斷地訓練、努力，累積經驗

3. 生動比喻真實故事：抽象的原則是理論的基礎，但是可以用一些故事、實例或是比喻，將抽象的條文用生動的方式表現出來，多描繪一些人物或特別的地方，會更能活潑講演的氣氛。

4. 見好就收：總結是演講最重要的部分，要記熟演講詞最後幾句話做重點提示，把握時間、控制時間、見好即收，不要拖泥帶水，一個強而有力總結，才能做個掌控全場的演講人。

5. 肢體語言配合：以手勢配合講話的內容，加強語氣。眼神及臉上的表情生動，吸引觀眾的注意。

6. 修正「口頭禪」：口頭禪是演講人的大忌，不斷出現的口頭禪削弱了演講人的專業性、權威性及成熟度，諸如「那……」、「然後……然後……」、「對不對……」等。演講一定要語氣肯定、發音清晰、充滿信心地讓觀眾集中注意力在台上說話的人。

實例研討 12-5　口舌之爭於事無補

辦公室的電話響了，拿起聽筒只聽到一陣連珠炮：「我三星期前向你們要了一份目錄，到現在還沒收到，你們到底是怎麼做生意的？」遇到這種情形別忙著解釋，應表示同意對方的說法，向對方道歉，然後設法解決問題，不妨直截了當地說：「你說得對，很抱歉你還沒收到，請把姓名、地址留下，我今天就親自寄給你。」（取材自1996年12月《讀者文摘》）

不論在電話中或是直接面對客人，忍著不跟客人爭辯是很重要的，爭著說明只會使對方更加惱怒，不是認為在敷衍搪塞，就是會發生言語的爭執，要說明也要等對方說完以後再做解釋，認錯並不是一件丟臉的事，尤其不是什麼了不得的大事，口頭道歉可以化解怨氣，避免僵局，擺脫敵對狀態，大事化小，小事化無，何樂而不為呢？因此不管什麼情況，若能避免無謂的口舌爭執，不僅減少時間的浪費，也使雙方在這件事上都成了贏家。

7.「衣」表人才：影響觀眾的三個重要因素為外表個性、聲音及演講內容。所以個人的儀表是給觀眾的第一印象，服裝儀容是個人形象的一部分，站在台上穿著合宜，不僅是禮貌，也可塑造個人魅力，為演講加分。正式場合男士穿西裝，女士穿套裝或洋裝是最適宜的穿著。

8.練習、練習、再練習：練習熟讀、高聲排練、熟讀關鍵妙句，每位成功的演講人，都是經過不斷訓練和練習，經歷了多次的失敗和挫折，才培養出了專業的素養，成為稱職的演講者。

9.自信：對自己要有自信才能讓聽眾產生信任及肯定，說服對方要有內容充實的講稿，要有適當的儀容修飾，聲音語調強弱適中。

第七節　簡報技巧

簡報的工作分為兩部分，一部分是製作簡報的內容，另一部分就是現場的簡報說明。簡報內容雖然重要，但是只能說簡報的工作成功了一半，其他的百分之五十就要靠主講人臨場的表現，諸如態度形象良好、聲音語調表達的技巧純熟等，如此簡報才算是真正的成功。簡報主持人要有的準備如下：

一、簡報者個人形象建立

(一)服裝儀容

穿著得體、修飾整齊清爽是個人禮儀的基本修養，也是對人的基本禮貌，更是對工作的專業表現，沒有人會對一個穿著隨便、不修邊幅的人出現在自己面前，會有立即的好感。男士最正式的上班服是深色的西裝，白色長袖或素色襯衫，合適的領帶，深色皮鞋及襪子。

女士可著上下同色或是上下不同色套裝或是洋裝加外套，現在有些材質和剪裁合宜的褲裝，也會在正式上班場合穿著，女士正式場合不要穿涼鞋或是休閒鞋，這種穿法與正式服裝很不搭配，膚色襪子最好搭配服裝，其他色系的襪子一定要與服裝配合增加美感才做選擇。飾品不可太多，耳環不要超過耳下1公分。合宜的化妝不僅是禮貌，更可增加自信和美觀。

服裝儀容是簡報者建立個人形象的第一步

(二)台風態度

　　自信、穩重、專業的台風，不是天生就會的，首先要有充分的專業知識，有了專業的知識才能展現自信心，然後才能穩穩當當的將主題清楚的表現出來，經過一段時間的歷練，有了相當的經驗，加上說話的技巧、肢體語言的展現、穩健的態度，久而久之形成自己特有的風格魅力，就成為一位簡報高手了！

(三)禮儀修養

　　服裝儀容之外，簡報之前的應對進退也是個人形象的表現，行進間的禮儀如坐車位置的尊卑、走路、乘電梯、走樓梯等之禮節表現，進入會客室的座位大小，就座之儀態，打招呼介紹的禮貌，致送接受名片的方式等，都是態度、形象、氣質、風度的表現，有了這些修養，自然能在大眾面前留下一個良好的印象。

二、說話的技巧

(一)語言是溝通的橋樑

　　在台上說話和平時談話是完全不同的情況，說話的聲音、語調、表情、音量、肢體動作，一舉一動都會引起台下的注意。對不同的對象應該以不同的表達方式，達到說服瞭解的效果。因此不同的環境，考慮對象的程度、職業及特性，運用合宜的表達方式，則可能會產生截然不同的效果。

(二)語言口才

　　有權威、有魅力的簡報者，除了要有非常的專業知識和技術以外，還要有熱誠的態度、良好的表達能力、說服的技巧、清晰有條理的說明方式、有品味的語言口才，才能獲得應有的尊重和尊敬，從而達到溝通說服的效果。說話聲調要有節奏，沒有抑揚頓挫、一成不變的語調使人沉睡。一句話的後半段讓別人聽不清楚甚

專業知識、說話技巧加上肢體語言的展現，塑造自己特有的風格魅力

至聽不見,也是台上主講人之大忌。說話時要注視觀眾,要感受聽者的反應,給予適當的回饋達到溝通的效果。簡報時不要對著螢幕的內容唸著資料,螢幕上的內容只是大綱,主講人應該盡可能對著觀眾講簡報、說簡報的內容,所以預演的多次練習是絕對必要的。

三、表達的架構

一個成功的簡報者作簡報時要有明確的目的,清楚對象的程度及需要,蒐集的資訊,準備豐富內容的簡報,最後現場表達與聽眾溝通,達到簡報的目的。以下就其中主要三點說明如下:

(一)開場白

俗語說「好的開始是成功的一半」,因此成功的開場是簡報者的定心丸。從容的上台、微笑的表情、簡單恰當的問候,幽默而點出專長的自我介紹,是正題開始前的暖身活動,主要是引起大家的注意。為了吸引觀眾的興趣,正式主題開始時,常常會引用一個實例、一個本身的經驗、一個動人的故事或是一段為人所熟悉的座右銘,作為開場,點出簡報的目的。

(二)主題內容

內容是簡報的實力表現,所以結構要嚴謹、內容要充實,要言之有物,要清楚表達出要傳達的訊息。其架構通常應包含定義、現況、重點、步驟、證據、實例、統計數據、問題答覆、總結等。

(三)結尾

簡報一定要掌握時間,準時開始、準時結束,表現簡報者的專業素養,超過預定時間,不但使聽者不耐煩,也暴露自己無法有效掌控時間的能力,所以要把握結尾時間,結束時要將重點回顧一次,提醒注意,期許對象有所感應,進而有所行動。如果再能以一句名言、一個故事、一個啟示、作為收尾,更可以在輕鬆又有收穫中結束簡報。

須準確掌握簡報時間，以免使聽者感到不耐煩

四、經驗的累積與資源的利用

任何事情沒有一蹴可幾的，每個人從沒有經驗到有經驗，從新手到老手，從不會到熟練，都經過了一段磨練的過程，只不過因為有些人因為資質的優異，學習過程順利，很快地自學習中得到經驗。但是如果資質稍差，也還是可以自不斷地努力甚至不斷地失敗中吸取經驗，終究還是可以成為一位成功的簡報者。要作為一個成功的簡報者，以下幾點提供參考：

(一)勤加練習、累積經驗

失敗為成功之母，多經歷一次就是多得一次經驗，利用機會勤加練習。開場及結束的講稿熟練到可以背下來的程度，可以使開始時產生信心，結束時給觀眾一個深刻的印象。在台上能夠流利自然表達，減少對講稿的依賴，就是成功的第一步。優秀的簡報者是經由準備、演練和臨場的經驗累積成功的。如果簡報不盡理想，應該檢討失敗的原因，改正缺失、累積經驗加速成功的速度。

(二)利用資源、蒐集資訊

公司可以提供的資源及人力要充分利用，多找機會請教專家學者，善用統計

數據、實例資料,平時養成整理資料的習慣,作簡報時要將有關的資料帶齊,問題討論時可以充分利用。懂得多、學得快,自然就會充滿著信心去表現了。

(三)簡報環境的掌握

簡報者本身的專業、技巧、經驗固然是成功者必要的條件,但是簡報環境的配合絕對會影響簡報的效果,例如桌椅排列的方式對視線溝通有無障礙,音響、麥克風、燈光等電器設備周全,電源線夠不夠長、插頭對不對,簡報的軟體與對方的電腦設備是否配合,燈光在需要時是否方便操作,簡報會場指標是否清楚,針對以上的問題經常在各種簡報場合發生,所以簡報主講人至少要提前二十分鐘到達會場,檢查設備、調整會場擺設、熟悉操作,確定簡報者之最佳位置,如有不妥之處還有時間準備。

(四)平時自修、適時表現

語文是溝通的基本條件,語文能力的加強、詞彙的吸收,不論是本國語言、外國語文、地方方言等,若能有多種語文的能力,對不同對象的溝通會有特別的效果。

瞭解行業的特性,學習銷售的技巧,對企業及產品的信心,吸收管理學和心理學知識,加強組織管理能力,瞭解群眾心理,最後以自己的社會經歷,人際關係的累積資產,適時的表現,終會收到努力的成果,所謂「一分耕耘,一分收穫」、「一分天分,九分努力」,就是這個道理了。

電話的禮節

13

- 電話禮節的重要
- 接聽電話的禮節與注意事項
- 打電話時的禮節與注意事項
- 電話留言條的使用
- 困擾電話的處理
- 行動電話的禮節
- 電話良言美語
- 傳真機及電子郵件、網路的禮節

電話禮儀是辦公室禮儀的第一個要求，工作中能用電話解決的事項更是占了工作的大部分數量。電話不僅是解決問題的最快速工具，也是表現企業形象和公共關係最有力的工具之一。

第一節　電話禮節的重要

由於電話之技術不斷地改進，在這個處處爭取時效的工商業社會中，電話的功能日益顯著，許多事務都可藉由電話解決，節省了很多的時間。接電話者是顧客第一個接觸的對象，因此當你一拿起話筒，就立刻可以顯示出其電話的禮儀修養、公司的管理風格、公共關係上的技巧。所以每一位工作人員，對於電話的種種規定、電話的使用都應有充分之瞭解，使本身及工作機關與顧客建立良好的關係，促進業務的發展。

一家公司的電話禮儀，代表企業的文化，從總機到職員至經理，都有直接的關聯，公司的形象雖然是靠全公司由下至上所有工作人員累積起來的，但是電話是最容易使對方留下深刻印象的工具，電話使用的禮節是公司公共關係的第一項要件，任何人都應確實體認電話的影響力。在此講求工作效率、爭取顧客信賴、服務至上的時代，更不能不注意此項最高效果之工具。

第二節　接聽電話的禮節與注意事項

一、電話是靠聲音和語調傳達訊息

隨時記住，電話另一端的對方是看不見誰在講話的，他不知道打電話者的表情，他的印象是自線路傳過來的聲音與語氣，通常留給對方的印象百分之七十是你的聲音，百分之三十才是你說的話，如果聽到的聲音是不痛快或刺耳的，則給對方直覺的反應就是不耐煩與不願繼續說下去的樣子，反之，若能充分利用電話這項工具，則可發揮說話最大的功效。

接聽電話時，須留意電話禮貌等細節

二、迅速接聽電話

電話鈴響，應放下工作，立即接聽，原則上不要超過兩聲至三聲。若是採用電話語音系統，最好要在第一聲就接電話，因為打電話來的人已經經過了前面一長串的語音服務了，任何人都不願等了許久而未有人接電話。辦公室電話響了許久無人接聽，不僅使打電話的人緊張或以為打錯電話，同時亦產生公司管理不善、同事之間人際關係不佳、沒有互助精神的不良印象。若是正在講另一電話，應請對方稍候。接聽後面打來之電話，若能馬上幾句解決之事，可馬上解決，若不能則請其留下電話號碼，稍後回話。

三、注意電話禮貌

雖然電話使用非常普遍，但是關於電話禮貌，卻常為大眾所疏忽。電話禮貌要成為生活的習慣，絕對不可認為到時候就會注意，等發生錯誤或誤會已經來不及了。所以要隨時記住講話的對象是電話線另一端的人而非手上拿的聽筒，若是接聽電話不當心，不但造成本身工作之不利，更為服務機關帶來莫大的損失。

電話禮貌的細節，平時報章雜誌都有記載，電話使用人亦多半瞭解，但主要

的問題就是實行的困難，諸如接電話不要與人開玩笑，不要貿然猜對方的姓名或是來電目的，張冠李戴既不禮貌又顯突兀。如何在使用電話時注意禮貌，這就要靠平時不斷地注意，不斷地改善缺點，養成習慣，長久下去，拿起話筒就自然而然地會注意禮貌了。

四、判斷電話處理方式

接了這通電話就要負起這通電話的責任，拿起話筒後，應知道如何答話，分析談話的對象，及其所談之問題，什麼問題由本身解決，何者轉由主管接聽，何者應轉由其他單位回答。良好的電話交談，應該是要把握正確、簡潔、迅速、慎重其事的原則。

五、轉接電話

熟悉公司組織、各單位職掌，本部門不能解決之問題，應轉有關部門回答，轉接前告知對方主辦單位名稱或分機號碼，以免轉接失敗對方可直接打電話聯絡。如果來電者身分、地位特殊，最好不要轉電話，可請其留下電話，等問清楚後回覆或是請承辦人馬上回覆。

六、記錄電話內容

隨時準備紙筆，以便記錄電話內容，不可認為事小或本身記憶力好而不記錄，殊不知往往因工作忙，而雜事又多，因而忘記電話所談之事，從而影響大局。如替人接電話留言，最好使用電話留言條，可留下清楚的記錄。

留言時對某些容易誤解之字應用拼字方式表示，如「言」「午」許、「立」「早」章、「Boy」B、「Peter」P、「Mary」M、「Nancy」N等。此外，告知地點也要說出附近明顯目標，方便對方尋找。

七、留心對方講話

許多人常常一面聽電話，一面做其他的事情，聽電話漫不經心，等對方說完

隨時準備紙筆，以便清楚記錄電話留言

了，卻不知剛才說了些什麼，又請別人重複，這種情形非但不禮貌，又浪費彼此的時間。也不要因人因事之不同而以不同的表情和聲音對待打電話的人。

此外，對於鄉音太重、口音不同的對象，聽話時更應特別注意。

八、聽不清楚的電話

電話聲音吵雜或對方口音不清，應客氣地請對方重複一遍，以免弄錯影響工作。電話在講話中忽然中斷，應立即掛上，若為發話人，應再撥一次，並道歉電話中斷，然後繼續談話。

九、離座時電話交待

有事離開工作崗位，應請他人代為接聽電話，並請其將電話內容留下，以便回來後處理。

十、主管電話處理

為了幫助主管能有效率地處理公務，不受不必要的電話打擾，適當地過濾電

講完電話要輕放聽筒，不使對方聽到刺耳噪音

話是有必要的。主管不願接聽之電話，應有技巧回覆。

十一、掛電話方式

電話用完，絕對要輕放聽筒，不應使對方聽到刺耳噪音。掛電話時方向要對，不要使電話線打結，造成下次使用者之不便。

在要掛電話說「再見」的時候，應該讓打電話來的人先掛電話，太快掛電話使對方有透不過氣來的感覺，或是有一種你太忙而對他的生意及事情不感興趣或認為不重要的印象。所以在說完「再見」後應隔幾秒鐘，讓對方想想還有沒有事沒說完，等他掛了，再輕放聽筒。

 第三節　打電話時的禮節與注意事項

一、提供資訊，準備資料

先說明自己的姓名、機構，使對方馬上進入情況，以節省用電話的時間。

準備談話內容及資料，打出電話要有價值觀念，所要談之事應先有腹案，不應毫無準備，而浪費時間和金錢，甚至談不出結果。 打電話談論事情之有關資料，亦應蒐集在手邊，以便隨時參考，不要邊說邊找相關資料，使雙方都感到不便。

二、使用正確的電話號碼，節省用電話的時間

打電話前，查清楚號碼，不可憑模糊的記憶打錯號碼，造成他人的不便。

不論打出或是接聽電話都應控制時間，否則公司的電話線路有限，占用太久可能影響許多通打進打出的電話因占線而無法撥通，造成公司的損失及顧客的不便。

三、塑造聲音形象

使用電話，聲音一定要表示愉快，拿起電話做出微笑的嘴型，會產生甜美聲音的效果。聲音之大小、說話的速度都要合適，嘴裡不應咬著鉛筆、口香糖、香菸等說話。

講電話，絕對不可生氣，應該忍耐和同情對方，千萬不可表示不耐煩。

四、注意非語言的訊息

除了專業的技巧之外，不可忽視非語言表達的訊息，諸如誠懇的態度、情緒的掌控、聲調的適中、周圍的干擾，以及應有的電話禮貌等。

五、顧慮應周到

當主管有重要而需保密的電話時，如有訪客在場，應設法離開回話，如主管在打電話時或與人談話時，有非常重要的事或訪客，應立即以紙條告之。

電話機周圍不要放置容易打翻的東西，如茶杯、花瓶之類，以免打翻造成困擾。

實例研討 13-1　很酷的總機小姐

　　某教育機構的主管打電話到某校找校長，經過總機時就聽到一副不耐煩的語調。因為總機小姐快下班了，這時還來電話，真不識相。而且校長室的人都已下班，還要她去其他單位找人，她當然沒好顏色給人家了。當這位主管聯絡上該校校長時，第一句話就說：「貴校的總機很酷呢！相當有性格呢！」校長才知道怎麼回事，不知道以前因為沒注意總機的重要而得罪了多少人，也破壞了學校多少的形象，第二天趕緊換了一位總機小姐。

　　很多的機構都認為總機的工作，只要會講話、一般程度就夠了，其實真是太小看總機的重要了。總機是公司公共關係的第一線，是公司給他人的第一印象，所以擔任總機者除了要對公司的組織有所瞭解外，還要有很好的禮儀訓練，個性熱誠有耐心，反應敏銳，聲音的音色要悅耳，講話語調清晰，才能夠成為稱職的總機專業工作人員。

總機是公司公共關係的第一線

六、選擇適當的時間打電話

打電話時應避開對方休息時間及特別忙碌時段，打國際電話時要特別注意時差問題，除非緊急事件，不在不當時間打電話給別人，以免增加他人困擾。

七、掌握英文5W、2H的要點

掌握Who、What、When、Where、Why、How、How Much這幾項要點，就不容易在通話時漏了應說之事項而影響公務。

八、答錄機留言

利用答錄機留言，要說明姓名、公司、日期、時間、留話給誰，留言簡單清楚，不開玩笑，並留下聯絡電話或方式。

 ## 第四節　電話留言條的使用

在辦公室工作時，除了直接回覆自己的電話外，常會因主管或同事不在或正在忙碌而代為接聽電話，為了使受話者回來瞭解電話情況，可以立刻處理，使用電話留言條是最周到的方法了（**表13-1**、**表13-2**）。

留言條內應包括項目及注意事項如下：

1.通話日期與時刻：以免受話人因不知來電時間隔日才回電或重複回電的情況。

2.通話者姓名之正確寫法或拼法：以免回電話時弄錯了姓名，不但尷尬，也不禮貌。

3.通話人公司行號之名稱。

4.接洽或待辦事項：使受話人瞭解來電原因，可以採取適當之行動。

5.留下通話人之電話號碼：問明是請受話人回電或是對方再打電話來，詢問對

表13-1　中式電話留言條格式

受話人姓名：＿＿＿＿＿＿＿＿＿＿＿＿＿＿＿＿＿＿＿＿＿

日期：＿＿＿＿＿＿＿＿＿＿＿＿＿＿　　時間：＿＿＿＿＿＿＿＿＿

發話人姓名：＿＿＿＿＿＿＿＿＿＿＿＿＿＿＿＿＿＿＿＿＿

　　機構：＿＿＿＿＿＿＿＿＿＿＿＿　電話：＿＿＿＿＿＿＿＿＿

打電話來		請回電話	
來電請去見他		將再來電	
要來看您		緊急事項	
回您電話			

留言：＿＿＿＿＿＿＿＿＿＿＿＿＿＿＿＿＿＿＿＿＿
＿＿＿＿＿＿＿＿＿＿＿＿＿＿＿＿＿＿＿＿＿＿＿＿＿＿＿

　　　　　　　　　　　　接話人：＿＿＿＿＿＿＿＿＿＿＿

表13-2　西式電話留言條格式

To ＿＿＿＿＿＿＿＿＿＿＿＿＿＿＿＿＿＿＿＿＿＿＿＿＿＿＿

Date ＿＿＿＿＿＿＿＿＿＿＿＿＿＿＿＿　Time ＿＿＿＿＿＿＿＿＿＿＿

WHILE YOU WERE OUT

M ＿＿＿＿＿＿＿＿＿＿＿＿＿＿＿＿＿＿＿＿＿＿＿＿＿＿＿

of ＿＿＿＿＿＿＿＿＿＿＿＿＿＿＿＿　Phone ＿＿＿＿＿＿＿＿＿＿＿

TELEPHONED		PLEASE CALL	
CALLED TO SEE YOU		WILL CALL AGAIN	
WANTS TO SEE YOU		URGENT	
RETURNED YOUR CALL			

Message ＿＿＿＿＿＿＿＿＿＿＿＿＿＿＿＿＿＿＿＿
＿＿＿＿＿＿＿＿＿＿＿＿＿＿＿＿＿＿＿＿＿＿＿＿＿＿＿

　　　　　　　　　　　　Operator ＿＿＿＿＿＿＿＿＿＿＿

方電話號碼時，雖有人會說「他知道我的電話」，但是為防萬一，仍應問明記下較好。

6. 簽名：留言條後，如受話人為主管，可簽上自己的名字或一個字代表，但如替他人接電話，記錄下來時，應該簽自己的全名。

7. 寫好留言條：最好向打電話者重複唸一遍，以免誤會意思或遺漏交待事項。

 ## 第五節　困擾電話的處理

既然電話在日常生活及工作中都占有不可或缺的地位，難免也會遇到一些棘手的電話，特別是在公務上，稍不小心，發生爭執，造成不可彌補的錯誤。

一、不說姓名的電話

總機或是秘書、助理人員常會接到找主管的電話，應與主管協調處理方式及可接電話的程度。接到找主管的電話時，客氣地請對方說出姓名以便通報，若對方堅持直接找主管談，則可請問他有何事，將替他轉告上司，此時可稱主管在開會或有客人來訪，如果仍不能得知姓名，如主管不在則只好請其稍後聯絡，主管在就要看主管的意思決定了。

二、查詢的電話

作為一個公司的職員，對於公司的組織、背景、產品或服務項目都應有相當的認識，如有查詢電話，儘快給予滿意答覆，不甚清楚之問題，應問清楚再回覆，若是請承辦單位回答，應確保電話接通及獲得滿意答案。

三、抱怨電話

抱怨是一個公司必然會發生的事，通常不一定是對接話人。抱怨電話通常不是喋喋不休，就是破口大罵，這時一定要沉住氣，同意他的看法並致歉意，聽完怨言，待對方稍冷靜時，再作解釋，或馬上處理，避免爭辯，以免火上加油，不可收

接聽抱怨或糾纏不清的電話時，須小心處理應對

拾。處理這方面的電話，除非自己能掌握之事務，否則不應輕易承諾，以免造成自己、同事及公司的困擾。接到抱怨電話，有時亦可在適當時候請上司出面，使對方覺得受到重視而減低怒氣。

四、糾纏不清的電話

辦公時間，接到談不完的電話，不但影響工作，也使電話占線、影響公務。所以應單刀直入找個理由，如開會、主管找你等來打斷電話，或是請同事在旁故意提醒你有國際電話，適時化解困境。茲舉數例結束麻煩來電用語如下：

1. I am sorry, but I have a call on another line.
2. I'd like to talk longer, but I'm due at a meeting now.
3. We must continue this at another time, for I have an important letter I must finish it.
4. Excuse me, but Mr. xxxx has just buzzed for me to take a message.

五、致歉的方式

有時真的在電話中得罪別人，或是錯誤在我，或是先前匆忙不客氣掛了電

話，可以在適當的時候打電話致歉。如果錯誤嚴重，還可另用書函補充說明表示歉意，或是約定時間親自拜訪，對方一定可以接受致歉，瞭解你的誠意。

第六節　行動電話的禮節

行動電話的使用非常普遍，在許多公共場所行動電話一響，常常見到好幾個人同時檢視自己的電話，可見行動電話的使用率了。行動電話帶給人們方便是不可否認的事實，但是在公共場所不懂使用行動電話的禮節而妨礙別人，造成困擾，就不太應該了。

禮儀不僅是社會的規範，最重要的一個觀念就是除了自己方便和喜歡之外，是否影響或侵犯到他人的權利，所謂你的自由應不侵犯到他人之自由才是真正懂得自由的道理。所以行動電話的使用應該要遵守一些禮節：

1.進入公共場所如電影院、圖書館，應關機或改為振動方式收訊。

2.聽演講、音樂會或看戲劇表演，都應關機。

3.開車不能用手拿話機講話，這是法令的規定。

聽演講、音樂會或看電影、戲劇表演，都應關機，或改為振動方式收訊

4.飛機上不僅行動電話要關機，其他的電子儀器也不能開機使用。

5.在餐廳、電梯或是交通工具上應小聲交談，長話短說。

6.學生上課更應關機，常見上課中手機此起彼落，不但不尊重師長，也影響了同學聽課的權利。

7.語音信箱留言簡單扼要，姓名、電話號碼、時間不可遺漏。

8.瞭解國際漫遊的付費方式，不少國際漫遊是雙方都要付費的。

 第七節　電話良言美語

一、中文用語

1.「對不起」、「謝謝」、「請」。

2.「某某公司您好，請問您找哪一位？」，而不是說「你哪裡？」、「你找誰？」

3.「請稍等一下好嗎？」，而不是說「我沒空」、「不知道」、「我怎麼知道？」

4.「對不起打擾了。」

5.「謝謝您打電話來。」，不要說「我很忙，明天再打來好了。」

6.「非常謝謝您的提醒」、「謝謝您的幫忙」、「謝謝您的意見」，而不是傲氣專橫地說「不可能的」、「沒這回事」、「我知道了，你不要再說了。」

7.「非常抱歉，這是我們的不是，請別介意。」

8.「麻煩您真不好意思。」

9.「您看這樣好嗎？」、「這樣可以嗎？」

10.「對不起，讓我們商量一下好嗎？」，而不要說「我只能如此，我沒辦法。」

11.「對不起，請等一下，我再查查。」，而不是說「不可能的，沒這回事。」

電話禮儀是表現企業形象和公共關係最有力的工具之一

二、英文常用電話用語

1. Mr. Martin's office, (Sales Department) Miss Chang speaking. May I help you?

馬丁先生辦公室（業務部），敝姓張，能為您服務嗎？

2. What can I do for you? 能為您服務嗎？

3. Mr. Smith is not in his office right now. May I help you?

馬丁先生現在不在辦公室，我能為您服務嗎？

4. I am sorry, he is busy on another line, may I take a message?

抱歉他正在講電話，能為您留話嗎？

5. May I take a message? 您要不要我幫您留話呢？

Would you like to leave a message? 您要不要留話呢？

6. Would you care to leave a message? 您要不要留話呢？

7. He's not in his office at the moment. May I tell him who called?

他現在不在辦公室，要我告訴他哪位打電話來嗎？

8. Mr. Smith is talking on another line. Would you care to wait or May I ask him to

call you? 他正在講電話，您要等一會兒還是請他回電呢？

9. I am sorry, he is not in at the moment, would you like to leave a message?

抱歉他現在不在辦公室，您要不要留話呢？

10.I am sorry, he is in a meeting right now, would you like him to call you back when he returns? 很抱歉他現在正在開會，您要請他回來後回電嗎？

11.I am sorry, Mr. Smith will not be in the office today. May I help you or may I ask him to call you tomorrow?
很抱歉史密斯先生今天不在辦公室，我能為您服務嗎？或是請他明天回您電話？

12.Mr. Smith won't be in the rest of the afternoon. However, I expect to hear from him shortly. May I give him a message?
史密斯先生今天下午不在辦公室，可能一會兒會聯絡，您要留話給他嗎？

13.Mr. Smith is out of the office until later today. May I have him call you when he returns? 史密斯先生今天要晚一點才在辦公室，您要他回來後回電嗎？

14.Mr. Smith is on vacation this week. Can someone else help you?
史密斯先生這星期休假，能請別人為您服務嗎？

15.Just a moment, please. 請稍待。

16.Hang on a moment, please. 請不要掛斷。

　　Hold on a minute, please. 請稍待片刻。

　　Hold on a moment, please. 請稍待片刻。

　　Will you hold the line. please？ 請您稍待片刻好嗎？

17.That's right. 對的。

18.Will you please hold the line for a moment while I refer to our records?
請您稍待片刻好嗎？我去查一下記錄。

　　Please wait a moment while I check the record for you.
請您稍待片刻，我去替您查一下記錄。

19.I am sorry, but you have the wrong number. 抱歉您打錯電話了。

　　I am sorry, I think you have the wrong number. What number were you calling?
抱歉您打錯電話了。您打的是幾號呢？

20.May I ask who is calling, please？ 請問您是哪位？

　　May I tell him who's calling please？ 我能告訴他哪位打電話來嗎？

21.Who is calling, please？ 請問您是哪位？

22.May I have your name, please？ 可以請問您的大名嗎？

23.I am sorry, could you repeat your name? 抱歉，能再說一次您的大名嗎？

Could you spell your name, please? 請您拼一下您的大名好嗎？

24.I'll transfer your call to Mr. Wang's office. Please don't hang up.
請不要掛斷電話，我將您的電話轉給王先生。

25.I'll transfer this call to Mr. Philips in the insurance department.
我將您的電話轉給保險部門的菲力普先生。

26.May I speak to Mr. Lee? 我可以找李先生講話嗎？

27.I'd like to speak to Mr. Lee, please. 我找李先生，謝謝。

28.Thank you for calling. 謝謝您的來電。

29.Would you mind repeating that information? 請您再說一次好嗎？

30.Could you possibly speak a little slower. 請說慢一點好嗎？

31.I am sorry to have kept you waiting? 抱歉讓您久等了。

32.Thank you for waiting, Mr. White. 白先生，抱歉讓您久等了。

33.I'll call you back soon. 我待會兒回您電話。

34.Thank you for reminding me. 謝謝您提醒我。

35.Sorry to interrupt you. 抱歉打斷您的話。

36.Mr. Smith of ○○○ Products Corporation is calling Mr. Jones.
○○○公司史密斯先生請瓊斯先生聽電話。

37.Mr. Smith of ○○○ Product Corporation is calling you, Mr. Jones. Here he is.
瓊斯先生，○○○公司史密斯先生請您聽電話。

38.I'm terribly sorry. 我非常抱歉。

39.Is this the Lee residence? 這是李公館嗎？

40.Is this the Lee's? 這是李公館嗎？

41.May I ask who is calling, please? 請問您是哪位？

42.Your name and phone number, please? 請問您的大名及電話？

43.Will you speak a little louder, please? 能不能請您講大聲一點？

44.Will you speak more slowly, please? 能不能請您講慢一點？

45.I can't hear you very well. 我聽不太清楚。

46.Should I call you back? 要不要我打過去給您？

47.I'll be waiting for your call. 我等您的電話。

48.I'm glad that you called. 很高興您打電話來。

49.He is not in right now. 他此刻不在。

50.He is out at this moment. 他出去了。

51.He is on another line. 他在講另一通電話。

52.I'll get him to the phone. 我請他來聽電話。

53.What can I do for you? 有什麼事要我效勞的嗎？

54.Could you tell me when he will be back?

能告訴我他什麼時候會回來嗎？

55.This is Mr. Lee. 我是李先生。

56.This is Mr. Lee calling. 我是李先生。

57.This is Mr. Lee speaking. 我是李先生。

58. Please ask him to call me back as soon as possible.

請他儘快回電話給我。

59.Please tell him I'll call again later tonight.

請轉告他，我今晚稍後再打給他。

60.Who do you want to talk (speak) to? 您找哪位？

61.My phone number is 700-8281. 我的電話號碼是700-8281。

62.I can be reached at 700-8281. 打700-8281可以聯絡到我。

63.Does he know your phone number? 他知道您的電話號碼嗎？

64.I beg your pardon? 抱歉，請再講一遍。

65.Pardon me? 抱歉，請再講一遍。

66.I'd like to place a person-to-person call. 我要打個叫人電話。

67.I'd like to place a station-to-station call. 我要打個叫號電話。

68.I'd like to place an overseas call to New York.

我要打個國際電話到紐約。

69.I'd like to place a collect call to Taipei, Taiwan.

我要打個對方付費電話到台灣。

70.Make it a station call, please. 請幫我接個叫號電話。

71.Make it person to person. 請幫我接個叫人電話。

72.Will you hang up, please? 請您掛斷好嗎？

73.Do I have to wait long? 我得等很久嗎？

74.Your party is on the line. 對方在線上了（電話接通了）。

75. Go ahead, please. 請講。

76. Cancel the call, please. 請取消那通電話。

77. Please tell me the time difference and the charge.
   請告訴我時差以及費用。

78. How about the charge? 費用呢？

79. There is no Morris at that number. 那個號碼沒有莫瑞斯這個人。

80. I'm sorry to call you up so late. 很抱歉，這麼晚才打給您。

81. I'd like to reserve a table for two. 我想訂個兩人的桌位。

82. I'd like to reserve a seat for your current show.
   我想訂目前上演的節目的位子。

83. Where can I contact him? 哪裡可以聯絡到他？
   Where can I reach him? 哪裡可以聯絡到他？

84. When will he be back? 他什麼時候會回來？

85. When will he be in? 他什麼時候會在？

86. I'm calling form a pay phone. 我是從公用電話打的。

87. I'll call you back soon. 我會儘快回電給您。

88. May I use your phone? 可以借用您的電話嗎？

89. There seem to be a bad connection. 電話好像有雜音。

接聽電話時，講話的速度、聲音的大小都要適宜

90.Can you hear me all right? 您聽得清楚嗎？

91.I'd like to confirm my flight reservation.

我要確認我的飛機訂位。

92.I'd like to confirm my reservation. 我想要確認我預訂的席位。

93.Can you send a cab to the crossroads of Main Street and Garden Road right

away? 請您馬上派輛計程車到大街及公園路的交叉口好嗎？

94.You can reach me at 515-8037. 您可以打515-8037和我聯絡。

95.You can reach me at the Grand Hotel, room 811.

您可以在圓山飯店811號房聯絡到我。

96.I can be reached at the Holiday Hotel, extension 301.

可以打到假期飯店分機301與我聯絡。

97.The line is busy. 占線中。

98.Would you like me to keep trying or do you want to cancel the call?

您要我繼續試試，還是要我取消？

99.Will you check the number again? 您要不要再重查一下號碼？

100.May I make an appointment now?

我可不可以現在就訂個約會？

101.Could we have a little talk over dinner tomorrow evening?

明天晚上我們能不能邊吃晚飯邊聊聊？

102.Drop by for a cup of tea sometime. 什麼時候來坐坐喝杯茶。

103.I'll be there around 7:00. 我大概七點鐘到那裡。

104.That'll be fine with me. 我可以。

105.I'll pick you up at 6:30. 我六點半來接您。

106.I'll be looking forward to seeing you. 我會很盼望見到您。

107.I'd like to cancel my reservation. 我想取消我的訂位。

108.Let me try again. 我再試試看。

109.I'd like to send a cable to Mr. Williams in New York.

我想發通電報給紐約的威廉斯先生。

110.There is noise in this telephone connection. 這電話中有雜音。

111.When will you be available? 您什麼時候會有空？

112.I'll be available this Friday night. 這個星期五晚上我會有空。

113.I'll pay for the call. 這通電話費我付。

114.I'll get your call through in a minute. 我馬上幫您接通。

115.I'm sorry that I couldn't return your call last night.

很抱歉昨天晚上沒回您電話。

116.I'm so glad that I got hold of you at last.

很高興終於找到您了。

117.I've been trying to get in touch with you for these 2 days.

這兩天我一直試著跟您聯絡。

118.Extension 321, please. 請轉分機321。

119.We were disconnected. 我們的電話被切斷了。

120.The lines often go dead these days. 這些天電話常被切斷。

 # 第八節　傳真機及電子郵件、網路的禮節

一、傳真機的使用

使用傳真機（fax）時應注意的事項如下：

1.公器公用原則，儘量少用來傳私人的事情。

2.傳真機較不能保密，機密事項宜先聯絡好再傳，接到後亦當確認。

3.傳真應註明雙方傳收件人公司、姓名、日期、總頁數等，以便於瞭解情況。

4.傳真用紙以白色或淺色、無條紋最好，寫字用黑色筆會較清楚。

二、電子郵件

電子郵件（e-mail）是現代人溝通最普遍的通訊工具，可是使用者常為大量的電子郵件所困擾，所以應注意發送電子郵件的禮節：

1.發信人應註明身分，若收信人無法瞭解發信人而刪除信件，則失去溝通的機會。

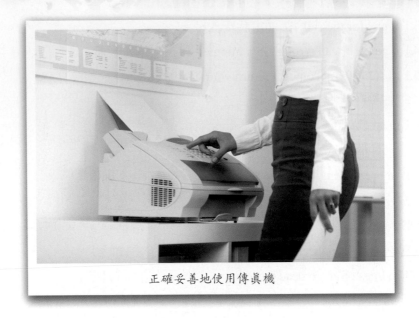

正確妥善地使用傳真機

2.寄該寄的電子郵件給收信人，垃圾信件只會增加別人的困擾。使用MSN通話，對方表示忙碌，最好不要打擾或干擾對方。

3.病毒最容易藉電子郵件傳播，來路不明的信件要謹慎處理，並定期做病毒掃瞄工作。

4.轉寄或同步傳遞訊息應過濾，以免為有心人利用。

5.用寫信的格式寫電子郵件會是禮貌的行為。

6.信件要有主題，盡可能講重點，引用他人話語時刪除不必要的句子。

7.閱讀後刪除不必要的信件，節省網路資源。

8.尊重智慧財產權，引用他人作品應註明出處。

9.勿重複傳送相同訊息給相同收件者，占用他人信箱容積。

10.不要使用全大寫字母英文字發信，習慣上這是象徵大聲吼叫的意思。

11.用「回覆」功能回信，若以新信件回覆，容易使原來的主題中斷，產生誤會。

12.未經同意，不應轉寄他人信函，特別是有關私人事務的信件。

三、網路禮儀

　　網路的發達不僅增加溝通的功能、即時通訊的快速，人們也在這個虛擬世界裡享受著獲取各種資訊，並與世界各地的人們即時溝通的樂趣。但是在網路上交談

發送電子郵件時應注意相關的禮節

也要注意網路禮儀，維持著和諧的關係。

1.網路上顯示身分要清楚，避免發生誤會。

2.不要隨便封鎖認識的人之通訊，傷害了人際關係。

3.對方忙碌時，不應以「談話窗振動」打擾對方的工作。

4.文字使用要有禮貌，全大寫英文字母的句子，有些人認為是「吼叫」的意思。

5.拼字儘量要正確，訊息傳達簡潔確實。

6.辦公場所不談私事、聊天不涉公事。

7.私人視訊交談閒聊，如身旁有他人在場，應讓對方瞭解目前的情況，避免言語不當發生誤會。

8.未經對方同意，不要任意啓動多方通話功能。

9.尊重智慧財產權，不要轉寄垃圾或色情暴力郵件。

10.忍耐新手上路時學習及熟練的適應時間。

11.視訊會議多方交談，要有禮貌，尊重每個人的發言權利。

網路禮儀

以匿名身分在網路上、部落格謾罵或毀謗他人，使對方身心或名譽受損，都是公然侮辱或毀謗的言論，涉及刑法公然侮辱及毀謗罪，構成侵害他人人格權（名譽），被害人可以民法條例請求損害賠償。

實例研討 13-2　手機禮儀　北市推動

　　台北市交通局與手機業者一同提倡「國民手機禮儀運動」，提醒民眾搭車時記得「簡、短、輕、動」，也就是多使用簡訊、長話短說、輕聲細語、將手機轉為振動的意思。

　　手機禮儀運動在歐美倡行已久，2000年7月美國聖地牙哥發起全球第一個「手機文明週」，提倡在教堂、教室、歌劇院、電影院、圖書館、博物館和飯店等公共場所不使用手機。日本人更是全民遵守手機使用道德，新幹線內張貼許多海報警訊，手機族都習慣開靜音，使用簡訊或上網聯絡。英國女王曾下令王室工作人員禁用手機，並擬訂手機使用規範供參考。芬蘭也在機場或飯店大廳設「靜悄悄」手機亭，讓使用手機者不會吵擾他人，也可保有通話隱私。（2005年12月21日《民生報》）

　　台灣使用手機普遍率極高，手機族常在公共場合忘我通話，打擾旁人而不自知，一副理所當然的樣子。學生甚至在教室上課也讓手機鈴聲大作，會議、演講、表演場合也常有人公然講行動電話，這些都是沒有禮儀修養的行為。手機簡訊是一個不發聲的通訊方式，但是在公眾場合應採靜音方式發送或收訊。如今台北市交通局推廣手機禮儀運動，提醒民眾公共場合的手機禮儀，尊重他人也方便自己，不過此項運動還需要長期宣導，才能使手機禮儀養成習慣，還給民眾一個無噪音的公共空間。

在公眾場合使用手機，應注意手機禮儀

實例研討 13-3　書信的禮貌

　　報載詩人、書法家侯吉諒先生在部落格上說，有一位大學生不具名以e-mail要他在報上發表的一首詩的賞析。請將作品時空背景與作品解析給他，顯然是學生偷懶，不做功課，請大師直接將答案給他就是，不僅沒具名，也不懂向長者請益的方式，難怪侯大師要說「不敢領教」了。

　　自從電腦網路發展到通信以電子郵件取代以後，年輕族群再用傳統的書信來傳達訊息，幾乎成了少數中的少數，也因為電子郵件的方便快速，想傳送的事情傳到了就好，使得人們疏忽了書信的格式及書信的禮貌，標明發信人的身分是電子郵件溝通的基本禮節。其實不論以電子產品哪一種方式寫信，尤其是正式的文書，稱呼、問候、用語還是應該遵循一定的禮貌才是，尤其不具名要求他人的成果，更是不尊重他人，侵犯作者智慧財產。

實例研討 13-4　書信的稱謂

★他人親屬：「令」

　　令尊、令堂、令兄、令郎、令嬡

★逝世親屬：「先」、「亡」

　　先父、先兄、亡弟、亡妹

★書信稱謂：

　　長輩：尊鑒、道鑒、鈞鑒
　　平輩：大鑒、台鑒

★書信結尾：

　　長輩：敬請鈞安、敬頌崇祺
　　平輩：敬請台安、順頌時綏

★屬名敬語：

　　長輩：敬上、敬啓、謹啓
　　平輩：敬啓、上、鞠躬

辦公室禮儀

14

- 上班儀容與工作態度
- 訪客的接待

　　一個機構的形象如何、管理是否上軌道，除了壯觀的辦公大樓、齊全新穎的設備外，就是這家企業的員工表現了，而員工的表現絕不是僅僅少數與外界接觸的有關工作人員，如主管、公關人員、秘書等，而是每一個工作人員平時的自然表現，所以辦公室禮儀就成了上班族的必修課程。本章僅就上班儀容、工作態度、訪客的接待等分別敘述如下。

第一節　上班儀容與工作態度

　　本節分上班儀容、工作態度兩項敘述如下：

一、上班儀容

　　上班工作，工作能力的表現之外，建立自己的形象也是一項重要的課題，形象包括外表、行為、態度。外表的修飾是一種禮貌，妝扮合度，不但可表現精神飽滿，增進自信，更可使別人產生好感和信任。儀態之修養，可增進人際關係，產生自信，更應多加注意，以下提供數點參考：

(一)外表方面

　　1.服裝整齊、清潔，適合辦公室之工作。
　　2.不論著上班服或制服，衣服配件合適，襪子顏色適中，不可破損。
　　3.鞋子配合服裝，女士鞋跟不宜太高，皮鞋應保持清潔。
　　4.頭髮之式樣應選擇適合自己臉型、個性之髮型，並保持整潔。
　　5.女士化妝合宜，男女指甲都要保持清潔，長短適中。
　　6.下班後之穿著與選擇可稍作改變，表現另一種美感和品味。

(二)態度方面

　　1.工作態度負責認真，真誠自信。
　　2.對人謙虛，懇懇有禮。
　　3.培養良好的人際關係。
　　4.建立表裡合一的形象。

適當的服裝儀容可以給人良好的第一印象

二、工作態度

(一)建立工作的價值觀念

　　工作的意義除了是獲取經濟效益之外，也能肯定人生價值，滿足做人的成就感。接受一個工作就要有權利和義務的觀念，雖然目前的工作不一定是自己所期望的，但是仍然要對自己的工作負責，儘量自工作中找尋樂趣，以誠心、用心、愛心及平常心的態度來面對目前的工作，或許可因為對工作的努力因而產生了興趣，也同時學到了專業技術。如果真的是無法適應這份工作，可以利用現在工作的機會，充實自己，學習其他工作的技巧，等待機會轉換其他的適合工作。

(二)服務的理念

　　不論從事的是哪種工作，都要抱著是為人群服務的觀念，能為別人做點什麼，不僅肯定自己的價值，也表現了公司的管理精神，留下一個良好的形象。待人處事尊重工作倫理，多包容對方，不要給別人太大的壓力。做事熱誠積極、快速敏

做事認真負責、熱誠積極，才能贏得別人的信任

捷，適時、適地、適人，愉快地扮演好自己的角色。

(三)培養樂觀的人生觀

愁眉苦臉、自怨自艾、驕傲自大，這些都是不受歡迎的個性，當然事業和做人都不可能成功。想要改變個性不是一件容易的事，但是如果不去做，則更無成功之日，所以後天的努力更為重要，培養樂觀的人生觀，改變做人處事的態度，達到成功的境界。

1. 修飾外表，行為適當：抱持優良的態度和儀表，產生自信。
2. 充實自己，擴大經驗：工作上精益求精，累積自己的經驗，學習他人的經驗。保持進修學習的觀念，使工作和生活都能擴大知識的範圍。
3. 發揮自己的優點：不論是知識的、技能的、個性的、外表的，都能發揮潛力，產生力量和勇氣。
4. 把握機會勇於表現：謙虛固然是美德，但是在適當的時機適當地表現自己，才能有機會得到賞識，展現自己的才華。
5. 學習人際關係的技巧：誠實、熱心、積極、務實、仁慈、忍耐。「助人為快樂之本」、「燃燒自己，照亮別人」、「己所不欲，勿施於人」都是人際關係最高的境界。

服務人員給個好臉色吧！

　　辦公室裡，一位中年人氣呼呼地跑來投訴，原來櫃檯小姐不懂基本應對之道，跟民眾談公事，照本宣科的法令條文和冷冰冰的口氣，讓來辦事的人聽不懂，又不知如何解決，當然怒火中燒。（摘錄自2000年12月4日《聯合報》）

　　人們辦事時，最好能遇到辦事人員態度良好、親切、有耐心又誠懇，做起事來又快又正確，表現高度的效率感，去辦事的人一定千謝萬謝、感激於心。如果不能碰到這種最優秀的工作人員，那麼退而求其次，兩樣中有一樣也還可以接受，同樣也能受到去辦事的人之感激。最怕就是遇到態度惡劣、蠻橫霸道、做事東拖西拉、丟三落四的辦事人員，這時就只能忍氣吞聲了，否則一言不合就可能發生爭執，雙方都會受到身心傷害，實在不值得。

　　在職場中擔任什麼職務，就要扮演好什麼角色，要忠於職守、善盡職責，能為別人做點什麼，為公司及社會貢獻些什麼，是我們的榮耀，也是我們生存的價值。同樣都要做事，為什麼不做得歡喜、做得讓別人心存感激呢？「職業臉」、「公式化」的服務態度，在這處處講究「服務至上」的時代是會被淘汰的。

(四)辦公室禮儀

　　1.上班不可遲到，應五分鐘或十分鐘前抵達辦公室。

　　2.上班途中遇意外事件不能準時，應電話聯絡。

　　3.進入公司注意雨具和鞋子之清潔，且別忘了與同事打招呼。

　　4.公用東西用畢放回原處，借他人東西應記得歸還。

　　5.不應隨便翻閱他人東西，不可任意打斷別人之工作。

　　6.尊重公司倫理，保持辦公室之公共秩序。

　　7.不要在辦公室做私人事情、看不相干書籍，或是無所事事。

　　8.在樓梯或走廊遇見主管或客人應請其先過，並給予訪客適當的協助。

上班時間不應看閒雜書報，無所事事

9.不要在化妝室聊天、談論公司機密或是道人長短。

10.下班前應清理自己的辦公桌後離去。

 ## 第二節　訪客的接待

　　訪客的接待是辦公室經常的工作，它不僅是個人禮儀的表現，也是公司管理和形象的展示。訪客的拜訪，應該要在事前安排，所需資料也應及早做準備。對於臨時來訪賓客，應儘量妥為安排接見時間，如實在有困難，應徵求訪客之意見，另訂妥善時間。

　　公司有專職接待人員，則賓客到公司詢問處，即由接待員帶至受訪人之辦公室，由受訪人或相關人員接待。因此不論專職或非專職接待人員必須在這段時間留給訪客一個深刻、良好的印象。

　　訪客來到辦公室時，應起身相迎，儘速瞭解訪客的身分和性質。訪客之種類很多，因此接待訪客的各種情況也不同，所以應迅速瞭解訪客性質，以便安排。

一、辦公室的訪客

辦公室的訪客可分為以下數種：

(一)公務上的訪客

此類訪客通常是占訪客的最多數，如因公務需要而來拜訪或商場上往來的商人、推銷員等，來訪前大都與受訪人約好了日期和時間會見，經過櫃檯登記聯絡後，由各有關單位人員負責接待。

(二)未經約定的訪客

在各種訪客中，難免也有某些未經約定之訪客，特別是在我國，很多訪客都是臨時來訪。櫃檯負責登記聯絡，由受訪人或有關人員決定接待的方式，雖然並未事先約定，不過受訪單位人員對於這類訪客，仍應禮貌招呼，儘量安排接見。

如果訪客因為未事先安排臨時來訪，受訪人不在或是無法抽空接見，接待人員更應特別禮貌，解釋不能見他的原因，詢問可否以後再約見面時間，或是留下電話號碼，再行聯絡。

(三)國際訪客

隨著交通工具的進展，世界的範圍似乎越來越小，國與國、地區與地區，或民間團體、公司行號之間的往來更是頻繁。因此一般機關免不了常有外國的訪客，他們也許穿著其本國的服裝，以其不同的習慣與禮貌來到辦公室，如果彼此可以通用一種共同的語言，則意見的交流非常方便，否則就要靠翻譯來傳達意見了。外國訪客來訪的時間，一般事先都已聯繫安排，所以應該早就有所準備了。

為了使遠道來訪之外賓有親切感，接待人員應事先將來訪國家之國情、風俗習慣，以及來訪賓客個人和隨行人員之資料、嗜好等有關資訊查閱清楚，談話時可以找到適當的題材，也使訪客因對方的關注而感到愉快。

二、接見訪客應行注意事項

(一)賓客等待中之安排

賓客來到辦公室時，要注意桌上文件是否收妥，特別是機密文件，更應避免外人看見。

訪客到辦公室等候的時間，可安排在會客室等待，應使其舒適，若約定時間已到，而仍未見到受訪人，接待人應代為道歉，不可任意將訪客放在會客室不理不睬，若耽誤的時間較長，約十五分鐘就要去打個招呼，如受訪人因要事或在外趕不回來，可徵求對方意見可否再稍候，或另約時間詳談。

當訪客在會客室等待時，接待人員應有禮貌，態度和藹，通情達理，表情愉快、友善，但不必表示得非常熟識，不要喋喋不休，更不應一言不發，板著面孔，冷落客人，談話絕對不可洩露本單位之機密。如果需要與訪客聊天，應該是一些平常之話題，談一些一般人知道的或是有趣的事。

如本身工作很忙，可以道歉，準備一些書報、雜誌供訪客排遣等待的時間。

(二)準備訪客資料及記錄談話的約定

不論事先約定或臨時來訪賓客，在得知來訪的目的後，都應迅速準備訪客要

賓客來訪可安排在會客室等待，並提供書報、雜誌及茶水招待

談事情的資料，以便主管或受訪人與其談話時之參考。

訪客來訪談話的內容或有任何約定應立即記錄，以便日後處理時不至遺漏。

(三)見客中電話之處理

主管或受訪人正在接見賓客時，若有必須親自接聽之重要電話，應記下打電話者之姓名、公司、討論事項，請對方稍候，將便條立即交由主管或受訪人，不可大聲在訪客面前傳達受訪人電話。但若非絕對重要或情況不許可，可留下電話或留言，待主管或受訪人稍後回覆。

若有來訪賓客之電話，可轉知情況，依其本身之意願來處理此電話。

(四)訪客之鑑定

任何來訪之賓客，事前有約定或是臨時來訪的，都應儘快對訪客進行瞭解，包括訪客之姓名、工作、職位、與公司之關係、來訪目的等。若是不認識的訪客，或不記得姓名之訪客，應先行禮貌地問清楚，對於堅不洩露來訪目的之訪客，可憑經驗與直覺來判斷其來訪之目的，以提供主管或受訪人接見時之參考。

三、代理主管接見訪客注意事項

訪客來訪主管不在或是主管交代代為接見時，應注意下列幾點：

(一)正確轉達主管之意見

主管平時做人做事一定有其原則與看法，所以主管不在，如有交待，應按其指示行事，如未交待，也應按平時其原則轉達其意見，不能確定者，則待主管回來請示後再行回電向訪客說明。

(二)根據機構的規章處理問題

每個機構都有自己訂定的規章制度，不可因其他機構的規定而比照辦理，或是根據自己的看法，誤導他人行事，許多誤會和爭執因此而發生，主管不在，更是應按規定處理事情。

(三)確定答案再行答覆

許多訪客所提問題，並非自己清楚的，絕不可憑常識和猜測回答，認為可以如此，應該不成問題，而使得他人多次奔波，浪費時間，或是根本提供錯誤的方向，造成莫大的損失。所以主管不在，不清楚的問題或是當時不能回答的問題，一定要問清楚了才予以回覆。

(四)重要的約見，事後應報告主管

許多訪客來訪，主管不在，也許未說什麼，但是對主管來說，可能是一項很重要的情報來源，所以訪客來訪除了問題的解決之外，亦應報告主管有哪些賓客來訪，以免影響處理事情的時機。

四、訪客接待的禮儀

訪客接待是常態性的工作，平時就要訓練有素，表現工作的專業素養。

(一)接待前之準備

◆會客室的準備

賓客來訪大都會在會客室等待或見面，因此會客室是賓客對公司行政管理的第一個印象，整齊、清潔、舒適、美觀是基本的要求。此外，燈光、照明、溫度、濕度是否調整在適當的狀況，窗戶、窗簾是否在合適的位置，植物、盆栽保持生意盎然，日曆的日期、壁鐘的時間正確，肖像、旗幟懸掛是否正確，凡此種種都可看出平時管理的要求以及人員的訓練是否有專業的水準。

◆資料準備

來訪人個人資料背景的瞭解，來訪所談事項資料之準備，陪同人員之通知及應準備之資料，公司簡介、名片、禮品、紀念品之準備及包裝，甚至等待時書報雜誌的提供都要考慮周到。

保持會客室的整齊、清潔、舒適、美觀

◆餐飲準備

茶具、杯盤備妥並保持清潔，飲料備妥，如有特殊飲品之要求應及早準備。如果準備點心水果，要方便食用並適合訪客之習慣。水果要注意衛生並方便取食，盤、叉、餐巾紙都是要考慮到的。

如果要招待餐食，飯盒是最簡單方便的，要注意衛生，用餐地點要準備用餐墊紙、餐巾紙、茶水，如能再準備一份水果就更周到了。如是在外用餐，就要事先預訂餐廳，安排車輛，以免臨時準備匆忙。

◆服裝儀容

接待人員為了使訪客對自己及公司有一個良好印象，本身的服裝儀容應有一定的要求，穿衣的基本要求就是整齊、清潔、美觀，如果公司有規定的制服，當然是穿著制服，如無規定，則男士和女士的服裝穿著可參考下列重點：

1.男士服裝：男士可著西裝，以深藍色、灰色系列較為適當，襯衫以白色最為慎重，其他則可著素色或細條紋襯衫，領帶選擇務必小心，否則破壞了整體效果，皮鞋及襪子都應為深色。頭髮梳理整齊，鬍子要刮乾淨，指甲修剪並保持清潔。

2.女士服裝：女士可著整套套裝，亦可著上下不同色套裝，只要搭配適當、美觀就好，如著連身洋裝，應配一件外套較為正式，現在長褲套裝亦可上班穿

大型活動接待人員的服裝儀容要整齊、清潔、美觀

著，牛仔褲則是不適宜在辦公室穿著的。如果接待的是團體賓客，可著較鮮艷服裝，使訪客容易辨認。此外穿著要適合工作場合，例如又長又寬的裙子會影響到工作的方便和安全。至於皮鞋應著有跟之船形淑女鞋，腳趾都露出的涼鞋是不適宜在正式場合穿著的。絲襪的顏色要適當，顏色鮮艷、花色複雜的絲襪都不適合上班穿著。合宜的化妝是一種禮貌，同時也能增加自己的美麗與自信，表現專業的服務精神。除了服裝之外，頭髮要清潔，梳理整齊，指甲保持清潔，修剪合適，不要擦鮮艷的指甲油，可配戴貼耳或長度1公分左右之合適耳環及其他簡單飾物，增加整體的美觀。

(二)接待步驟

1.張貼歡迎標示：如有貴賓蒞臨，可在入口處放置海報看板歡迎貴賓來訪。

2.專人迎接：應派專人等候迎接，特殊貴賓更應請身分、地位相等之主管迎接。如為一般造訪賓客，應起身迎賓，微笑道「好」。

3.引導就座：引導來賓到主管辦公室、會客室或會議室就座，注意座次順序的禮儀。

4.安排主管接見：盡可能使賓客很快見到主管。

5.簡報、參觀、會談：視賓客來訪之性質是會談、作簡報、參加會議或是參觀訪問等，做好接待之準備。

接待貴賓可立歡迎牌

6.茶點餐宴準備：視賓客來訪性質安排茶點或是酒會、餐會等。

7.紀念品、禮品準備：如需要贈送禮品、紀念品的情況，應及早準備並包裝妥當，附上贈送者之名片，安排適當場合贈送。

8.送客離去：視賓客的情況，送客到辦公室門口、電梯旁或是大門口。一般重要賓客受訪人都會親自送客離去。

(三)接待禮儀

1.整潔、親切、誠懇：讓訪客建立良好的第一印象，不要因自己的情緒而露出疲倦及不耐煩的表情。

2.爭取主動：先打招呼，詢問來訪目的，以便掌握賓客之情況。

3.接受名片：右手齊胸接過，左手應跟上，儘快記住訪客姓名和職務。

4.注意行進間的禮節：

(1)前為尊，右為大；三人行，中為尊；男女同行，女士優先，但是在引導來賓時，應走在前面數步，並以方便行走之方向讓客人行走。

(2)上下樓梯時有扶手之一邊讓客人使用，上樓女士及客人先，男士或接待人員在後數步，下樓則反之，若不慎有人跌倒可產生保護之效。電梯則

先行進入控制按鈕，客人後進，出時則客人先出，自己跟進，電梯靠裡位置為大。

(3)如為陪同者應在被陪同者之後方，兩人陪同則右邊為尊。

(4)進入會客室，門向裡開，則先推門入內，站門旁迎客人入內，門向外開則拉開門，站在門外，先請訪客入內，自動門則客人先入。

(5)坐車的禮節：轎車有司機則右後方為最大，主人自己開車則其旁邊之位為大，火車順方向窗邊為大，飛機則窗邊第一，走道第二，中間最小。

5.會客室的座位，原則上是離門越遠、對著門的位置越尊，桌椅的擺設應坐內朝外，一般來說，長沙發位置大，主牆前座位為大，面對窗戶可看風景的座位為上位（。如在會議場所，則進門主牆那一面為尊位，通常都會有講台、白板等設備。

6.茶水之準備：

(1)平時茶水、飲料準備周全，茶具應保持清潔，無破損。

(2)茶或咖啡不要太滿，七分或八分滿，溫度適當，杯盤可分開放在大托盤

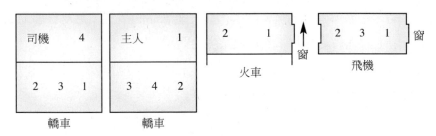

搭乘交通工具時的先後優先順序

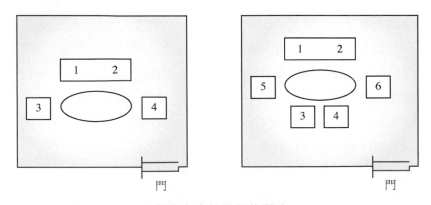

會客室座位的優先順序

接待訪客的茶具不可破損

上，敲門進入，先將托盤放在附近桌上，再依次上茶。

(3)上茶客人優先，再按公司人員職位高低上茶。送茶水時不要用手端著茶杯杯口，上茶應自客人正面或右斜面輕輕放在其面前桌上。

(4)若備有點心、水果，可先送點心，接著送茶水，點心、水果之準備應以方便食用為原則。不要忘了準備紙巾供大家食用完畢清理之用。

(5)客人走後，會客室應立刻清理，以免造成下次使用時之不便。

7.盡量遵守介紹的禮節：把握介紹的時機，一般介紹男士給女士，但是職位高、年長者則不在此限。介紹低職位給高職位者，年輕的給年長者，賓客給主人，如不能分辨情況，則以年齡來判斷介紹的順序。介紹時態度誠懇、尊敬、和藹，聲音、語調清晰，使雙方能馬上瞭解情況。

8.送客人離去時，不要忘了提醒客人應帶的東西，遠到訪客可指示回程路線，送客時要等客人離開視線再轉身，搭電梯等電梯門關才離開，坐車離去應幫忙開車門，等車開後才離去。這是接待訪客的最後一項工作，不要疏忽而前功盡棄。

Note...

求職面談

15

在職場中每個人都有許多尋找工作的機會，特別是社會新鮮人剛踏入社會，希望能得到一個固定的職位，自力更生，開始自己事業的基礎。也有許多人在職場闖蕩多年，不斷尋求機會轉換工作環境，希望在事業上更上一層樓，所以對於求職面試已是身經百仗。但是絕大多數人，特別是剛踏入社會的年輕人，都沒有太多這種經驗，心驚膽顫地去摸索應該如何以最好的情況出現在主考官面前，所以本章特別就面談的禮儀逐項說明，提供求職者參考。

 第一節　知己知彼

一、認識自己的長處、興趣、人生目標、工作傾向

最好能在謀職前作個「性向測驗」，可以瞭解自己個性適合何種工作，如果能找到與自己長處和個性、專長相符的工作，不僅面談時的表現會讓人印象深刻，同時自己入行後發展的潛力也大爲增加。

二、蒐集應徵公司的資訊

應徵公司的背景、企業文化、營運狀況、未來發展、產品種類、這個行業的現況等，盡可能詳加瞭解，資訊獲得可以從公司簡介、公司網頁或是報章雜誌上尋找有關資料，一方面確定該公司是否爲自己的目標，一方面面談時適時表現自己對該公司的瞭解及對工作的企圖心。

三、履歷表及自傳書面資料

應徵工作第一關卡就是個人的履歷表，要在眾多競爭者中脫穎而出，獲得面試之機會，一方面固然是自己的學歷、經歷、專長、經驗被別人所肯定，另一方面能吸引人的履歷表的製作技巧也是不可忽視的。撰寫履歷表時，如果是社會新鮮人，還沒有太多的社會工作經驗，不論中英文履歷最好一頁完成，如有某些佐證資料或文件，可另備附件，加強制式履歷表之不足。履歷表之內容應包含的項目有：

1.應徵的工作：許多公司登求才廣告時，需求多種工作人員，因此履歷上首先告知要應徵哪項工作。

2.個人基本資料：性別、出生年月日、電話（手機）、e-mail、通訊處、兵役狀況、健康狀況等。

3.學歷：高中以上的學歷為主，從最高學歷往下排列，讓看資料者知道應徵者學歷背景，學歷欄資料包含學校名稱、科系（主修及輔系）、就學時間、畢（肄）業等。

4.社團活動：就學期間參與的社團活動及擔任職務，有助求才者瞭解應徵者的個性、領導能力及人際關係。

5.經歷：兼職及打工經驗、假期實習經驗、義工工作、協助研究工作等，男生也可將服役期間的工作經驗加入，雖然都不是專職的工作，但是仍有助於加深求才公司對求職者的印象。如果是轉換工作者，經歷欄就要將過去的工作經驗從最近的往前條列出來，內容包含工作機構、部門、職務、工作時間、工作內容、離職原因等。

6.能力與專長：學業或其他專長得獎的資料、專業認證項目、作品、專業專長能力、語文能力、電腦運用能力等。

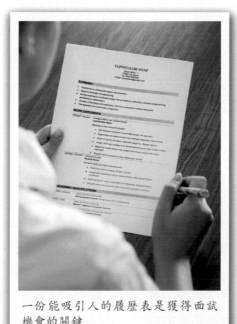

一份能吸引人的履歷表是獲得面試機會的關鍵

7.可提供諮詢者：列出幾位師長之職稱、聯絡方式，提供求才公司諮詢管道。如果師長、雇主能提供推薦信函，也是增加求才者瞭解應徵者的方式之一。

應徵時，可能已將履歷表寄給求才公司，但是面談時最好還是準備一份完整履歷表及其他參考資料，以備不時之需。

自傳也是應徵工作必備的文件，履歷是用列表式製作，不容易表現個性特色。而自傳是用敘述之方式自由地表現自己，尤其設法突顯個人之個性、人格特質，將應徵此項工作的企圖心表現出來。最好將經驗中做了什麼工作、得到之結果和收穫說明自己的能力和處事態度。自傳可以感性地訴求自己的家庭背景、求學歷程、個性、志向、生涯目標等。如與履歷表一起送出，內容應在一頁完成，約三百到六百字之間為宜。

每份履歷表及自傳都應是正本，用影印本應徵是很沒有誠意的行為，內容要真實，校對要絕對正確，錯字、塗改顯示求職者做事馬虎隨便，而細心、用心、可信任的處事態度才是公司需要的人才。

四、事先排練，慎重其事

不要太相信自己鎮定的功夫，也不要太肯定自己隨機應變的能力，每一次的面試都要認真用心地面對，有充分準備絕對比臨陣磨槍成功的機會大得多，所以如果得到面談的通知，就成功了一半，一方面要將筆試部分加強練習，另一方面對可能會問到的問題詳列題目，一一準備適當的答案，臨場就可對答如流了，尤其是外語面試這項準備工作更是重要。

 ## 第二節　主考官的要求

面試主持者大都是公司資深主管，雖然每位都有一些主觀的看法，但是都會依循公司對某一職務的需求，對求職者的衣著儀態、專業技能、學經歷、人格特質、發展潛能等評估與比較，挑選最適合公司的人才。應徵工作時，雖然主考官從應徵者的履歷表及自傳等資料有一些主觀的觀感，諸如資格合乎規定嗎？專業能力合格嗎？各項條件優秀嗎？但是面試的親身體驗才是決定人選的重要依據，所以應

試者的一些客觀因素必須準備妥當，獲得主試者最佳的印象，才能獲得勝利。要注意的事項如下：

一、 衣著儀態、行爲舉止

陌生人初次見面，第一印象總是最爲深刻，面試時尤其影響主考官的主觀意識，儀態透露了一個人的氣質和修養，展現了個人的個性和習慣，甚至可以觀察出對方的企圖心。誇張一點說，一位應徵者從進門穿著、行走姿態、臉上的表情、打招呼到坐下，可能主考官就已打下了一半的評分，其他的分數才是自問話中加上去的，所以禮儀的要求還是要注意的。

穿著不夠正式，例如穿牛仔褲、圓領衫、休閒鞋應試，主試者會認爲不重視這份工作，也顯出年輕人心態還不夠沉穩。同時因爲穿著休閒的關係，儀態動作、行爲舉止也會較爲放鬆隨便，當然不會留給主試者深刻的印象。

二、專業知識、口才表達

選拔人才當然要看專業知識是否符合公司的需要，除了書面資料的呈現外，口語表達也是很重要的，面試時要抓住重點，將所學及經驗不卑不亢、口齒清晰地表達出來，讓主試者認爲你就是他所需要的人才。

面試時要抓住重點，讓主試者認爲你就是他所需要的人才

準備充分，收集應徵機構的性質及業務項目的相關資訊，面試時除了專業知識以外，機構徵才總希望找到對該行業有基本瞭解的人才，而且有充分準備，回答問題時，流利自然、充滿自信，自然增加錄取機會。

三、個性、情緒EQ

現代工作講究團隊合作互相支援，因此人際關係的溝通技巧是很重要的要求，主考官一定在不斷地測試應徵者的個性，與人相處的態度，對事情瞭解的程度與解決潛力。並仔細觀察應徵者的表情與肢體動作，由外在的反應中獲得一些訊息，最後與其他條件相互印證，來決定是否歡迎應試者加入成為其團隊的一員。在面試時設法將主考官的問題引入到個人的經驗和熟悉的議題，如此可以誠實及自信地講出自己的專長和特質，顯現自然而熱情的表情，加深主考官的印象。

四、工作熱誠、責任感、企圖心

專業能力再強，如果沒有責任感，不能熱誠投入工作，公司不會考慮聘用這種人才，尤其是年輕人，經驗不足、學歷又不是特別顯赫的情況，但是若能表現平時做事的責任心，服務的熱誠，再加上對爭取此工作的強烈企圖心，相信主考官一定會給面試者加分錄用的。

第三節　服裝儀容

求職面試致勝關鍵除了專業技能和學經歷外，合宜的服裝修飾，自然大方的應對態度，是面試是否成功的要件之一，合宜的裝扮儀態能夠表現內心的想法，傳達著應徵者可以勝任這個工作的企圖心，因此應該要及早準備應試時要穿著的服裝及配件。關於服裝儀容準備事項如下：

一、提早準備

配合當時的氣候，事先準備面試當天要穿的服裝配飾，髮型要修剪適當，不

求職面試時服裝儀容須修飾得體

要等到面試時臨時找不到合適的衣服，不知道如何打扮自己。服飾以整齊、清爽、穩重、端莊、簡單、俐落為基本原則；儀容以清潔乾淨為原則，女士可薄施脂粉，髮型要適合自己的臉型，注意服裝儀容不僅可表現出專業的素養，也可展現出尊重公司及主試者之態度。

二、男士服裝

深色西服較為穩重，如深藍色、深灰色、深咖啡色系列，不僅容易搭配襯衫，也是最安全的穿著顏色。襯衫以白色長袖最為慎重，其他暗色系西服搭配淺色素面的襯衫亦可。襯衫一定要紮在長褲裡，西裝或襯衫口袋裡儘量不要放太多東西，以免口袋鼓起影響整齊美觀。

領帶最好選擇與襯衫或西服同色系的搭配，領帶打的長度以到皮帶的環鈕為準，太長或太短都不適宜，整體服裝不要超過三種色系，否則就顯得有些雜亂了。

襪子要穿深色的，與西褲及皮鞋配合，不要穿白色的休閒襪，襪子的長度要坐下來時不露出小腿才成，皮鞋為深色或黑色，可搭配各式深色長褲穿著，千萬不要穿著涼鞋或球鞋去應徵一個在辦公室工作的職位。

皮帶用黑色或深色，皮帶頭不要花俏。帶一個公事包或手提包，不要手上用

塑膠袋大包、小包拿了一堆東西。身上的配件不要太多，首飾最好少戴。

髮型整齊清潔，標新立異或是花俏的髮型，一般主管是不太能接受的。頭髮不要遮著面孔，長度前不及眉，兩邊不及於耳，後邊不及於領，要讓面孔顯現出來，鬍子刮乾淨，指甲也需修剪並保持清潔。

年輕人離開學校求職正好是夏天，在面談時，可穿著簡單一些，素色襯衫打合適領帶，深色西褲，深色皮鞋，深色襪子，就很整齊清爽了。

但是不同的行業、不同的公司會有不同的穿著文化，如果應徵廣告、藝術等行業的公司，比較講究流行創意，因此可以考慮穿著較具特色的打扮，但是總體來說，應徵時服裝還是以保守為上策。

三、女士服飾

選擇簡單端莊大方、剪裁合宜的套裝，顏色以黑、灰、深藍和棕褐、中性色為主，裙子不宜太短，太短顯得不莊重，亦不宜太長，太長顯得不俐落，可以膝蓋上下兩吋做標準，不宜短到膝蓋兩吋以上。如穿洋裝應加一外套，如配西裝式長褲則質料剪裁都要適合上班的穿著，避免無袖、露背、露肚、迷你裙、短褲等不穩重的穿著。

鞋子應穿有跟、素色素面的包頭鞋，露出大部分腳趾頭的涼鞋或休閒鞋都不適合面試時穿，有跟的鞋會增加體態挺拔的效果，但是不宜太高，兩吋之內為原則。

襪子選擇膚色系列最好搭配服裝，皮包內應準備一雙備用品，絲襪破了是常有的事，多準備一雙以備萬一。

化妝宜淡雅清爽，太濃豔或不化妝都不適合職場之要求，指甲修剪適宜長度，並保持清潔，鮮豔指甲油絕不可在求職時塗用。

飾物簡單高雅，大型誇張的飾品不要在求職面試時配戴，不要配戴過大、過長或怪異形狀之耳環，頭髮不要染成奇特之顏色，髮型不論長短都要梳理得乾淨清爽，長髮最好不要將面孔遮住，應徵某些服務性質的工作，如空中服務員、餐飲業等，更應將長髮用黑色髮飾束起或夾好，讓別人對自己有一乾淨俐落的印象。帶一個大小適中的手提包，將應帶的東西及自用品放入，不要手拿大包小袋給人凌亂的印象。

 第四節　面談時

　　面談時除了事前準備充分以外，在面談中設法將個人的特長、經驗、成就及人格特質在適當的問題中切入，引起主試著的興趣和認同，主觀地認為應徵者適合這項工作。僅將面談時應注意事項條列如下：

1. 按通知的時間前往面試地點，不要太早，更不可遲到，比約定的時間早到十分鐘，一方面熟悉環境，同時早到一點可安定情緒。

2. 到指定地點報到前先整理一下服裝儀容。

3. 面試時，輕聲敲門進入，開門後輕輕關上，面對主試者點頭微笑致意，走向座位後當主試者示意請坐時才就座，手上皮包應放在椅旁。

4. 坐下時不要將背部全靠在椅背上，這樣坐姿較端正，也顯得較有精神，起身時動作也會方便俐落。

5. 準備一篇簡短的中英文自我介紹，通常都會用得著。

6. 回答問題態度自然，聲音大小適中，眼神要看著問話之人，適當表現自信和工作的企圖心。能瞭解的問題照實回答，過分誇大或謙虛都不恰當。聽不清楚時請對方再說明一次，不瞭解的問題不要悶不吭聲、不發一言，人家不知

面談時應答流利自然、充滿自信，可增加錄取機會

道你到底是什麼意思。真的完全不清楚，可以回答說如果公司需要會努力的配合和學習。

7.適當使用肢體語言，眼神、表情、身體、手勢等細微的動作都可表現自信，加強溝通的效果。

8.主試者若問還想知道公司哪些資訊，可禮貌地提出一、兩個問題，不要表現斤斤計較、不能吃虧的態度。

9.面談結束離去時，輕移椅子站立行禮，退出一步再轉身離去。

實例研討 15-1　沒禮貌比沒專業更糟糕

台積電董事長在不同場合都談到「收訊力」，也就是傾聽的力量，與人對話時，會打斷對方講話，不僅不禮貌，也可能因打斷對方講話，而猜錯了對方下面的談話重點，當然接下來就不可能有交集了。

統一企業之企業文化講究守時，高清愿董事長說「守時就是人與人相處的一種信用，代表言而有信、說話算話」，「慣常遲到的人，行事風格可能較為懶散、馬虎，個人信用一定常被人打折」。

美食作家吳恩文在公司甄選人才時，將「禮貌」排到首位，他認為「我可以教你技能，沒辦法教你教養」。

作家吳若權應邀到外地演講，接待者臉色愛理不理、態度冷淡，總以為只見一面，跟你不熟，不需要禮貌客氣，吳先生語重心長的說「職場上很多事是沒有第二次、第三次的」，殊不知機會在第一次就已經失去了。

台灣大哥大莊財安副總也說，「下屬坐他開的車，直接坐在後座，他反而成了司機」，甄試面談時，大剌剌癱坐在沙發裡，吃飯時不懂用餐禮儀，問題不是他們不做，而是根本不知道、也不覺得這樣是失禮的行為。

「禮貌差」透露負面的訊息，殺傷力遠超過「專業不夠」。「禮儀」並不是一個高深的學問，「有禮」、「好禮」是個人魅力的表現，也是人際關係重要的利器。

10.不論面試前或後，一舉一動都要表現應有的禮儀修養，與相關人員接觸詢問乃至於等待時，表情、態度都會落入公司員工的眼裡，多少會影響面試的成績。

 第五節　面談後

面談後應注意的事項如下：

1.等待通知：如果面試情況理想，可靜待回音，大都一個星期內就會有回覆。

2.謝函：為了加深對方對自己的印象，面試後可寫一封謝函、謝卡或發一封電子郵件向面試有關人員致謝。即便是接獲通知未能錄用，仍可致一封謝函表示感謝，有時有些錄取者不去或是將來公司有空缺時，可能就會有機會考慮到你了。

3.電話詢問：如果對應徵的工作非常有興趣，也很盼望能進入這家公司服務，可於面試一星期後尚未接獲通知時，去電詢問情況，電話應打給直接承辦人，自我介紹後請問是否方便與對方談話，不要影響對方的工作。

新鮮人面談禁忌

1.遲到不守時，無故缺席
　幾乎所有面試官都不能忍受面談者遲到，或是沒有任何音訊而缺席。

2.完全不準備，一問三不知
　沒有準備履歷表及相關個人資料，也不瞭解公司情況及應徵工作性質，兩手空空就去面試了。

3.沒有企圖心，過於怯場或驕傲
　沒有企圖心、沒有自信，無法清楚表達意思，當然不會留下良好印象。過於吹噓自己也容易被認為不切實際，不值得信任。

4.未能誠實應對
　虛偽的態度，一時或能隱瞞，總有被揭穿的時候，何況面試者都會事先查證的。

5.太過重視待遇、福利問題
　每個企業都有一定的制度，雖然薪資、福利是應徵者非常重視的問題，但是可事先打聽，或是等主考官問的時間再表達「依公司的規定敘薪」就可以了。

4.正式錄用：接獲錄取通知應按規定時間報到上班，不宜藉故拖延，因故不能報到到職，亦應及早回覆。

5.累積經驗：求職除了學歷、專業能力、經驗外，機會也是因素之一，失敗了不可灰心，要虛心檢討得失，累積經驗再接再厲，一定會找到適合自己的工作。

 ## 第六節　面試參考題目

接到面試通知後，應準備一些面談時預期可能會問的題目，預先準備好答案，不斷地練習改正缺點，增加自己的自信，回答問題時不致表現不佳而影響情緒。除了準備面試的模擬題目外，也可準備一、兩個向主試者提出的問題，表示對這份工作的誠意和興趣，加深對方的印象。

一、面試時常會被問到的問題

下面列舉一些面試時常會被問到的問題，以供參考：

1.請簡單介紹一下你自己。

Tell me something about yourself.

做好充分的準備從容面試

2.談一點你在大學的經歷。

　　Tell me something about your experiences in university.

3.做學生時有沒有眞正參與什麼事務？有沒有參加任何的社團？

　　When you were a student, was there anything you really involved in? Were you involved in any club activities?

4.你最喜歡什麼課程？你最不喜歡什麼課程？爲什麼？

　　What was your favorite subject and what was the worst one? Why?

5.你在大學主修什麼？

　　What was your major in university?

6.你在讀大學時工作嗎？做什麼樣的工作？

　　Did you work during college?

　　What kind of works did you do?

7.爲什麼要申請這家公司？爲何要離開目前的工作？

　　What made you choose this company?

　　Why you are interested in working for this company? Why you left the company?

8.你對我們公司認識多少？

　　Tell me what do you know about our company?

9.你覺得自己最大的長處或優點是什麼？

　　What are the strong points do you have?

10.爲什麼你值得公司僱用？

　　What do you think about your qualifications?

11.你有任何的證照或是特殊的技能嗎？

　　Do you have any licenses or other special skills?

12.你認爲自己的個性如何？

　　What kind of personality do you think you have?

13.你的嗜好是什麼？

　　What kind of hobbies do you have?

14.你最近讀的印象最深刻的書是哪一本？

　　What is the most impressive book you have read recently?

15.歐洲共同市場的成員國有哪些？

　　Which countries are members of the European Common Market?

16.如果你進入本公司，你希望在哪個部門工作？

　　If you enter this company, what section would you like work in?

17.從你住的地方到這裡上班要多久的時間？

　　How long does it take you from your home to this office?

18.出差或到外地工作願意嗎？

　　Would you mind working other cities or take business trip to other places？

19.你希望的待遇爲何？

　　What salary would you expect?

20.你有任何的問題想要問我嗎？

　　Do you have any other questions you would like to ask me?

21.我們要如何與你聯絡？

　　How can we get in touch with you?

二、空服員口試機艙廣播詞（Cabin Announcement）

(一)歡迎詞

Good morning (Afternoon, Evening), Ladies and Gentlemen:

　　The crew member of ○○ Airlines has the pleasure of welcoming you abroad. Would you please put your seat in the upright position, fasten your seat belts and lock your table in place. We will be taking off in a few minutes. You are reminded that smoking and telephone-operation are not permitted at any time during flight.

　　Please use your "call button" if you require assistance, our crew will attend to your needs.

　　We hope you enjoy a pleasure flight and thank you for choosing ○○ Airlines.

(二)飛機即將起飛

Ladies and Gentlemen:

　　We will be taking off shortly. Please make sure that your seat belts are fastened. Thank you.

(三)安全示範

Ladies and Gentlemen:

For your safety, this aircraft is fully equipped with emergency equipments. We will explain the location and method of use. There are eight emergency exits located on the left and right sides respectively. They are identified by the exit signs.

Lift jackets are under your seats. In case of emergency, put the jacket over your head, then bring the straps from behind you to the fronts the attendant is demonstrating. Fasten the straps and pull tight. The jacket will be automatically inflated by pulling the two red tabs at the bottom.

There are two mouth pieces inside the lift jacket which can be used to inflate the vest by blowing air into them. The oxygen masks are in panel over your head. If there is any change in the pressure, the mask will fall automatically. The masks are as shown. When the masks fall, pull one of them to your face. Cover your nose and mouth then breath normally. Place the strap over your head to keep the mask in place. If you have an infant, put your mask on first, then put the infant's mask on. Each seat is provided with seat belts. Please keep them fasted whenever seated. Just pull the buckle to unfasten them.

Please refer to the emergency instruction card in seat pocket for more information. Thank you.

Ladies and Gentlemen:

Your cabin attendants have just demonstrated the proper method of using the lift jacket and oxygen mask. Please refer to the emergency instruction card in the seat pocket for more information. Thank you.

(四)預期通過亂流區

Ladies and Gentlemen:

We will be passing through turbulent air. For your safety, please remain seated and fasten your seat belts. Thank you.

(五)降落前

Ladies and Gentlemen:

We will soon be landing at the ○○ International Airport, Would you please put your seat in the upright position, fasten your seat belts and lock your table in place . Thank you.

(六)飛機將降落目的地

各位旅客，我們即將開始下降，預計○午○時○分降落在○○機場，請繫好您的安全帶，本人謹代表○○航空公司及全體組員謝謝您的搭乘，並祝您旅途愉快。

Good afternoon, Ladies and Gentlemen:

We expect to land at ○:○ pm. Please fasten your seat belt. I would like to thank you for flying with ○○ airlines, I do hope you have enjoyed your flight.

(七)飛機已降落目的地

各位貴賓，我們現在已經降落在○○國際機場了，在安全帶的指示燈沒有熄滅、班機沒有停妥前，請您不要離開座位。下機時請不要忘了隨身攜帶的行李。打開座位上方的行李櫃時，請您特別留意以免行李滑落下來。非常感謝您搭乘○○航空公司的班機，並希望很快能再次為您服務。

Ladies and Gentlemen:

We have landed at ○○ Airport, please remain seated until the "FASTEN SEAT BELL" sign is turned off and the aircraft has come to a complete stop. Please don't forget to take along your personal belongings. When opening the overhead bins; please take care to ensure the contents do not fall out. Once again, we would like to thank you for flying with ○○ Airlines and hope to serving you again soon.

Ladies and Gentlemen:

We have landed at ○○ International Airport. The present outside temperature is ○○ degrees Centigrade, and the local time is ○○. Please remain seated until the airplane has come to a complete stop and don't forget your personal belongings.

All crew members thank you for choosing ○○ Airlines. We hope to see you in the near future. Thank you and good-bye.

〈附錄〉　國民禮儀範例

行政院59年10月9日台五十九內字第九一一三號令核定
內政部59年10月23日台五十九台內民字第三八八九四八號令公布
內政部68年5月25日台六十八台內民字第一七七二二號令修正發布
行政院80年1月16日台八十內民字第二○七八號函核定
內政部80年1月26日台（80）內民字第八九一三○○號函修正頒行

第一章　總則

第一條

本範例各種禮儀，係參照我國固有禮俗暨現代社會生活狀況訂定之。

第二條

覲見元首，升降國旗，國家慶典與祭典及外交、軍事等禮儀，依有關法令規定辦理；法令所未規定者，準本範例類推行之。

第三條

國民遵守傳統禮儀或信仰宗教者，其成年、婚、喪、祭禮等得依固有儀式行之。

第二章　一般禮節

第一節　崇敬國家禮儀

第四條

政府機關、軍事部隊、公私立學校、團體及民眾集會場所之禮堂、會議室（廳）懸掛國旗及相關照片，應依政府之規定。

第五條

懸掛之國旗及相關照片暨其懸掛處所應保持整潔；不懸掛時應妥慎保存。

第六條

遇升降國旗時，應就地肅立注目致敬；聽到國歌時，應肅立。

第七條

國家元首蒞臨集會場所時，在場者應肅立或鼓掌致敬。

第八條

在途中遇國家元首時,應肅立或鼓掌致敬。

第二節　日常禮儀

第九條

食應注意下列事項:

一、進食時,姿態應保持端正,使用餐具不宜撞擊出聲。

二、與長者同席共餐,應讓長者先用。

三、菜餚應就靠近面前者取用,不得在碗盤中翻揀。

四、在公共場所用餐,與同席者談話,宜低聲細語,不可喧譁。

五、食畢,俟首席或主人起立,然後離席,如於席間先行離席,須向主人及同席者致意。

第十條

衣應注意下列事項:

一、衣著應得體,式樣不宜怪異,並保持整潔、樸素。

二、參加典禮或重要集會對服裝有規定者應從其規定。

三、不可當眾赤身露體或脫鞋襪、更衣。

四、外出不可穿著睡衣或僅著內衣。

五、戴帽應合適,衣釦宜扣好,入室須脫帽子及大衣。

第十一條

住應注意下列事項:

一、居家環境應保持整潔,廢物不可任意拋棄戶外;公共設施應予愛惜維護。

二、鄰居應和睦相處守望相助,並遵守住戶規則。

三、當街過道,不曬衣物;屋外停放車輛,不可妨礙交通。

四、收音機、電唱機、電視機及談笑等,聲音不可過高,以免妨害他人作息。

五、入室應先按鈴或扣門,等候室內回答,然後進入。

六、不應窺視或竊聽,以尊重他人隱私權。

七、鄰居遇有凶喪,不可作樂高歌。

第十二條

行應注意下列事項:

一、駕車行路應遵守交通規則,如有碰撞情事,亦應態度謙和、平心靜氣合理解決。

二、搭乘電梯及車、船、飛機,須先出後進,先下後上,對於老弱、婦孺、傷殘、

疾病者，宜示禮讓，必要時並予攙扶。

三、與尊長同行，應在其後方或側後方。

四、行、坐、站立之一般位次，前大後小、右大左小、內大外小。三人以上，中為
　　尊、次為右，再次為左。

五、乘坐專機（車、船）時，位高者後上先下，位低者先上後下，並宜依次就座。
　　除機船座次依規定外，車輛座次如下圖：

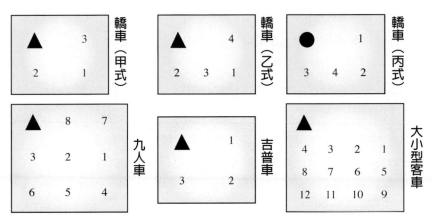

說明：▲為司機座位　●為主人親自駕駛座位　1、2、3、4表示位次大小

第十三條

　　關於食、衣、住、行之日常禮儀，除本節所規定外，參照其他有關之規定行之。

第三節　相見禮

第十四條

　　相見時，依身分、年齡行鞠躬、頷首或握手之禮；相別時亦相同。

　　初次見面，應互通姓名或遞名片。

第十五條

　　介紹他人相見時，依下列所定行之：

一、將職位低者引見予職位高者。

二、將年少者引見予年長者。

三、將男士引見予女士。但年少女士與年長或位高男士相見，應先引見女士。

四、將賓客引見予主人。

　　被介紹者如有二人以上，應先引見職位高者或年長者。

　　介紹時，除女士與長者可不必起立外，被介紹雙方均應起立。

第十六條

訪問應先約定時間並準時赴約。訪問不相識者，應先遞本人名片或介紹函件，等候接見。

第十七條

晚輩見尊長，學生見師長，部屬見長官，應按輩分或職銜分別稱呼，並依下列所定行禮。

一、相遇時，鞠躬或頷首致敬。

二、長者入室，起立致敬。

三、與長者同席應請長者上坐。

第十八條

同輩親友相見，應相互招呼，並視情況行頷首、拱手或握手禮。

第十九條

握手時應輕重適度，注視對方，面露微笑，並注意下列事項：

一、與尊長握手，須俟尊長先伸手；男女握手，須俟女士先伸手。

二、男士戴手套時，應脫下手套。

第二十條

行鞠躬禮或頷首致敬，應先脫帽。

第二十一條

答禮，宜視身分、年齡，行頷首、鞠躬、拱手或其他適當之禮。

第四節　集會

第二十二條

集會應於會前適當時間內通知，並準備會議資料、布置會場。

會議應準時開始，參照開會儀式及程序進行，並應注意下列事項：

一、把握會議主旨，保持會場秩序，並嚴守預定會議時間，非有必要不宜延長。

二、遵守議事規則，無議事規則時，依照會議規範之規定。

三、尊重主席職權及與會者之權利。

四、發言應簡單扼要，態度宜謙和有禮。

五、討論時尊重少數人之意見，服從多數人之決定。

六、會議中途離席，宜徵得主席同意，並以不妨礙會議進行為原則。

七、會議結束，除另有其他事項外，與會人員於主席宣布散會後離場。

第二十三條

　　除政府規定之紀念日，依其規定舉行紀念儀式外，具有下列各款之一者，得特別為其舉行慶祝會或紀念會：

　　一、對國家民族有功勛者。

　　二、對學術文化教育有貢獻者。

　　三、對社會公益有貢獻者。

　　四、其他足資紀念或表揚之事蹟者。

第二十四條

　　慶祝會或紀念會之儀式如下：

　　一、慶祝會（紀念會）開始。

　　二、全體肅立。

　　三、主席就位。

　　四、奏樂（不用樂者略）。

　　五、唱國歌。

　　六、向國旗暨　國父遺像行三鞠躬禮。

　　七、主席致詞。

　　八、演講或報告。

　　九、禮成。

　　以茶會、酒會方式慶祝或在非公共場所舉行紀念會時，得不必依前項儀式。

第二十五條

　　機關、學校或人民團體舉行成立會，依下列所定辦理：

　　一、邀請上級主管機關派員到會，並得酌邀有關機關、學校、團體及人士觀禮。

　　二、得在適當地點，舉辦慶祝活動。

第二十六條

　　成立會之儀式如下：

　　一、成立會開始。

　　二、全體肅立。

　　三、主席就位。

　　四、奏樂（不用樂者略）。

　　五、唱國歌。

　　六、向國旗暨　國父遺像行三鞠躬禮。

　　七、主席報告（簡要報告機關、學校或團體設立宗旨及籌備經過）。

　　八、上級主管及來賓致詞。

九、討論及選舉（無者略）。

十、禮成。

第二十七條

祝壽會之儀式如下：

一、祝壽會開始。

二、主持人就位。

三、壽星就位。

四、主持人致祝詞。

五、向壽星行禮。

六、唱祝壽歌（或奏樂）。

七、分享壽點。

八、禮成。

一般慶生會得比照前項辦理。

第二十八條

追悼會之儀式如下：

一、追悼會開始。

二、全體肅立。

三、主持人就位。

四、奏哀樂（不用樂者略）。

五、上香（不用香者略）。

六、獻祭品（獻花、獻爵、獻饌，不用祭品者略）。

七、默哀。

八、向○○○遺像行三鞠躬禮。

九、致悼詞。

十、奏哀樂（不用樂者略）。

十一、禮成。

第五節　開創與落成典禮

第二十九條

破土、奠基、上樑、開工、開採、開幕、通車、通航、放水、下水、啓用、揭幕、立碑、命名等開創、落成典禮之舉行，得懸旗飾彩及舉辦各項慶祝或紀念活動，酌邀各界有關人士觀禮，並參照下列所定行之：

一、破土典禮在基地之適當地點行之；鐵路、公路、河道、橋樑之開工典禮，於路線

之主要一端行之；行奠基典禮時，應將基石鐫明建築物名稱、奠基年月日及奠基者姓名，安放在顯明地點。

二、行揭幕典禮時，在銅像、紀念碑、紀念塔上，覆以彩綢；紀念堂，則在堂內懸掛被紀念人相片或陳列其足資紀念之物品，並得於門前懸掛彩綢。

三、行通車典禮時，路之起點或橋之兩端得搭建彩牌，車首分插國旗。

四、行立碑典禮時，峙碑人恭立樹碑位置，執鍬墾土，雙手扶峙碑於中央；碑文應記述籌建始末，及開工、竣工年月日。

五、行放水典禮時，由主持人恭立閘口，撥動水門開關。

六、行下水典禮時，船上得佈彩飾，懸掛旗幟；擲瓶時，用酒一瓶，由擲瓶人將瓶身對正船首猛擲，船即徐徐下水。

七、行命名典禮時，在命名物所在地行之，命名物為贈與者，得在受贈人所在地行之；命名日，在命名物所在地懸掛國旗，並得結綵綴花。

第三十條

開創或落成典禮之儀式如下：

一、典禮開始。

二、主持人就位。

三、奏樂（不用樂者略）。

四、主持人報告。

五、貴賓致詞。

六、奉剪（或綵索、綵鍬、綵鑰、綵瓶等）。

七、剪綵（或開工、開幕、揭幕、啟鑰、放水、擲瓶等，同時奏樂——不用樂者略）。

八、禮成。

第六節　喜慶與宴會

第三十一條

家有喜慶或歲時令節，得邀請至親好友敘晤，邀請通知宜敘明事由及日期、地點，並得附告其他之受邀者。

遇親友喜慶，宜通問致賀，除因路遠或其他特殊情形，得寄賀卡或賀電外，應親往道賀，以表達其慶賀之誠摯。

喜慶如舉辦宴會者，有關宴會事項，依次條所定辦理。

第三十二條

宴會依下列所定行之：

一、請柬宜於一星期前發出，得註明邀宴事由，附送與宴人員名單，並附回單。

二、正式宴會所著服裝，得在請柬上說明。

三、邀宴尊長或貴賓，應事先徵其同意。

四、受邀者接到請柬應即覆「準時奉陪」或覆「不克奉陪」。

五、宴席有兩桌以上時，其排列如下：

二桌排列法

第一式　橫排

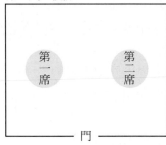

第二式　直排

三桌排列法

第一式　品字形

第二式　一字形

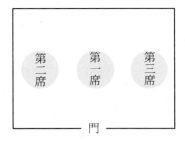

第三式　鼎足形

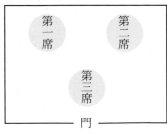

四桌排列法

第一式 正方形

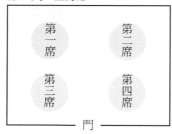

第二式 十字形

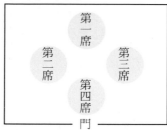

第三式 三角形

第四式 一字形

五桌排列法

第一式 梅花形

第二式 放射形

第三式 倒梯形

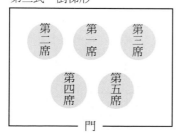

第四式 一字形

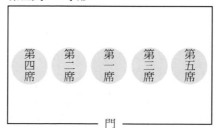

六、中餐座位安排如下：

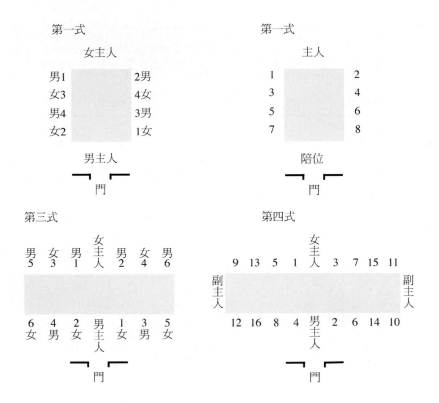

七、西式餐座次安排如下：

第五式

```
10  6  2  主  4  8  12
          賓
11  7  3  主  1  5  9
          人
          門
```

第六式

主人位高而居中，高位應從內線靠近主位計起。

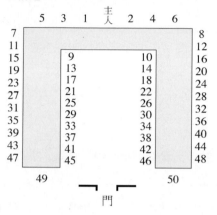

```
      5  3  1  主  2  4  6
                人
7                           8
11              9      10    12
15             13      14    16
19             17      18    20
23             21      22    24
27             25      26    28
31             29      30    32
35             33      34    36
39             37      38    40
43             41      42    44
47             45      46    48
      49                  50
              門
```

第七式

主賓位高，或與主人同等，首桌需排主人與主賓併座。

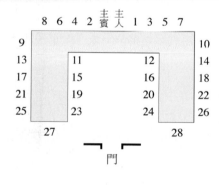

```
      8  6  4  2  主 主 1  3  5  7
                 賓 人
9                               10
13         11          12        14
17         15          16        18
21         19          20        22
25         23          24        26
      27                    28
              門
```

第八式

男女主人均排入首桌，但其位高於與宴賓客時，則居中央席位，席次高下由女主人之右算起。

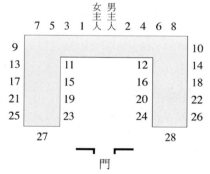

```
              女 男
              主 主
      7  5  3  1 人 人 2  4  6  8
9                               10
13         11          12        14
17         15          16        18
21         19          20        22
25         23          24        26
      27                    28
              門
```

第九式

男女主人與男女主賓地位相等時，則夾位於中央，以示平等尊重。

```
              女 男 男 女
              主 主 主 主
      7  5  3  人 賓 人 賓 4  6  8
9                               10
13         11          12        14
17         15          16        18
21         19          20        22
25         23          24        26
      27                    28
              門
```

八、席位座次除主客坐首席外，其餘席位以年高或位高之順序定之（一般宴會以年高爲主，官式宴會以位高爲主）。

九、賓客入席後，主人得視情況需要，於適當時間起立舉杯致意。

十、宴會時，不宜中途離席，如欲先行離席，宜向主人及同席者致意。

十一、宴畢，中餐俟主客道謝後告辭；西餐俟主人起立致意後告辭。

第三章　成年禮

第三十三條

凡年滿十八歲之男女青年，宜爲之舉行成年禮，以諭知其人生應有之責任與義務。

第三十四條

成年禮得個別辦理，亦可集體辦理。個別辦理者，家長爲主持人；集體辦理者，由團體負責人主持。典禮得邀請親友觀禮，並須特邀年高德劭堪爲青年表率者擔任上賓。

第三十五條

行成年禮者之服裝宜端莊整潔，集體行爲者得統一規定之。

第三十六條

禮堂布置務求簡樸莊重，中央設置「某姓列祖列宗之神位」或「中華民族列祖列宗之神位」。

第三十七條

成年禮之儀式如下：

一、中華民國某年某月某日，某姓（某團體）青年子弟成年典禮，典禮開始。

二、奏樂（不用樂者略）。

三、禮生引導行成年禮者就位（集體行禮者由外魚貫進入禮堂，男左女右分列，肅立於行禮臺前）。

四、主持人就位。

五、上賓就位。

六、點燭、燃香。

七、上香、祭祖（主持人持香，率行成年禮者向祖宗神位行三鞠躬）。

八、讀祝告文。

九、飲成年禮酒（行成年禮者行至主持人前領酒後復位，主持人率同悴酒，禮生接回酒杯）。

十、上賓致辭訓勉（上賓爲行成年禮者端整服裝後致辭）。

十一、贈送賀禮。

十二、行感恩禮（向家長三鞠躬、向上賓及主持人一鞠躬）。

十三、奏樂（不用樂者略）。

十四、禮成。

第四章　婚禮

第一節　訂婚

第三十八條

訂婚人報告家長後，在結婚前，得舉行訂婚禮。

雙方家長、訂婚人、介紹人及親友代表，於約定日期，在女家或約定之地點，舉行訂婚禮。

訂婚人在訂婚禮中得相互交換信物。

訂婚人得訂立訂婚證書一式兩份。

附訂婚證書參考式樣如下：

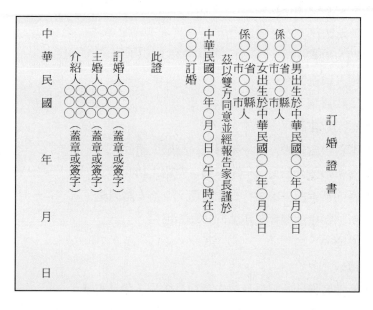

第二節　結婚

第三十九條

結婚典禮前，新郎至女家迎親，拜見其尊長。婚禮得請男女儐相襄儀。

第四十條

婚禮須莊敬隆重，並準時舉行。結婚人穿禮服或整潔服裝，觀禮親友應保持寧靜。

第四十一條

婚禮之儀式如下：

一、結婚典禮開始。

二、奏樂。

三、來賓及親屬就位。

四、主婚人就位。

五、介紹人就位。

六、證婚人就位。

七、新郎新娘就位。

八、證婚人宣讀結婚證書。

九、新郎新娘用印（或簽字）。

十、主婚人用印（或簽字）。

十一、介紹人用印（或簽字）。

十二、證婚人用印（或簽字）。

十三、新郎新娘交換信物。

十四、新郎新娘相互行三鞠躬禮。

十五、證婚人致詞。

十六、介紹人致祝詞。

十七、來賓致賀詞。

十八、主婚人致謝詞。

十九、新郎新娘謝證婚人行一鞠躬禮（證婚人請回座）。

二十、新郎新娘謝介紹人行一鞠躬禮（介紹人請回座）。

二十一、新郎新娘謝主婚人行一鞠躬禮（主婚人請回座）。

二十二、新郎新娘謝來賓及親屬行一鞠躬禮。

二十三、奏樂。

二十四、禮成。

婚禮後，新郎宜偕同新娘祭拜祖先及拜見尊長，會見親屬。

第四十二條

結婚證書一式二份，男女雙方各執一份。

附結婚證書參考式樣如下：

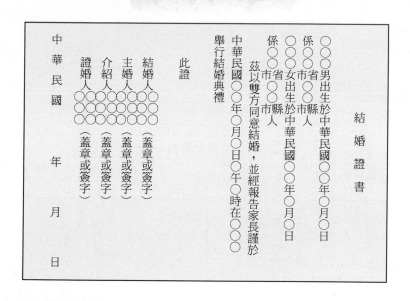

結 婚 證 書

○○○男出生於中華民國○○年○月○日
係○○省○○市○○縣人
○○○女出生於中華民國○○年○月○日
係○○省○○市○○縣人
茲以雙方同意結婚，並經報告家長謹於
中華民國○○年○月○日○午○時在○○○
舉行結婚典禮

此證

結婚人 ○○○（蓋章或簽字）
主婚人 ○○○（蓋章或簽字）
介紹人 ○○○（蓋章或簽字）
證婚人 ○○○（蓋章或簽字）

中華民國 年 月 日

第四十三條

婚禮之席位如下：

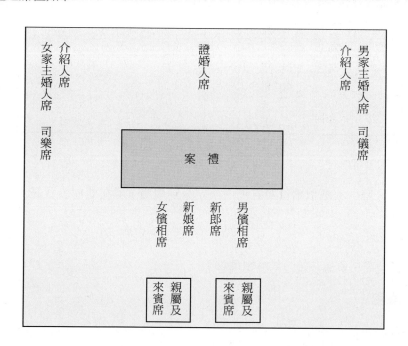

介紹人席
男家主婚人席
司儀席

證婚人席

介紹人席
女家主婚人席
司樂席

案 禮

男儐相席
新郎席
新娘席
女儐相席

親屬及
來賓席

親屬及
來賓席

第四十四條

婚禮除自行辦理外，亦可在法院以公證行之，或參加機關團體舉辦之集團婚禮。

第五章　喪禮

第一節　治喪

第四十五條

喪事應訃告至親好友，並得設治喪委員會治喪。

一、由家屬具名之訃告　　　　　　二、由治喪委員會具名之訃告

第四十六條

亡故者入殮，家屬依本章第五節之所定分別成服，並在柩前設置靈案、遺像或靈位。

第四十七條

大殮蓋棺前，家屬及親友得瞻視遺容。

第二節　奠弔

第四十八條

家奠在出殯前行之，其儀式如下：

一、奠禮開始。

二、與奠者就位。

三、奏哀樂（不用樂者略）。

四、上香。

五、獻奠品（獻花、獻爵、獻饌）。

六、讀奠文（不用奠文者略）。

七、向遺像或靈位行禮（本款之行禮指鞠躬或跪拜、直系卑親屬家奠時行跪拜禮）。

八、奏哀樂（不用樂者略）。

九、禮成。

第四十九條

親友奠弔應向遺像或靈位行禮，並向其家屬致唁，團體奠祭得參照前條所定之儀式辦理。親友行禮時，家屬於案側答禮。

第五十條

親友之喪，應臨弔展奠，道遠者得函電致唁；奠弔時，應肅穆靜默，不得製造噪音及妨害鄰里安寧。

第五十一條

靈堂宜設在適當處所，應避免妨害交通及觀瞻。靈堂布置暨參加奠弔位置如下：

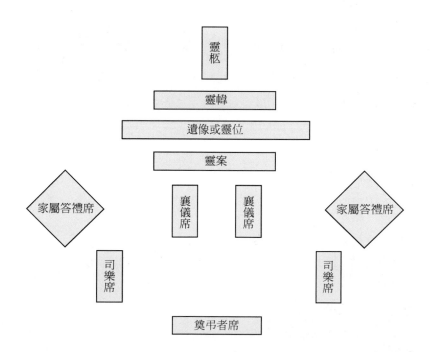

第三節　出殯

第五十二條

出殯時，親屬向遺像或靈位行啓靈禮後，撤幃、昇柩啓行，其次序如下：

一、前導（標明○○○○○之喪）。

二、儀仗（不用儀仗者略）。

三、樂隊（應用國民禮儀樂曲；不用樂隊者略）。

四、遺像。

五、靈柩。

六、靈位（孝子或孝女恭奉）。

七、重服親屬。

八、親屬。

九、送殯者。

第五十三條

送殯親友，宜著素色或深色服裝，並配戴黑紗或素花。除至親好友外，家屬可於啓靈後懇辭。

第四節　安葬

第五十四條

靈柩至葬所，舉行安葬禮，其儀式如下：

一、安葬禮開始。

二、全體肅立。

三、主奠者就位。

四、奏哀樂（不用樂者略）。

五、上香。

六、獻奠品（獻花、獻爵、獻饌）。

七、讀安葬文（不用安葬文者略）。

八、向靈柩行禮（本款之行禮指鞠躬，但直系卑親屬行跪拜禮）。

九、扶靈柩入壙。

十、掩土封壙（火葬者略）。

十一、奏哀樂（不用樂者略）。

十二、禮成。

靈柩安葬畢，親屬奉遺像或靈位歸。

火葬者遺骨宜奉置靈（納）骨堂（塔）。

第五節　喪期及喪服

第五十五條

為亡故親人服喪日期，自其逝世日起算，喪期分下列五等：

等別	服喪日期	亡故親人
一	三年之喪 （實二十五月）	父、母
二	一年之喪	祖父、母　伯叔父、母　夫妻　兄、弟、姊、妹　姑　夫之父、母　子、女　姪、姪女　過繼者及養子女為親生父母
三	九月之喪	堂兄、弟　夫之祖父、母　夫之伯叔父、母　孫男、女
四	五月之喪	伯叔祖父、母　堂伯叔父、母　從堂兄、弟　姑表兄、弟、姊、妹　堂姐、妹　姨母　外祖父、母　兄　弟之妻媳
五	三月之喪	曾祖父、母　父之姑　孫媳　曾孫　甥、甥女　婿　舅　姨表兄、弟、姊、妹

對於妻族或未規定服喪期之親屬，得比照前項相當親等親屬之所定服喪。

第五十六條

喪服依下列之所定，在入殮、祭奠及出殯時服之：

一、三年之喪，服粗麻布衣，冠履如之。

二、一年之喪，服苧麻布衣冠，素履。

三、九月之喪，服藍布衣冠，素履。

四、五月之喪，服黃布衣冠。

五、三月之喪，服素服。

第五十七條

亡故者家屬於服喪期內依下列方式，在手臂或髮際（位置視亡故者性別而定，男左女右）配戴服裝標誌。

一、服三年之喪者，初喪用粗麻布，三月後改用黑、白布（紗、毛線）。

二、服一年之喪者，初喪用苧麻布，三月後改用黑、白布（紗、毛線）。

三、服九月、五月、三月之喪者，用黑或白布（紗、毛線）。

第五十八條

亡故者親屬在服喪期間，依下列所定守喪：

一、服三年或一年之喪者，在服喪初三個月內，停止宴會與娛樂；在服喪初六個月內，宜停止嫁娶。服喪期滿於家祭之日除服，在除服前，蓋私章用藍色，函札自稱加〔制字〕。

二、服九月以下之喪者，在服喪初一個月內，停止宴會與娛樂。於期滿除服之日，
　　宜對亡故者舉行家祭。

第五十九條

　　本章各條所定之事項，在有特殊習俗之地區，得從其習俗；亡故者立有遺囑者，得
從其遺囑。

第六章　祭禮

第一節　公祭

第六十條

　　具有下列各款之一者，得由有關機關、學校或公私團體決定舉行公祭。

一、先聖先賢先烈。

二、對國家民族確有卓越功勳者。

三、對社會人群、文教民生有特殊貢獻者。

四、仗義為公、除暴禦侮而捐軀者。

五、年高望重者、德行優異者。

六、對各該機關、學校、團體有特殊貢獻者。

第六十一條

　　公祭前，應推定主祭者、陪祭者，並得邀受祭者家屬或後裔參加。

第六十二條

　　公祭之儀式如下：

一、公祭開始。

二、全體肅立。

三、主祭者就位。

四、陪祭者就位。

五、與祭者就位。

六、奏樂（不用樂者略）。

七、上香。

八、獻祭品（獻花、獻爵、獻饌）。

九、讀祭文（不用祭文者略）。

十、向遺像（靈位、墓位）行三鞠躬禮。

十一、家屬（或後裔）答禮。

十二、報告行誼（宜簡要，亦可從略）。

十三、奏樂或唱紀念歌（亦可從略）。

十四、禮成。

第六十三條

公祭之席位如下：

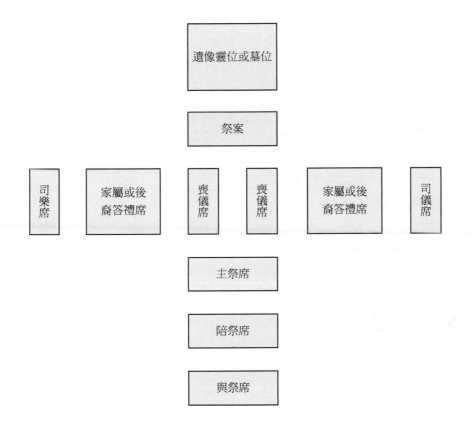

第二節 家祭

第六十四條

凡家屬、宗親舉行之家祭，在服喪期滿或歲時令節，或受祭者冥誕忌日，於宗祠、墓地或其他適當場所行之，如人數眾多，得由家長或族長主祭，與祭者依行輩次序排列，由主祭者領導行禮。

第六十五條

家祭參照下列儀式行之，亦得僅備線香、祭品，依本條第九款所定行禮。

一、家祭開始。

二、全體肅立。

三、主祭者就位。

四、與祭者就位。

五、奏樂（不用樂者略）。

六、上香。

七、獻祭品（獻花、獻爵、獻饌）。

八、讀祭文（不用祭文者略）。

九、向祖先神位（遺像、靈位、墓位）行禮（本款之行禮指鞠躬或跪拜）。

十、恭讀遺訓或報告行誼（無遺訓或報告者略）。

十一、奏樂（不用樂者略）。

十二、禮成。

第七章　附則

第六十六條

本範例推行要點另定之。

第六十七條

本範例自頒行日實施。

參考文獻

1. *Emily Post's ETIQUETTE*, Peggy Post, 16th edition, Harper Collins College Publishers, 1977.

2. *Webster's New World Dictionary*, Douglas Auriel and Michael Strumpf, Webster's New World, 1989.

3. *Longman Dictionary of Contemporary English*, Longman Group Ltd., 1996.

4. *The Complete Idiot's Guide to Etiquette*, Mary Mitchell and John Corr, Alpha Books, 1996.

5. *Everyday Etiquette*, Elizabeth Martyn, Ebury Press, 1989.

6. *The Encyclopedia of Etiquette*, Cleveland Amory, Grown Publishers, 1967.

7. Etiquette, The Officers' Language School, Taiwan, R.O.C.

8. 《實用國際禮儀》，黃貴美編著，三民書局，1992年出版。

9. 《國際禮節》，歐陽璜主編，幼獅文化事業公司，1988年出版。

10. 《社交高手必修課》，美國Marylyn Pincus著，梁曉鶯譯，經典傳訊文化（股）公司，2000年出版。

11. 《面談英語》，楊淑惠編譯，學習出版有限公司，1996年出版。

12. 《秘書助理實務》，徐筑琴著，2011年出版。

13. 《辭源》，台灣商務印書館編纂，1991年出版。

國家圖書館出版品預行編目（CIP）資料

國際禮儀實務 / 徐筑琴編著. -- 四版.
-- 新北市：揚智文化, 2014.02
面；　公分

ISBN 978-986-298-130-6 (平裝)

1.國際禮儀

530　　　　　　　　　　103000127

國際禮儀實務

編 著 者 / 徐筑琴
出 版 者 / 揚智文化事業股份有限公司
發 行 人 / 葉忠賢
總 編 輯 / 閻富萍
特約執編 / 鄭美珠
地　　址 / 22204 新北市深坑區北深路三段 260 號 8 樓
電　　話 / (02)2664-7780
傳　　真 / (02)2664-7633
印　　刷 / 鼎易印刷事業股份有限公司
ISBN / 978-986-298-130-6
初版一刷 / 2001 年 11 月
四版一刷 / 2014 年 2 月
定　　價 / 新台幣 480 元